U0574722

集人文社科之思　刊专业学术之声

集 刊 名：价值论与伦理学研究
主办单位：湖北大学哲学学院
　　　　　中华文化发展湖北省协同创新中心
　　　　　国际价值研究学会（ISVI）

AXIOLOGY AND ETHICS (Vol.23)

价值论与伦理学研究（总第23辑）

集刊序列号：PIJ-2008-017

中国集刊网：www.jikan.com.cn/ 价值论与伦理学研究

集刊投约稿平台：www.iedol.cn

湖北省伦理学学会会刊

价值论与伦理学研究

（总第23辑）

AXIOLOGY AND ETHICS
(Vol.23)

湖北大学哲学学院
中华文化发展湖北省协同创新中心　编
国际价值研究学会（ISVI）

江　畅
〔美〕G.John M. Abbarno（约翰·阿巴诺）　主编
〔美〕Thomas Magnell（托马斯·麦格勒尔）

阮　航　执行主编

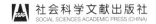
社会科学文献出版社
SOCIAL SCIENCES ACADEMIC PRESS (CHINA)

价值论与伦理学研究

总第 23 辑
2024 年 8 月出版

价值世界与自然世界、现实世界和理想世界[*]

江 畅 宋进斗^{**}

摘 要 宇宙是一个事实世界，也是一个价值世界。人类的价值世界则是一种自然世界、现实世界、理想世界在价值上不断转换着的人为的价值世界。价值世界既指宇宙万物所具有的价值构成的世界，也指宇宙万物对于人类所具有的价值构成的世界。人类的价值世界既是人类所需要的价值物存在的世界，也是人类所需要的价值生产的世界，对于人类世界、对于人类的生存发展享受都具有决定性的意义。人类的价值世界是以自然世界为基础的，但并不是以它为前提，人类主体作用的发挥可以强化人类价值世界的自然世界基础，也可以损毁这一基础。现实世界是人类价值世界的承载者，人类生存发展所需要的价值需要现实世界来提供。人类价值世界既与现实世界同构又改变和超越现实世界，它是现实世界中的正价值一面，两者是一种互动互构关系。理想世界是人类基于现实世界构想而比现实世界好的完美世界，它有可能转化成为现实世界，从而形成新的价值世界。

关键词 事实世界 价值世界 自然世界 现实世界 理想世界

　　宇宙是一个万物存在并相互联系的事实世界，也是一个不同事物之间存在着价值关系的价值世界。人类作为宇宙万物的一个种类，与万物之间存在着价值关系，其他事物对人类存在着有利性，人类对其他事物也存在着有利性。但是，人是万物中的一个十分特殊的种类，它不仅与万物之间存在着自发的有利性，而且可以认识到万物之间、万物与人类之间的有利性，可以在

　　* 本文系研究阐释党的十九届四中全会精神国家社科基金重大项目"中国特色社会主义制度'人民至上'价值及其实践研究"（20ZDA005）、2019 年国家社会科学基金一般项目"新时代公务员行政伦理建设研究"（19BZX121）的阶段性成果。
　　** 江畅（1957 ~ ），男，湖北浠水人，湖北大学哲学学院教授，湖北大学高等人文研究院名誉院长，教育部长江学者特聘教授，哲学博士，研究方向：伦理学。宋进斗（1994 ~ ），男，湖北十堰人，浙江师范大学马克思主义学院讲师，研究方向：伦理学。

认识的基础上自觉地趋利避害，通过改造周围的事物使之对人类有利，还可以创造对人类有利的各种事物。因此，人类的价值世界并不等于自然的价值世界，它是一种自然世界（"本然"）、现实世界（"实然"）、理想世界（"应然"）在价值上不断转换着的人为的价值世界。这是人类与价值的特殊关系，这种特殊性彰显了价值对于人类个体、人类社会和人类历史所具有的特殊的根本性意义。然而，目前学界对于价值世界及其与自然世界、现实世界和理想世界的关系几乎没有涉及，鉴于此，本文试就这一主题提出一些初步想法，供学界同仁批评讨论。

一 价值世界的含义与意义

"价值世界"一词有两种含义，也可以在两种意义上使用：一是在自然世界意义上使用，指宇宙万物所具有的价值构成的世界，这一含义可视为价值世界的宇宙学含义；二是在人类社会意义上使用，指宇宙万物（限于人类宇宙即日地月系统内的事物）对于人类所具有的价值构成的世界，这一含义可视为价值世界的人类学含义。但是，学者们由于长期将价值视为属人的而忽视了价值世界的宇宙学含义，显然这不是对价值和价值世界的正确理解。

价值世界的宇宙学的意义肯定是存在的。宇宙中所有的事物之间存在着相互依存、相互支撑、相互作用的关系，这种关系的实质内涵是价值。正是事物之间的这种价值关系决定了每一个事物的存在都有对于其他事物的价值，从而也就获得了自身的价值。就是说，一事物因为对于他事物有价值所以才获得了自身的价值。如果不考虑人类的因素，宇宙中的任何事物都是本质与存在、本然与实然、实然与应然同一的，即萨特所说的它们"是其所是"。我们把具有这种同一性的事物视为实体，正是在这种意义上，我们可以把自然界看作由实体构成的世界。宇宙万物的存在是自然而然地对他事物具有价值，也可以说是因为需要对他事物有价值而存在、而有价值，所以它们的存在不仅是与本质同一的，而且是与价值同一的。对于宇宙万物而言，存在、本质和价值实际上是完全同一的，在一定意义上可以说，宇宙是一个价值世界，是一个自然的价值世界。

有人可能会说，说宇宙是一个自然的价值世界是不能成立的，因为没有考虑到宇宙中有人类，而人类的价值世界并不是自然的，而是人为的。对于这种异议，我们可以从三个方面加以反驳。其一，在人类出现之前，宇宙原本就是一个自然的价值世界。人类在宇宙进化中只有300万年左右，此前宇宙已经存在130亿至140亿年，其中没有人类。自然界就是一个价值世界，一旦人类毁灭了之后，宇宙也许还会无限期地存在。其二，不仅人类存在在时间上是宇宙演化的一瞬间，而且其活动范围也不过是整个宇宙之沧海一粟，人类的力量再大也改变不了整个宇宙是一个自然的价值世界的事实。今天的天文学和宇宙学已经告诉人们宇宙广大无垠，人类所能改变的区域相对于整个宇宙十分渺小，完全可以忽略不计，因而人类的价值世界即使是反自然价值世界的，也无关自然价值世界之宏旨。其三，人类即使能在有限的时空内改变宇宙的自然价值性，也必须遵循自然的价值关系法则，否则人类就会遭到自然的报复。因此，人类的价值世界虽然可能会违背自然价值世界的法则，但最终还必须与自然价值世界相一致、相协和。

人类作为事物的一个种类，作为一种特殊的系统——社会系统，从宇宙整体上看十分渺小，但人类的价值世界确实具有不同于自然价值世界的独特性。这种独特性主要在于，人类可以在自然的价值世界之上以自身的需要为尺度、以自己为中心通过主体性的发挥构建一个属人的价值世界，即人为价值世界。在这个世界中，人类通过发挥自己特有的自为性和社会性，根据自身的需要来利用、改造自然事物和创造人为事物，使之能满足人的需要。这种经过利用、改造和创造所形成的事物就是价值物，这些价值物所具有的价值就构成了人类的或人为的价值世界。显然，这种价值世界的价值不同于自然价值世界的价值，它不是自然界中自然存在的，而是打上了人类意志烙印的，是人自觉作为的结果，或者说是人类生产的产品。因此，人类的价值世界实际上是属人的、人为的或人化的价值世界。但是，人类价值世界又不是完全与自然价值世界相脱离的，而是必须以之为基础并遵循其规律，并要受到自然价值世界状况的制约。如果不妥善处理与自然价值世界的关系，人为价值世界就会产生问题。今天的环境污染、生态破坏、不可再生资源迅速消耗、生物多样性减少等问题就是人类不充分尊重自然价值世界导致的。

人类的价值世界是与人类的知识世界息息相关的。知识世界是人类世界特有的一个层次，离开了人就不会有知识世界。知识世界的根本意义在于给人类构建价值世界提供智力支持。无论是利用和改造自然事物，还是创造人为事物，都必须以相应的知识为前提，我们完全有理由说，人类的价值世界是以知识世界为依据构建的。不过，由于人类价值世界的构造不仅需要以人通过认识所获得的知识为支撑，还需要人的实践将知识对象化，使之现实化为价值。而人的实践能力从逻辑上看是在认识能力之后，况且不能将人类所获得的所有知识转化为价值。当然，人类构建价值世界的实践也会促进人类的认识，使知识的广度和深度不断提升。总体上看，构建知识世界与构建价值世界之间存在着良性互动的关系，但随着人类智能的快速进化以及人工智能的急剧发展，知识世界的构建对于价值世界构建的作用会不断增强。

人类价值世界是以自然价值世界为基础并受其规律制约的，但人类价值世界并不是自然价值世界的一部分，而是在自然价值世界基础上生长起来的相对独立的价值体系。这就如同社会体系是生态体系基础上生长起来的但并不完全是其中的一部分一样。人类价值世界只有一类价值主体，那就是人类，人类价值世界中的价值物包括人类自身都是价值客体，因此人类价值世界实际上是以人为中心的价值世界，而不是像自然价值世界那样没有任何中心。它作为一个独立的价值系统有其独立的结构，其中的一些结构要素是自然价值世界所不具有的。人类价值世界的结构可以从不同的角度进行划分。比如，可以从价值物形成的角度划分为自然价值和人为价值，从价值物本身的角度划分为内在价值和外在价值，从价值物性质的角度划分为物质价值和精神价值，从价值物作用的角度划分为目的价值和手段价值，等等。不过，通常是将其划分为物质价值和精神价值。

物质价值是指物质价值物的价值。这里说的"物质"是广义的，不仅指自然界客观存在的个体事物，而且指自然界客观存在的能量、信息；不仅指自然事物，而且指人为的物质产品，如日用品、机器、建筑物等。所以，物质价值是所有物质价值物的价值。这些物质价值物大致上可以划分为四类：第一类是自然存在的价值物，如今天人类呼吸的空气和沐浴的阳光等；第二类是人类利用自然物所形成的价值物，如自来水、煤炭、石油等；第三类是人类通过改造自然物所形成的价值物，如水库、大坝、改良的物种等；第四类是人类创造的各种物品，如飞机、高铁、汽车等。物质价值是人类及其社会存在的基础，也是精神价值的基础和前提。

精神价值则是指通过人类精神活动形成的精神物的价值。这里说的"精神"也是广义的，包括人类的一切心理活动本身及其产品。就心理活动而言，主要有认识活动、情感活动、意志活动，以及欲望、兴趣、爱好、意图、动机等；就心理活动产品而言，主要有各种类型的知识（认知的、评价的、规定的、理解的和构想的）或各种形态的知识（哲学、数学、人文学科、社会科学、自然科学、技术科学、工程技术以及日常知识），还有人的观念（包括理想、信念、信仰等）、知识、能力、品质、人格等。所有这些价值是自然价值世界中不存在的，是人类出现以后经过长期进化产生的。

　　一般地说，物质价值是与自然价值世界的价值关系更为密切的价值，而精神价值则是基于物质价值形成的价值。物质价值与自然价值世界存在着交叉关系，你中有我，我中有你。这一类价值大致上还可以划入自然价值世界，虽然不同于其他种类事物的价值，尤其是人为因素的含量越来越大，但仍然属于自然中人类这类特殊事物的特有价值。这就如同筑巢是鸟的特有价值一样。然而，人类所具有的精神价值则完全是人类所特有的，是宇宙中的任何其他种类的事物所不可能具有的。它就好像是在整个自然价值世界中从人类身上生长出来的一枝独秀，是人类价值世界区别于自然价值世界的真正标志。如果把人类价值世界划分为内在价值和外在价值，精神价值就是内在价值。这种内在价值是人之所以为人的内在规定性，对于人类具有决定性的意义。

　　人类的价值世界不是既定不变的，而是处于不断生成更新之中的。随着人类的进化，特别是在人类进入文明社会之后，人类的价值世界越来越成为人类自觉构建的结果。最初人类价值世界是按照治理者的意图构建的，这种意图通常是不那么系统的价值观。在轴心时代思想家出现后，治理者开始参照思想家构想的价值观来构建所统治社会的价值世界。经过几千年的发展，人类的价值世界到今天已经基本上都是按照思想家提供的价值观来构建的。当然，治理者通常不会完全按照思想家的价值观构建世界，他们必须考虑将其与社会的实际相结合，因此不同社会根据同一种价值观所构建的价值世界也会是不同的。但是，人类价值世界构建的智能成分在不断增加，今天人类的价值世界构建已经不是治理者能够完全控制的，也不是人民能够充分左右的，而思想家智能设计的地位和作用日益凸显。

人类的价值世界对于人类世界、对于人类的生存发展享受都具有决定性的意义。人类的价值世界既是一个人类所需要的价值物存在的世界，也是人类所需要的价值生产的世界，所以它是人类所需要的一切价值从生成到消费的环环相扣的领域。这一领域一旦出现问题，人类的发展乃至生存就会马上面临危机，灾难就会降临。一些重大灾难发生的根本原因就在于人类的卫生防疫系统薄弱，不具有应对重大突发公共事件的能力。今天的人类虽然已经成为命运共同体，但并没有成为基本共同体，因而不能构建起全人类共享的价值世界。在这种情况下，各个国家的价值观不同，所构建的价值世界也不同，导致了人类出现一系列价值冲突。因此，人类的基本共同体从国家走向世界，从而构建全人类共享的价值世界成为必然趋势。

二 价值世界与自然界

自然界像价值世界一样，也有两种含义或者可以在两种意义上使用。一是在宇宙学的意义上指宇宙大爆炸后形成的宇宙，包括宇宙系统中所有的天体个体和天体系统。二是在人类学意义上指以人为中心的宇宙，大致上相当于日地月系统，包括太阳、地球和月亮以及地球上的生物圈。为区别起见，我们可称前者为"自然宇宙"，称后者为"人类宇宙"。两个价值世界（即自然价值世界和人类价值世界）与这两种自然界的关系存在着很大的不同，而造成这种不同的根源在于人类的主体性。

自然宇宙与自然价值世界在范围上是同一的，其中的每一个天体或天体系统都具有价值，既是价值主体也是价值客体。现代科学大致上能告诉我们作为自然世界的宇宙是怎样产生的，但不能说明它为什么会产生，因此也就不能说明它的存在本身具有的价值性，不能说明自然宇宙事物之间的价值关系。从哲学价值论角度分析，人类可见的自然宇宙中所有事物之间的相互作用关系实际上就是一种需要与被需要、满足与被满足的关系，因而是一种价值关系。如果我们承认这一点，那么，自然宇宙实际上就是自然价值宇宙或价值世界。说自然宇宙中的事物是一种相互作用的关系，那是从科学的角度来说的，而说它们是一种价值关系则是从哲学价值论的角度来说的。

虽然自然宇宙与自然价值世界在范围上是同一的，而且自然宇宙中事物的关系既有存在的含义，又有价值的含义，但无论从逻辑上看，还是从发生上看，自然宇宙事物及其关系是自然价值世界的前提。从逻辑上看，事物存在才会产生需要，有需要才存在需要他物来满足，也就才有价值关系和价值。如果事物不存在，当然也就没有需要，也就无所谓价值问题。宇宙事物亦如此。假如地球没有形成，它就不会与太阳发生相互作用关系，也就不会发生价值关系。从发生上看，无论从整个宇宙的形成看，还是从宇宙事物的形成看，它们都是先有存在，也就是说它们都是先形成，然后才会与其他事物发生相互作用关系，才会有彼此之间的需要与满足关系。地球是在太阳系这个特殊的时空中形成后，才与太阳、月球形成了相互作用关系，从而日地月系统才得以形成。这也告诉我们，宇宙事物之间关系的形成与事物本身产生的时空关系十分密切。假如地球形成了，但形成的空间不是在太阳系，而是在别的星系，那么它与其他天体之间的关系就会迥然有异于在太阳系中与其他天体的关系。当然，宇宙事物的产生本身也受所处环境影响，如果形成地球的那些物质在别的天体体系中，那么所形成的就不是太阳系意义上的地球了。自然宇宙先于自然价值世界的情形表明，从自然宇宙的角度看，存在是先于价值的，而存在的价值又完全取决于所处的环境。

人类宇宙与人类价值世界的关系要比自然宇宙与自然价值世界的关系复杂得多，具体体现在以下几个方面。

首先，人类宇宙与人类价值世界之间不是同一关系或对应关系，而是一种交叉关系。人类的宇宙是日地月系统，其范围在太阳系内，或者是太阳系中的一个特殊的天体系统。人类价值世界并不是与日地月系统同构的，而是以之为基础、在它们之上构建起来的价值世界，其价值关系不是与三个天体之间相互作用关系同构的，而是在这种关系所蕴含的价值关系之外构建的复杂的价值关系。除了人类作为生物必须像其他生物一样依赖日地月系统提供的生物所必需的资源之外，人类价值世界的其他价值都是打上了人类意志烙印的价值。在今天的人类价值世界中，只有物质价值中的很小一部分是完全从自然获取的，而其中的大部分都是人类创造的，而且人类价值世界中的精神价值几乎完全超越了自然价值世界。更为重要的是，人类价值世界是以人类为唯一价值主体、以人类宇宙中的事物为价值客体的，而自然价值世界是多主体、多客体的，或者说其中的每一事物都既是价值主体又是价值客体。

从一定意义上可以说，人类价值世界与自然价值世界是一种交叉关系，交叉部分无论是对于人类宇宙来说，还是对于人类价值世界来说都是相当小的一部分。因此，人类的价值世界虽然在人类宇宙的基础之上，但并不是与之直接对接或对应的。当然，必须肯定，交叉的部分对于人类极其重要，没有它们，人类的价值世界就是空中楼阁。

其次，人类价值世界中的价值越来越多地不是以事物存在为前提，而是先有价值构想然后才有事物的存在，而这些构想本身也具有价值。如前文所述，在自然宇宙中，事物的存在与事物的价值之间的关系是以事物存在为前提的。虽然事物的产生也是与其他事物发生相互作用的结果，但是至少从逻辑上看事物的产生和存在是其价值的前提，没有事物的产生和存在就无所谓价值。然而，对于人类价值世界来说，情形并非都是如此，甚至主要不是如此。人类价值世界中的绝大多数价值都是人先有了价值构想然后再生成价值，价值不是自然而然地在与他事物的相互作用中产生的，而是人按照自己的价值构想使之变成现实的。无论是人类利用和改造自然事物形成的价值，还是人类创造事物所形成的价值，都是以价值构想为前提的。这一点可以说是始终与人类相伴随的。人类诞生的标志是制造石器，而制造石器就是先有价值构想然后才使之成为价值物的。只不过随着人类的进化和人类文明的进步，由价值构想而生成的价值在人类价值世界中所占的比重越来越大。这些价值构想以及为之提供服务的一切也都是价值物本身，这个领域几乎涉及整个知识世界，人类的知识世界就其终极目的而言主要就是要给人类提供价值构想。

最后，人类价值世界可能有利于人类宇宙世界，也有可能有害于人类宇宙世界。自然价值世界与自然宇宙是一一对应的关系，自然宇宙中事物之间是一荣俱荣、一损俱损的，而且这种关系纯粹是自然作用的结果，遵循物理、化学、生物等自然规律。人类价值世界与人类宇宙之间关系的情形有很大的不同。一方面，人类宇宙只是人类价值世界的基础，两者之间并不是一一对应的，而是土壤与树木的关系。树木繁荣与否固然与土壤关系密切，但不完全取决于土壤，还取决于种树者是否种植、是否科学地精心维护。人类的价值世界就是树木，它需要种植者的种植和呵护。而且随着人类的进化，人类价值世界越来越脱离了人类宇宙，类似于蚕变成了蛹，如果离开了"养蚕人"，人类价值世界就会崩溃。这个"养蚕人"就是人类。另一方面，作为人类价值世界主体的人类具有主体性，其突出体现就是能够改造人类宇宙。为适应这种改造的需要，人类在自然宇宙的价值世界基础上利用其资源构建了许多属人的价值，以至于形成了一个不同于自然价值世界的人类价值世界。但是，人类具有自私、狭隘和短视的局限，因而常常会为了个人的、局部的、眼前的、表面的利益而去损害作为人类价值世界基础的人类宇宙。当人类这样去做的时候，奠基于自然宇宙及其价值世界之上的人类价值世界就会面临危机。可以肯定，人类价值世界这棵树长得越茂盛越是依赖人类宇宙这一基础，也就越有可能面临倒下的风险，而人类的自私、狭隘和短视则会强化这种风险，使人类及其价值世界面临危机以至毁灭。

总体上看，人类的价值世界是以人类宇宙为基础的，但并不是以它为前提，其中的许多价值如果没有人类主体作用的发挥是完全不可能生成和存在的，而人类的这种主体作用的发挥可以强化人类价值世界的人类宇宙基础，也可以损毁这一基础。

人类宇宙与人类价值世界的关系之所以复杂，原因在于人类是宇宙中的一类特殊事物。这种特殊性则在于人类具有主体性，它可以有意识、有目的地根据自己的需要去选择、利用、改造自然事物，创造有价值的事物，从而使自己的需要得到满足。而且人类的需要与其他事物乃至动物的需要不同，它不是固定不变的，而是不断朝着扩大和深化的方向增长的。如此一来，人类的价值世界就在"需要—满足—需要扩大—扩大的需要再满足……"这样一种动力机制的推动下不断地丰富和扩展着。

三　价值世界与现实世界

在人们的日常语言中，现实世界与自然界是有所区别的。当人们说自然界时，指的是人类社会之外的自然世界，所以人们经常将自然界和人类社会并列使用；而当人们说现实世界时，指的则是包括人类社会在内的自然世界，而且隐含着以人类社会为中心和当下的意思。如果把自然宇宙和人类宇宙看作虽然包含人类社会但强调的是人类社会以外的宇宙的话，那么可以把现实世界看作以人类为中心辐射开来的人类宇宙，一般不包括人类宇宙之外的自然宇宙。因此，现实世界大致上相当于人类的日常生活世界，这是一个人类以自己为中心来看待世界的世界。现实世界虽然与人类宇宙的范围大致相当，但两者侧重有所不同，前者侧重人类社会，后者侧重自然环境。现实世界还有一种当今的世界的含义，指当前的世界，而不是指过去的世界。这一点值得注意，因为以人类为中心的世界变化很快，今天的世界与五十年前的世界大不相同，人们所说的现实世界通常指的是今天的世界，而不是指过去的世界。现实世界与人类价值世界的关系要比人类宇宙与人类价值世界的关系密切、复杂。

第一，人类价值世界既与现实世界同构又改变和超越现实世界。现实世界是人类以自己为中心观察世界所构建的世界，有些类似于海德格尔所说的"周围世界"。比如，任何一个正常的人都会发现我们生活在社会中，社会在地球之上，而日月星辰存在于地球之上的天空，我们人类处于这个世界的中心。这就是人类心目中的现实世界。虽然今天科学已经证明地球不是宇宙的中心，地球是围绕太阳旋转的，但也不能完全改变人们的这种日常世界观念。人类的价值世界既是基于现实世界这一日常事实构建起来的，与现实世界具有同构的一面，同时又存在改变和超越现实世界的一面。

就人类价值世界与现实世界同构这一面而言，现实世界中的事物都是人类价值世界中的价值物。现实世界中的任何事物都既是价值客体，也是价值主体，而相对于人类而言，它们就都是价值客体，都是价值的承载者。因此，现实世界的事物都是作为主体的人类的价值客体或价值物。而且，现实世界中事物之间的价值关系实质上都是人类价值世界中的价值关系。现实世界中的事物之间存在着相互作用的关系，这种相互作用关系实质上也是价值关系，而这种价值关系就是人类价值世界中的价值关系。人类价值世界价值物之间的关系就是现实世界事物的相互作用关系。只不过人类在构建价值世界的过程中会根据自身的需要来认识和处理这种价值关系，构建一个适合人类需要的价值世界结构。

就人类价值世界改变现实世界这一面而言，人类在不断追求自身需要得到更好满足的过程中不断更新和丰富现实世界的内容，从而改变着现实世界。自从有了人类以后，人类就有自己的现实世界，但这个现实世界不是固定不变的，而是不断变化的。人类具有主体性，拥有认识和改造现实世界的能力，会运用这种能力来不断更好地满足自己的需要。人类本身是现实世界中的组成部分，人类认识和改造现实世界实际上包括了对人类自己的认识和改造。随着人类认识和改造能力的不断提升，人类对现实世界的认识和改造的范围和深度不断增加，满足人类需要的价值物品种不断丰富，品质也不断提高。如此一来，作为价值物的现实事物、现实事物之间的关系以及它们的结构就会相应发生改变。

就人类价值世界超越现实世界这一面而言，人类价值世界中有许多能够满足人类需要的价值物源于现实世界而又游离于或高于现实世界。人类在漫长的进化过程逐渐形成了一种特殊的认识能力，这就是想象力。人类可以运用想象力想象在现实世界中不存在的价值物，这些价值物不仅可以满足人类的需要，而且有可能成为人类创造的灵魂源泉。宗教家所构想的各种神灵、艺术家刻画的各种艺术形象、哲学家所构想的各种本体世界和理想社会都能够满足不同人的不同需要。例如，基督教的上帝就满足了基督徒对永恒幸福、社会普遍公正和人类相亲相爱的需要。人们日常生活中许多想入非非的幻想也变成了人类力图将其变为现实的梦想，如人类想象如鸟儿那样在天空翱翔的幻想变成了飞机在天空飞行的现实。所有这些想象的价值物虽然或多或少有些现实世界的因素，但与现实世界的事物相去甚远，成为现实世界相对于人类需要满足而言的局限的重要补充。

第二，现实世界是人类价值世界的承载者，人类生存发展所需的价值需要现实世界来提供。现实世界不仅是人类价值世界的基础，而且是人类价值世界的承载者。人类的一切物质价值都是有物质承载者的，这些物质承载者就是现实世界中存在的事物。比如，政治自由是一种价值，这种价值并不是一种精神价值，而是一种物质价值，它是以民主社会为载体的，没有民主社会就不可能有政治自由。精神价值不一定有物质载体，但它是以物质价值为基础和前提，没有物质价值作保证，不可能有精神价值存在。例如，上帝作为一种信仰是一种纯粹的精神价值，但这种价值是以人正常存在为前提，而人正常生存必须具备起码的衣食住行方面的价值物。一个人即使是最虔诚的基督教信徒，如果生命都无法维持，上帝的价值对于他来说就会丧失。由此我们可以肯定，现实世界不仅是人类物质价值的承载者，也是人类精神价值的承载者，是整个人类价值世界的承载者。

人类价值世界的主体是人类，人类要构建价值世界并不断使之丰富完善，就必须生存发展得好，而人类生存发展得好所需要的基本价值必须由现实世界来提供。对于人类生存发展享受的需要来说，价值可以划分为基本价值和派生价值。基本价值是人类生存所必需的价值，包括衣食住行等维持人生存所需要的各种价值。之所以说这些价值是基本的，一方面是因为它们的价值对于人类生存是不可缺少的，一旦缺乏人类就会死亡；另一方面是因为它们的价值是不可替代的，在一种价值缺乏的情况下，其他的价值再多也不能维持生存，如衣服再多也不能代替食品。派生价值则是人类生存所非必需的，但对于人类生存得更好具有意义的价值，如宗教价值、文艺价值、哲学价值，以及兴趣爱好的价值等。不言而喻，派生价值必须以基本价值为前提，否则它就不能够存在。基本价值来自哪里？只能来自现实世界。基本价值无非是大自然直接提供的，人类利用和改造自然事物形成的，或者是人类创造的。无论基本价值来自哪里，都不可能离开现实世界。现实世界给基本价值形成提供环境、条件和资源，也是基本价值享用和再生产的场所，可以说现实世界是人类价值世界的母体和土壤。

第三，人类价值世界是现实世界中的正价值一面，而现实世界中也包含负价值的一面。以人类为中心的现实世界是十分复杂的，从价值论的角度看，包含正价值，也包含负价值。现实世界中有许多事物本身是没有任何正价值而只有负价值的，如瘟疫、灾难、战争、屠杀、犯罪、环境污染等。这些负价值物有些是自然本身导致的，有些则是人类自己导致的，但不管它们出现的原因是什么，有一点可以肯定，它们的存在都是负面的、恶的。与现实世界不同，人类的价值世界是不包含任何负价值的，其中的价值物都是能够满足人类需要的。不可否认，人类的价值世界也可能存在这样一些有问题的情形：价值层次的排列不合适，如把派生价值当作基本价值；价值的结构不完整，如物质价值强大而精神价值弱小；把负价值当作价值，如把战争区分为正义的和不正义的；等等。这些问题无疑会对人类生存发展享受产生负面影响。但是，除非认识局限和极端利己恶性的消极影响，人类一般都会对人类价值世界形成共识。从人类历史发展来看，现实世界虽然存在着正面价值世界和负面价值世界两个层面，而且两个世界的斗争十分激烈和凶险，但从发展的总趋势来看，正面价值在不断与负面价值作斗争的过程中得到弘扬和丰富，人类也因此而不断进化和进步。不过，需要注意的是，现实世界的负面价值与人类价值世界不完善、有缺陷密切相关。比如，人类过于重视物质价值就会导致环境污染、战争和犯罪。因此，要使现实世界的负面价值的影响缩小，人类必须完善自己的价值世界。

第四，人类价值世界与现实世界是一种互动互构关系。人类价值世界与现实世界的关系不同于自然价值世界与自然宇宙的关系。后者是一种伴随关系，就是说，宇宙中有了事物就相应地有了事物的价值，有了事物之间的事实关系就相应地有了事物之间的价值关系。这种关系是一种如影随形的关系。与此不同，前者是一种互构关系，就是说，人类在构建价值世界的时候也就在构建现实世界，而人类在构建现实世界的时候也在构建价值世界。这种关系是一种休戚与共的关系。从人类历史看，人类有很长时间缺乏价值意识，他们为了满足需要而去改变现实世界，而在改变现实世界的同时实际上也在改变价值世界。在这种情况下，他们对价值世界的改变是不自觉的，是一种无意识的结果。后来，人类的价值意识逐渐觉醒，他们发现要改变现实世界，最好先改变价值观念，先构想新价值然后通过改造现实世界使之取代旧价值或丰富原有价值世界。虽然这两种处理现实世界与人类价值关系的方式不同，而且后一种方式更为合理，但它们本身都不是单向的或线性的，而是双向的或非线性的。人类要改变现实世界，就必须改变价值世界才能最终实现，反之亦然。这种改变的过程也是一种构建的过程，是一种构建，因此现实世界构建与人类价值世界构建的互动关系也是一种互构的关系。

四 价值世界与理想世界

自然价值世界是随着自然宇宙生成而生成、演进而演进的，不存在从理想世界转变为现实世界的问题。但是，人类价值世界则与理想世界关系密切。相对于人类而言的现实世界是始终存在的，人类价值世界是与现实世界相伴相随、互动互生的，因而也是始终存在的。但是，进入文明社会后，现实世界与人类的价值世界逐渐生成了一个中间环节，这就是理想世界。理想世界是一种构想的知识，作为知识它本身具有价值，但它的意义不在于它本身具有价值，而在于它可以成为人类的价值追求，成为改变现实世界的依据。就是说，它可以作为关于世界的总体价值构想来使现实世界接近它，从而促进现实世界改变。如果理想世界的构想真正成为改变现实世界的动力和依据，现实世界朝着理想世界转变，那就意味着理想世界正在成为人类价值世界。因此，理想世界出现后就有可能转化为现实世界，从而形成新的价值世界。当然，在人类历史上出现过许多理想世界，但并不是每一个理想世界都能变成现实世界，即使某一种理想世界成为人类的追求，其结果也往往不是理想世界的充分现实化，而与理想世界或多或少有一些出入。但可以肯定的是，人类构成的理想世界对于人类改造现实世界和构建人类价值世界具有重要意义。

理想世界是人类基于现实世界构想而比现实世界好的完美世界。理想世界通常是一种梦想，但也在很多情况下是一种没有可能实现的幻想。从历史文献看，在人类进入文明社会的时候就已经出现了理想世界。中国远古的经典《易经》所描绘的天地万物和谐有序、生生不已的图景实际上就是一种理想世界，而不是真正意义上的现实世界。古希腊罗马的神话、基督教圣经所想象的宇宙图景也表达了创作者心中的理想世界。轴心时代以前的理想世界通常只是一种想象，并没有对这种想象的理想世界的理论论证。到了轴心时代，思想家开始从理论上对所构想的理想世界提供论证。中西传统社会许多思想家都提出过自己的理想世界，并不同程度地对它进行过理论论证。他们提出的理想世界有两种情形：一种是对整个宇宙的构想，其中可能包括人类社会，也可能不包括。传统社会哲学家的本体论基本上都是一种理想世界，其特点是他们把他们所构想的本体世界看作本原的、本真的，而将现实世界看作派生的、虚幻的，并常常用本体世界批评现实世界，比较典型的有道家哲学和苏格拉底哲学。二是主要构想理想社会，这种构想可能有本体论基础，也可能没有。亚里士多德关于理想社会的构想与他的本体论并没有什么直接联系，不过还是谈到过社会的起源。孔子关于大同社会的构想也没有什么本体论的基础，但到了孟子那里大同社会与人性联系了起来，而人性又与天道相贯通。人类历史上所有关于理想世界的构想都属于人类的构想知识，这种知识的真理性有很大的差异，但它们能够流传下来，一般都是有价值的。

理想世界可能对世界的结构作出了比较具体的设计，如托马斯·莫尔在《乌托邦》中对理想社会的细节作了很具体的描述。但是，理想世界包含了构想者的价值意图，是一种价值构想。从历史上看，关于宇宙的理想世界构想大多是出于对宇宙的好奇，而关于社会的理想世界的构想大多是出于对现实社会的不满。当然，也有例外，如老子关于宇宙的构想就与当时社会的战乱有直接关系。在传统社会，关于理想世界的构想更多的是关于理想社会的构想，出现这种情况的原因主要有三：一是传统社会战乱频发、苦难深重，因此人们常常憧憬某种理想社会；二是在传统社会人类与自然之间的矛盾尚不突出，没有今天这样严重的环境污染，对于人类来说，大自然还是一个取之不尽、用之不竭的宝库，构想美好人类宇宙的问题没有被提上议事日程；三是当时人们包括思想家大多对宇宙不十分了解，仅凭一些日常的感觉经验难以构想出理想的宇宙图景。

由于大多数关于理想世界的构想都是关于社会的，而社会的深层结构是价值体系，因而关于理想社会的构想实质上就是关于社会价值体系的构想。其中一般包括社会的总体图景，社会追求的价值目标，实现这种目标的受惠者，实现这种目标的依靠力量，以及不同人群在社会的地位、社会的结构、社会的治理机制等。显然，关于理想社会的构想是一种价值体系的构想。关于宇宙的理想构想，一般来说也都有明显的价值意蕴，但大多没有明确提出所要构建的价值体系。例如，柏拉图的理念论就包含了明确的价值取向，他把善理念作为理念世界的最高理想，认为它是其他理念乃至一切现象追求的终极目标。但是，他并没有构建一种完整的价值体系，他的理念论主要是一种理想世界的图景，虽然也告诉了人们如何使自己沐浴在善理念阳光之下，但并不是一个关于完整的理想世界的构想。与之形成对照的是，他的理想国则是一种关于理想社会的完整构想，其中包含了完整的价值体系。

理想世界的价值性实质表明，理想世界实际上是构想者所构想的一种价值世界。理想世界总会比现实世界美好，因此人们常常会把它作为目标加以追求，尤其是人们对它坚信不移而又将它变为现实时，理想世界就成为人们改造世界的强大动力。人类历史上有不少这样的先例。基督教构想了一种上帝创造的世界以及在这个世界之上的天堂，而且把天堂视为人类最理想的归宿。正是这种理想成为虔诚的基督徒终身苦修苦练的精神寄托。共产主义社会是马克思恩格斯构想的社会理想，当它成为中国共产党人的最高追求时，它就成为一种强大的精神力量，他们为其实现不惜抛头颅洒热血，痴心不改。在理想世界成为人们追求的理想的同时，它也就成为改造现实世界的根据。虽然人们在追求其实现的过程中可能因为时代和条件的变化而对理想世界的细节加以修改，但不会改变它所设计的价值立场、价值目标、价值原则等内容。如果这些内容改变了，把它变成现实后它就不再是原来的那种理想世界了。实际上，理想世界作为一种知识就是一种价值观，其中的核心价值观是其独有的标志性内容，而核心价值观所表达的就是理想世界的核心价值体系。对于一种理想世界而言，什么都可以变，但它的核心价值体系不能变。

在历史上，许多思想家把自己所构想的理想世界视为终极性的，以为这种理想世界得到了实现，现实世界特别是现实社会就会达到尽善尽美的程度。但历史事实已经表明，任何一种理想世界都是非终极性的，一方面理想世界几乎无一例外地不能得到充分实现，另一方面即使它得到了充分实现，所形成的现实世界也不会是尽善尽美的。自古以来很多思想家都有关于理想世界的构想，到目前为止，人类提出的理想世界的构想无以数计，只是在历史上遗留下来的并不多。在所有这些关于理想世界的构想中，只有西方启蒙思想家关于"理性王国"（实即资本主义社会）的构想得到了比较充分的实现。这种理想实现后的西方国家曾一度高度繁荣发达，令许多非西方世界的人惊叹不已，心驰神往。然而，当中国开始迅速崛起后，人们发现这种理想世界原来存在着如此多的问题。尽管人们包括思想家常常会去构想某种终极性的理想世界，但实际上没有哪一种理想世界会是终极性的，一切理想世界都是历史性的。

理想世界的意义并不在于给人类找到了关于世界的某种终极真理，而在于它给现实世界的完善指明了方向，给改造世界提供了理由和依据，可以不断推进现实世界向理想世界转向，从而使世界更美好。人类不是上帝，不具有全智，不可能看到整个人类发展的过程和终极归宿，因此也就不可能设计出某种照亮整个人类未来发展之路的明灯，而只能预测非常有限时段的人类未来。而且，不用说整个自然宇宙，即使是人类宇宙也不是人类完全能够控制的。如洪灾就是人类所无法完全控制的自然灾害。人类不可控制的因素对人类的影响常常是人类不可能充分估量的。这些外在因素有可能使再完善的理想世界蓝图也难以实施。但是，理想世界对于人类的进化和发展意义重大。理想世界实质上就是人类构想的最佳的价值世界，有了这种价值世界，我们就可以用它来衡量和批评现实世界，可以根据它来改造现实世界，使之接近理想世界。当某种理想实现后，人类又会立足于新的现实世界针对其存在的问题构想新的理想世界，并以它来改造现实。如此不断往复进行，人类就在不断构想理想世界、追求理想世界、超越现实世界的历史进程中走向幸福和美好。

参考文献

江畅:《论价值观与价值文化》，科学出版社，2014。

〔英〕托马斯·莫尔:《乌托邦》，戴镏龄译，商务印书馆，1982。

〔德〕海德格尔:《存在与时间》，陈嘉映，王庆节合译，生活·读书·新知三联书店，2006。

〔美〕菲力蒲·劳顿、玛丽－路易丝·毕肖普:《生存的哲学》，胡建华等译，湖南人民出版社，1988。

〔德〕马克斯·舍勒:《价值的颠覆》，罗悌伦等译，生活·读书·新知三联书店，1997。

〔德〕马克斯·舍勒:《伦理学中的形式主义与质料的价值伦理学：为一门伦理学人格主义奠基的新尝试》，倪梁康译，生活·读书·新知三联书店，2004。

（宋）朱熹撰，廖名春点校《周易本义》，中华书局，2009。

非常时期引发的三个道德观念的挑战[*]

葛四友[**]

摘 要 无罪推定、不得牺牲无辜者和尊重权利是我们日常生活中三个根深蒂固的观念。然而,这三个观念受到非常时期危机事件的严重挑战,往往不能如正常时期一样对我们的行为选择产生影响。本文在区分与澄清道德观念可以提供的三种理由即初定理由、初步理由与绝对理由之后,努力从后果主义视角对人们在正常时期与非常时期做出的不同道德反应给出一种统一的解释。

关键词 无罪推定 尊重权利 初定理由 初步理由

本文的目的在于反思非常时期的道德观念及其对于道德理论产生的影响。相对于正常时期的道德反应而言,人们在非常时期展现出各种各样的道德反应,有些甚至是与正常时期完全不同的反应,由此使得我们的道德观念受到强有力的挑战。

本文将集中讨论因为非常时期受到挑战的三个主要道德观念:无罪推定、不得牺牲无辜者和尊重权利。在我们的日常生活中,这三个观念是深得人心的。然而,它们在非常时期似乎都受到了挑战,人们似乎突然间放弃了这些观念,或者说它们的分量大打折扣。本文在区分与澄清道德观念可以提供的初定理由、初步理由与绝对理由后,努力从后果主义视角对人们在正常时期与非常时期做出的不同道德反应给出一种统一的解释。

---

* 本文系上海市哲学社会科学规划一般课题"帕菲特的功利主义思想研究"(2019BZX003)的阶段性成果。
** 葛四友(1976~),男,湖南临湘人,武汉大学哲学学院教授,哲学博士,研究方向:规范伦理学和现当代英美政治哲学。

一　应该由谁举证?

在现代社会,"无罪推定"这一观念已经深入人心,是现代法治社会的重要标志。无罪推定原则也是"国际公约确认和保护的基本人权,联合国将其确定为刑事司法领域的一个最低限度标准。无罪推定是典型的直接推定,不用基础事实即可以证明'无罪这一推定事实'的存在"①。这个观念直接蕴含:要证明某人犯有罪行,举证的责任完全在原告一方,被告没有义务自证其无罪。只要我们到网上随便做个搜索,我们就可以发现大家对于"无罪推定"的基本理解并没有什么分歧。我国法律也基本上采纳了这一准则,1997 年 10 月 1 日修订的《中华人民共和国刑事诉讼法》第 12 条明确规定:"未经人民法院依法判决,对任何人都不得确定有罪。""无罪推定"不仅仅是得到法律认可的原则,也是我们日常生活中非常重要的一个道德观念。

然而在非常时期,这一观念受到了很大挑战。在某种意义上讲,我们有时甚至是完全颠倒了这一过程,接受"有罪推定"。如何理解人们在非常时期接受"有罪推定"这一反应呢? 这种反应是有道理的还是说是应该调整的?

回答这个问题的关键在于搞清楚"无罪推定"这一观念的作用。这里我们需要区分各种道德观念对于我们如何行动提供的三种理由②。第一种是初定(初步确定的)(prima facie)理由,主要是针对这种道德信念是否(事实性信念或规范性信念)或在多大概率上能够提供理由,也就是这种道德观念提供的理由只是初步确定的,并不是最终确定的。这种理由主要是概率意义上的,在某些条件出现的情况下,这种道德观念提供的初定理由就可能会被取消。第二种是初步(pro tanto)理由,这个理由已经确定是一种理由,它可以支持某个行动,但是这种支持并不是绝对的,它只有一定的分量,无法保证该行动就是正确的。如果有相反且分量更大的理由,那么它支持的行动就可能会

---

① 百度百科, https://baike.baidu.com/item/%E6%97%A0%E7%BD%AA%E6%8E%A8%E5%AE%9A%E5%8E%9F%E5%88%99/5624036?fr=aladdin.

② 相关论述还可以参见葛四友《论道德思想试验中的直觉错位与后果主义的证成》,《社会道学》2019 年第 11 期;葛四友《分配正义新论:人道与公平》,中国人民大学出版社,2019,第 13~14 页。

变成不正当的。这种理由的重点在于分量的大小。第三种是绝对理由，这个理由不仅是初步的，而且是绝对的，也就是不可压倒的、不会失效的。任何行动只要获得这种理由的支持，那么它就不可能是不当的。

当某个道德信念给我们的行动提供支持时，我们容易混淆初定理由与初步理由。因为它们都是可以被否定的，也就是其支持的相关行动都可能是错的，或是得不到支持的。然而，两者在失效或出错的方式上是很不一样的。对于初定理由而言，如果有相反的证据（理由），那么从理论上讲，该信念提供的初定理由是可以被完全取消的。这种理由的重点在于概率的大小。举个例子，比如说很多事实可以作为张三杀了李四的证据，比如说张三有作案动机，有作案时间，作案工具上有他的指纹，现场有他的脚印，有人见过他在现场出现。每一个事实可以为张三是谋杀犯提供初定理由，提高张三是谋杀犯的概率。但是，这些证据合在一起依然只是初定理由，只是这种初定理由的证成力越来越强，也就是张三是凶手的概率越来越高。然而，如果有更强的其他证据，那么这种概率可以完全抵消为零。比如说，只要李四没死，那么张三杀害李四的所有证据提供的初定理由都会被完全取消。

与初定理由相比，初步理由的重点在于理由分量的大小。比如说，家里有块地可以种桃树，每年可以带来 1 万元的收入，然而种李树可以赚得 1.5 万元的利润，因此种李树的理由压倒了种桃树的理由。但是这种压倒不会改变种桃树每年可以收入 1 万元的事实。也就是说，初步理由哪怕是被彻底压倒后，其证成的权重依然存在，不会消失。

在区分开初定理由与初步理由之后，现在关键的问题在于："无罪推定"对于"个人没有犯罪"提供的是何种理由呢？显然，我们知道，"无罪推定"不能确保"个人没有犯罪"，也就是说它无法提供绝对的理由。因为显然，"无罪推定"并不能保证人们都是无罪的，因为显然有很多人是被判有罪的，也就是说"无罪推定"是可以被推翻的。现在的关键问题是，"无罪推定"对于个人无罪提供的是初定理由还是初步理由。我们分两种情况来分析。第一，如果说"无罪推定"提供的理由是初步理由，那么意味着这个"无罪推定"始终可以为"个人无罪"提供某种分量的支持，只有当个人犯的罪行可以压倒这个分量时，这个人才是有罪的。换言之，只要某人犯下的罪行不超过这个分量，无罪推定就可以压倒它，从而该人继续是无罪的。第二，如果无罪推定只是为某人无罪提供初定理由，那么这个推定仅仅表示我们无罪的概率更高，除非我们有更高概率的证据压倒它，否则我们就是无罪的。换言之，只要我们有确切的证据表明某人犯了罪（无论罪的大小），那么该人就不再是无罪的。按照实际的法律实践，只要有确切的证据表明某人犯了罪，那么无论犯的罪有多小，他都是有罪的。因此，"无罪推定"提供的理由只能是初定理由而不是初步理由。

按照这种理解，有罪推定提供的也只是初定理由。正如"无罪推定"不表明某人就一定是无罪的，有罪推定也不是说人们就是有罪的。因此，从无罪推定转变到有罪推定只是转换了"举证责任"。由此这里就涉及一个问题，无罪推定的根据是什么？根据义务论的解读：无罪推定可能体现了尊重人的尊严之类的重要价值，有罪推定就会涉及对人的不尊重，在某种意义上有损人们的人格。如果再把这种人格尊严的价值绝对化，那么有罪推定就是无法得到辩护的。按照这种理解，有罪推定就是不大可能得到辩护的。但是根据后果论的解读：无罪推定很可能只是因为这样做是更方便的，从而有助于幸福最大化。按照这种解读，我们不管做无罪推定还是有罪推定只是为了方便，这种举证责任的划分并不涉及人格尊严。但是这种举证责任一旦制度化，背后可能会涉及非常巨大的执行成本，因此一般情况下轻易不会做出制度上的改变。由此，后果主义在原则上可以较好地解释从无罪推定到有罪推定的转变。

当然，这两种解读似乎与我们的日常实践都不是完全一致的。我们一般不会像后果主义解读的那样轻易就可以放弃无罪推定，但也不会像义务论要求的那样绝对不可以放弃。要如何理解这种现象呢？这里有一个关键词可以帮助我们理解这些现象，这就是诺齐克强调的"象征价值"①。在正常的条件下，有罪的人没有无罪的人多，而且自证无罪的难度极大、代价极大。因此，我们有强大的理由接受无罪推定。在这种情形下，我们容易把此种行为关联到对人的尊重，获得尊重人格尊严的象征价值。这种象征价值有时候甚至会让我们忘记原初的理由。只有当条件出现极大变化，导致无罪推定的原初理由出现反转时，我们才有可能意识到象征价值之后的真正理由。

① 有关象征价值的详尽讨论，请参见〔美〕罗伯特·诺齐克《合理性的本质》，葛四友、陈昉译，上海译文出版社，2012，第46~59页。

我们要注意的是，这里辩护的只是有罪推定，不是有罪判定。

二 应该牺牲哪些无辜者？

上文讨论了我们为什么可以在特殊条件下放弃"无罪推定"这种举证责任的机制。这里有必要讨论两种相关联的情况，即"故意伤害无辜者"和"听任伤害无辜者"，它们在我们的日常道德观念中有着非常不同的权重。学界经常讨论的电车难题，实际上就体现了两者间的区别。富特[①] 提出电车情形后，汤姆逊[②] 和凯姆[③] 对其做了极为细致的讨论。[④] 初始的思想试验大概是电车情形 A：无人驾驶的电车往前开，其正前方有五个无辜者被绑在铁轨上，另一个轨道上也绑着一个无辜者，扳道工应该扳轨道吗？中间一种变体是天桥情形 B：有个胖子站在天桥上，电车会从天桥底下通过，你手上刚好有个受控器，可以使得胖子掉在轨道上，电车撞到胖子会激发自动刹车机制而停下来，不撞死绑在轨道上的五个无辜者。电车难题的极端情形是移植情形 Z：医生有五个垂危的病人，各自缺一个重要的器官；有个来体检的人，刚好具备这些器官，且不排斥；医生应该杀了这个人救活前面的五个人吗？[⑤] 我们可以看到，从电车难题的思想试验来看，从情形 A 到 Z，越到后来，"故意伤害无辜者"受到的道德反驳就越强。

然而，令人相当吃惊的是，人们对非常时期一些措施的道德反应与对移植情形的反应构成了鲜明对比。我们应该如何理解这个反应呢？这里的关键在于"不得故意伤害无辜者"这一理由具有何种分量。理由可以只有一定的权重，从而成为初步理由；理由也可以有绝对权重，从而成为绝对理由。非

① Philip Foot, "The Problem of Abortion and the Doctrine of the Double Effect", *Oxford Review* No.5, 1967.
② Judith Jarvis Thomson, "Killing, Letting Die, and the Trolley Problem", *The Monis*, Vol.59, No.2, 1976, pp. 204-217.
③ Frances Myrna Kamm, "Moral Intuitions, Cognitive Psychology, and the Harming-Versus-Not-Aiding Distinction", *Ethics*, Vol.108, No.3, 1998, pp.463-488.
④ 综合讨论也可以参见 Philip Stratton-Lake, "Intuitionism in Ethics", in Edward N. Zalta(ed.), *The Stanford Encyclopedia of Philosophy*, 2016。
⑤ Judith Jarvis Thomson, "Killing, Letting Die, and the Trolley Problem", *The Monist*, Vol.59, No.2, 1976, pp.204-217.

常明显的是，初步理由是可以被压倒的，因为它只有一定的权重，只要有与之相冲突且更有分量的理由就能压倒它；而绝对理由是不可以被压倒的，因为拥有无穷大的权重，一旦我们有了做某事的绝对理由，那么不做它就是不当的。我们都接受"不得伤害无辜者"是一种道德理由，关键问题在于：它是初步理由还是绝对理由？

在移植情形中，我们似乎把"不得故意伤害无辜者"作为了绝对理由。然而，它真的可以成为这种理由吗？尽管我们日常的法律规定极为认可这种"杀死"与"听任死"的差别，但很多时候只是在个别的例子中，而且其损害的规模相对不大。为此，我们可以再看另一个类似的例子，只是其中涉及的伤害要大得多。而随着伤害程度的加大，我们的直觉实际上很可能是会变化的。因为当伤害足够大时，我们改变相应的规则与制度就很可能是值得的。这是当代著名的伦理学家帕菲特所用的一个例子。"假如发现有个小的行星碎片正冲向美国的纽约，如果不加干涉，很有可能会造成 100 万人的死亡。现在有个方案，那就是在上空把这个碎片击得更碎，这样它们会冲向纽约旁边的华盛顿，这里人少一些，大概会死 50 万人。"[1] 根据当下流行的看法，我们击碎行星碎片是在杀死 50 万华盛顿人，是故意杀死无辜者，而我们不击碎行星碎片，我们只是听任 100 万纽约人死去。但帕菲特认为这个碎片朝向谁，这一自然事实并不能对该人活下来的道德要求权有丝毫的减损。在这个例子中，无论是华盛顿人还是纽约人，都是无辜者。因此，"故意杀死"与"听任死"的差别在此例中的作用似乎远没有想象的那么大。历史真实的类似事件似乎也表明这一点。比如第二次世界大战期间，英国利用双面间谍给予德国空军错误的信息，使得他们错误地把伦敦郊区当作市区进行轰炸。[2]

不仅如此，现实世界中我们对于"杀死"与"听任死"的区分本身是带有规范性内容的。有时候"不作为"导致别人死亡，也会被认作"谋杀"，而不是"听任死亡"。比如说当警察发现某个受害者是其仇人，生命垂危，故意不给他叫救护车，听任他死掉，我们也会认为他是在谋杀。当警察发现某个凶徒正要杀死影响其晋升的上司，尽管他能迅速杀死凶徒但没有杀，因此构成了对其上司的谋杀。因此，"谋杀"或"故意伤害"这两个词并不纯粹是

---

① Derek Parfit, *On What Matters*, Vol.3, Oxford University Press, 2017, pp.85-86.

② Edmonds David, *Would You Kill the Fat Man*, Princeton University Press, 2014, chap 1.

一个自然的认定，相反是暗含某种规范性条件，只是大多数时候这种规范性条件就是人们的主动作为，由此有一定的重合，使得我们忽略这一点：你应该救而不救是谋杀，应该杀而不杀也是谋杀。[①]

如果"杀死"与"听任死"不仅仅是一个自然的描述，而是涉及责任的划分，那么我们应该选择何种原则来确定这种责任呢？这里我们可以借用罗尔斯的无知之幕来做出判断。这个思想试验是这样的：第一，我们不知道自己是谁，也就是不知道是自然灾害自然冲向的那个，还是可以人为救助出来的那个，但是知道我们成为任何一种人的概率是一样的；第二，我们不是在自然灾难出现之时来询问人们的意见，而是把时间拉前，事先确立一个原则来处理任何这样的自然灾害情形。我们在这样两个条件下会选择什么样的原则呢？从事前看，因为我们不知道自己是谁，所以自然灾害会冲向谁就是没有影响的，这就是初始选择中的所谓"故意杀害"这个问题是不存在的。由此，行星碎片的情形就不是选择杀50万人救100万人或听任100万人死去，相反是这样的两个选项：从负面意义上讲，是听任100万人或50万人死去；从正面意义上讲是救50万人还是救100万人。基于这种思路，我们应该选择做什么就是比较清楚的，自然就是要让灾难导致的死亡人数尽可能少，使得灾难带来的损失尽可能小，从事前来看，这对任何一个人都是更好的。

当然，即使事前看这样做是有道理的，但是事到临头时，受损害的那方可能不一定会有足够的道德动机，很可能是不愿意做出牺牲的。实际上，这也是现实世界里我们很多人依然会接受一种自然的"杀害"与"听任死"的最主要原因，而且靠强制抹去此种差别往往是得不偿失的。然而，当这个事情出现在整个社会且引起的危害极为巨大时，我们强迫如此做就是划得来的。这个时候，只有当要被牺牲的人是当权派（享有特权）时，他们才有可能不被牺牲，才能强迫大多数人接受更大的牺牲。但是一般情况下，只要不涉及特权派，牺牲少数人的概率显然是更高的。换言之，不得伤害无辜者这一原则在重大灾难事件中形成实质影响的概率较小。

---

① 关于这个区分的详尽讨论可以参见 Peter Unger, *Letting Die and Living High*, Oxford University Press，1996；Bonnie Steinbock & Alastair Norcross(eds.), *Killing and Letting Die*, 2nd Edition Fordham University Press，1999。

三　如何尊重权利？

如果上面的分析是正确的，那么非常时期的第三个道德挑战就是会侵犯权利，或者说我们无法按照正常时期那样对人们的权利表示尊重。我们面临着一个重要任务，我们应该如何理解"尊重人们的权利"这一道德观念，我们对自由权与财产权的这种"侵犯"是可以辩护的吗？

为了回答这个问题，我们需要对权利的相关性质有个了解，其中的关键是区分权利的分量与权利的条件，这涉及权利可以为我们提供何种理由。当我们谈到权利的分量时，我们谈的是权利的存在形式，这里可以区分两种最简单的形式：绝对权利与初步权利。绝对权利指该权利拥有绝对的分量，不可压倒，所有人必须按照该权利要求的方式行动，否则就是不当的。初步权利指的是权利拥有一定的分量，只要其他相冲突的权利或考虑有着更重的分量，那么它是可以被压倒的。权利的条件指的是权利的存在条件，也就是在什么样的条件下我们是可以拥有某种权利的，这里可以做出最简单的区分：无条件权利与有条件权利。无条件权利是某种形式的权利在任何条件下都会存在，不可能不存在，因此这种权利至少可以提供初步理由，也有可能是绝对理由；有条件权利指的是某种形式的权利只有在一定的条件下才能存在，在其他条件下这些形式权利就是不存在的，这种权利可以看作初定权利，只能提供初定理由，因为在有些条件下这些理由就被取消了。这两种简单的区分可以组合出四种简单类型的权利，见表1。

表 1　权利的四种类型

	绝对的分量	相对的分量
无条件的	无条件的绝对权利（Ⅰ）	无条件的初步权利（Ⅱ）
有条件的	有条件的绝对权利（Ⅲ）	有条件的初步权利（Ⅳ）

尽管这个表的区分非常粗略，但足以表明不同权利有着不同蕴含。第Ⅰ类权利如果存在，那也只能有一种，否则必然会陷入相互冲突过程之中。现实中我们极难找到哪种权利是这一类的。第Ⅱ类与第Ⅲ类权利有一个共同

点：从原则上说，我们是可以不按照它们来行事的。但是两者有一个根本的区别：第 II 类权利不可能被取消，只可能被压倒，只有当有其他相冲突的权利或考虑有更重的分量时，不按照该权利行事才可能是正当的，我们一般可能会认为生命权或自由权是这种权利；第 III 类权利不可能被压倒，只可能被取消，也就是只有当这种权利的存在条件不存在时，它才会失效，不按照它行动才会是正当的。换言之，这种权利一旦存在，那就是王牌，就必须按照它来行动。

然而，这两类权利的区别主要是在原理上的，其实践可能看起来是差不多的。对于无条件的初步权利，我们可以把压倒初步权利的条款内嵌于该权利之中，这样该种权利就可以看作有条件的，看起来就是可以被取消的，因为补偿条款已经内嵌进条件本身了。同时绝对权利也可以相应地变成无条件的，只是权利的绝对分量变成相对的（失效条件可以变成分量上的压倒），由此看起来只是初步权利被压倒了而已。因此，由于第 I 类权利是不大可能存在的，而第 II 类和第 III 类权利是可以相互转换的，因此权利既是可以被取消的，也是可以被压倒的。由此，我们实践中感觉到的往往是第 IV 类权利，即有条件的初步权利。这种权利在某些条件下才能存在或不存在，而且即便其存在，也不是可以压过一切其他考虑的。

为了更明确地理解这种相互关系，我们还可以从第 IV 类权利来看其他几类权利。这里我们可以把条件分为强弱（越强的条件表示权利越难以存在，而越弱的条件表示权利越容易存在），而把初步权利的分量分为轻重两种。这样我们就可以得到表 2。

表 2　初步权利的分类及分量

	弱条件	强条件
重	弱条件的重权利（甲）	强条件的重权利（乙）
轻	弱条件的轻权利（丙）	强条件的轻权利（丁）

当甲类权利的条件越来越弱而其分量越来越重时，它就越来越变成第 I 类权利，也就是无条件的绝对权利；当乙类权利的分量越来越重，它就越来越像第 II 类权利；当丙类权利的条件越来越弱时，它就越来越像第 III 类权

利；而当丁类权利的条件越来越强而其分量越来越轻时，权利就开始越来越没影响了，直至消失。由此，我们可以把一般性的权利看作第 IV 类权利，其他几类权利是特殊条件下的权利。我们日常生活中碰到的权利，基本上都是得到制度认可的权利，因此必然具有一定的分量，它们只能是分量"重"的那一类权利，这是从制度的重要性而得来的。而且不同的权利之间有可能会出现冲突，比如生命权、自由权和财产权之间，这个时候如果我们纯粹通过分量的大小来压倒，日常生活很可能就无法正常进行。这个时候我们最好是规定条件，有些条件下某些权利更重要，在其他条件下则可能是另一些权利优先。

如果上面对于权利的分析符合日常的权利观念，那么下面几点就是相当可行的。第一，权利的重要性不大可能是源于权利自身（内在考虑），至少不可能完全源于自身，否则就很难解释为什么在不同条件下各种权利的优先性会变化。第二，权利服务的目的（工具性考虑）能够很好地解释这种权利类型的出现，尤其是解决各种具体权利之间发生的冲突。第三，如果我们接受威廉斯总结的伦理学基本定律（事物之间的重要道德差别要缘于重要特征或性质的不同），那么我们对于很多权利的理解要着重参考其服务的目的或说其可能实现的后果。实际上，现代社会的权利早就不再是铁板一块，而是细分为各种各样的权利。例如我们对物品的权利可以细分为好多种，比如收益权、使用权、处置权等。对于这些权利的存在条件和分量，从后果主义的角度给出一个统一的解释是较可行的。①

从上面的权利观出发，我们可以比较好地解释非常时期对权利的"侵犯"，这里的侵犯可以分为两类。第一类是非常时期会直接限制人们的行动自由权，由此甚至会侵犯人们的生命权。根据上面的分析，我们可以认为这是个人的初步权利被压倒，因此这些人的权利并不因此消失或被取消，只是被更多人的生命权（因此分量更大）压倒而已。不仅如此，这种压倒导致对权利的"侵犯"，只要有可能，就是需要做出补偿的。由此这种权利的"侵犯"

---

① 关于后果主义可以如何为各种形式的权利做出辩护，可以参见〔英〕拉兹·约瑟夫《公共领域中的伦理学》，葛四友译，江苏人民出版社，2013，第一部分中的"权利与个人福利"；Russel Hardin, "The Utilitarian Logic of Liberalism", *Ethics*, Vol. 97, No.1, 1986；葛四友《分配正义新论：人道与公平》，中国人民大学出版社，2019，第 295~300 页。

是需要事后补偿的，尽管这会使得权利的压倒像是权利的取消。不仅如此，这种压倒和补偿都只能在制度意义上实行，只有在特殊条件下我们才承认这种压倒关系。而在正常时期，各种权利需要安排得能够共存，否则一种权利强于另一种权利，可以随意地被另一种权利所压倒，那么经常被压倒的权利实质上就被取消了。因此从制度上讲，一种权利压倒另一种权利必须有明确的限制条件。

第二类侵犯则显得比较间接。这主要是当我们需要对受重大灾难影响的很多人提供基本的生活保障时，我们需要获得新的资源。这种资源不可能凭空出现，只能是从共同体中来，比如政府通过征收额外的各种税，或者以发行货币的方式，从而导致财产贬值。从日常意义上讲，无论采取哪种手段来获得资源都属于"侵犯"财产权。但是，如果上面我们对于权利的分析是可行的，那么我们可以认为，这种"侵犯"实际上可以看作特殊条件下财产要得到辩护必须满足的条件，由此内化为财产权得以成立的条件。重大灾难的发生实际就是这种特殊条件中的一类。那些在平常时期已经算是我们正当收入与财产的资源，在这个时候，需要满足新的条件才能得到辩护。而政府再次征收税收（或发行货币），只要确实是为了去帮助受非常时期影响的无辜百姓，那么这种"侵权"实际上就是财产权制度的内在限制条件，只是在正常时期处于沉默状态而已。由此，这个时候对财产权的"侵犯"并不是真正意义上的侵犯，而是原来的"财产权制度"在某种意义上被取消，在特殊时期重新确立了新的财产权制度。由此，我们对"正常时期的财产权"的这种"侵犯"，从整体上看，恰恰是在特殊时期对百姓生命权与财产权一种更好的尊重方式！

结　语

最后我们做几个相关的提醒。第一，本文对于人们道德态度的变化只是提供了一种可能的解释，即从后果主义的视角出发，我们可以对百姓道德态度的变化给出一个统一解释。因此，本文并不是对后果主义的直接辩护，只是说，如果后果主义成立的话，那么我们是可以解释人们的道德态度的变化的，而且认为这种变化是可以得到辩护的。不仅如此，即使从后果主义的视角看，本文并没有对人们的具体态度给出具体实质的答案，只是提供了一条可以理解这种变化的思路。

第二，在本文做出解释的思路中，最为关键的是几种理由的区分，基于此去澄清我们以前对于三种道德观念可能存在的误解。首先，我们认为"无罪推定"只是一个初定理由，主要涉及举证责任的归属，并不涉及人格尊严之类的价值，由此举证责任的归属主要是考虑成本与代价，而环境的变化会导致举证责任归属的变化。其次，我们对于"不得伤害无辜者"这一道德观念的处理，关键在于承认它只是一个初步理由，远不是一个绝对理由，而且"杀死"与"听任死"的道德重要性是源于道德原则的。只是在正常时期，"杀死"与"听任死"和"作为"与"不作为"之间有较大的耦合，但在特殊时期则不是如此，因此其附带的道德重要性就会随之而消失。最后，对于如何尊重权利这方面，我们则是表明，权利本身实际上可以提供两种理由，一种是初定理由，一种则是初步理由，而疫情这种特殊情况导致我们对权利出现"两类侵犯"，一类"侵犯"涉及初步权利被压倒，因此需要做出补偿，而另一类可能涉及某些初定权利被取消，从而重新设定何种权利可以得到辩护。

第三，重大公共卫生灾难之所以引发如此多的思考，并不在于它在规范性上有多么独特。实际上它跟洪水、地震等都属于引发巨大损失的天灾，可以放到一起做同样的思考。但它确实有其他特性，有极大的不确定性、不可预测性，从而导致每个人都是潜在相关的，所有人都被迫卷入这个事件中来。而洪水与地震在这个方面则有明显不同，其受伤害的人群，至少在事发时是相对确定的，由此很多"不相关"的人就可以做到"事不关己，高高挂起"。从这个角度上讲，疫情引发的所有道德思考，实际上同样也是我们面对洪水、地震等自然灾难应该做的。而这些特殊情况下的道德思考，显然是有助于我们更好地认清背后更为根本的道德理论的。本文的探讨表明，后果主义在不同条件下给出统一的解释显然是有一定优势的。

规则后果主义 *

〔英〕胡　克/文　陈　燕/译　阮　航/校 **

　　仅仅根据规则所产生后果的善来选择规则，然后声称这些规则决定哪些种类的行为在道德上是不当的，这种道德理论我们称为完整规则后果主义（full consequentialism）。乔治·贝克莱（George Berkeley）可以说是第一位规则后果主义者。他写道："在制定一般的自然法则时，理所当然，我们必须完全以人类的公共善为指导，但在我们日常生活的道德行为中却并非如此……虽然规则的制定与人类善相关，但我们的习俗必须始终直接由规则来塑造。"（Berkeley 1712：section 31）我们通常将以下作者归类为规则后果主义者：奥斯汀（Austin 1832）、哈罗德（Harrod 1936）、图尔明（Toulmin 1950）、厄姆森（Urmson 1953）、哈里森（Harrison 1953）、马勃特（Mabbott 1953）、M. 辛格（M. Singer 1955，1961），最具影响力的有布兰特（Brandt 1959，1963，1967，1979，1989，1996），还有海萨尼（Harsanyi 1977，1982，1993）。另见罗尔斯（Rawls 1955）、叶泽尔斯基（Ezorsky 1968）、伊哈拉（Ihara 1981）、哈斯利特（Haslett 1987，1994：第1章，2000）、阿特菲尔德（Attfield 1987：103—112）、巴罗（Barrow 1991：第6章，2015）、约翰逊（Johnson 1991）、赖利（Riley 2000）、肖（Shaw 1999）、胡克（Hooker 2000，2005）、莫尔根（Mulgan 2006，2009）、里奇（Ridge 2006）、R.B. 米勒（R.B. Miller 2009）、帕菲特（Parfit 2011）、考恩（Cowen 2011）、康（Kahn 2012，2013）、利维（Levy 2013）、托比亚（Tobia 2013），还有 D.E. 米勒

---

　　*　译文翻译自斯坦福哲学百科全书词条"Rule Consequentialism"（2015年11月修改版），译者于2018~2019年访学期间获得作者胡克当面授权。

　　**　胡克（Brad Hooker）（1957～），男，英国雷丁大学教授，研究方向：道德哲学。陈燕（1971～），女，中南财经政法大学哲学院副教授，哲学博士，研究方向：伦理学。阮航（1971～），男，湖北大学哲学学院副教授，博士，博士生导师，研究方向：中国哲学、伦理学。

（D.E. Miller 2014）。约翰·S. 密尔（J.S. Mill）的伦理学是不是规则后果主义是有争议的（Urmson 1953；Lyons 1994：47–65；Crisp 1997：102–133；D.E. Miller 2010：79–110）。

一　效用主义

一种道德理论当且仅当它仅仅根据后果的善来评价行为和/或品格特质、习俗以及制度，才是一种形式的后果主义。从历史上看，效用主义（utilitarianism）一直是后果主义最著名的一种形式。效用主义仅仅根据总体净收益来评价行为和/或品格特质、习俗以及制度。总体净效益经常被称为加总的福祉或福利。加总的福利是这样来计算的：将对任何一个个体的利与害与对其他任何个体的等量的利与害算作同样的，然后将所有的利害加起来得到一个总和。对于福利的最佳论说是什么，后果主义者之间存在相当大的争议。

二　福利

古典效用主义者（也就是杰里米·边沁、J.S. 密尔和亨利·西季威克）将收益与损害视为一个纯粹是关于快乐和痛苦的问题。"福祉是快乐减去痛苦"这一观点一般被称为快乐主义（hedonism）。它虽然变得越来越复杂（Parfit 1984：附录 I；Sumner 1996；Crisp 2006；de Lazari-Radek 和 Singer 2014：第 9 章），但仍然忠于这一论点，即一个人生活过得如何完全取决于他或她的快乐减去痛苦，尽管这里的快乐和痛苦被解释得非常宽泛。

即使快乐和痛苦被解释得非常宽泛，快乐主义也仍然遇到了困难。其中一个主要困难在于，很多人（如果不是所有人）除了关心他们自身的苦乐之外，还极为关心其他一些事物。当然，这些其他事物可能是作为得到快乐和避免痛苦的手段而重要。但是，很多人对这些事物的强烈关心超出（over and beyond）了它们的快乐主义工具价值。比如，很多人想知道各种事情的真相，即使这不会增加他们（或其他任何人）的快乐。另一个例子是，许多人对实现某些目标的在意超过了这种实现可能带来的快乐。再者，很多人以一种非工具意义的方式关心自己家庭和朋友的福利。对这些观点（尤其是最后一个观点）的一种互竞论说是：除了自己的福利之外，人们还在意其他许多事物。

根据任何一种可行的福利观点，人们在其欲求（desire）得以实现时可能感受到的满足（satisfaction）构成了其自身福利的一种增加。同样，根据任何一种可行的观点，欲求未实现时感受到的挫折构成了福利的一种减少。有争议的是，某人欲求的实现（fulfilment）除了对那个人感受到的满足或挫折产生影响之外，是否构成了对他的好处。快乐主义的回答是否定的，声称只有对感受到的满足或挫折产生的影响才重要。

另一种福利理论的回答是肯定的。这种理论认为，行为者任何欲求的满足都构成了行为者的好处，即便该行为者从来不知道这个欲求已经得到实现且即便他不会从这个实现中得到任何快乐。这种人类福利理论经常被称为"欲求实现的福利理论"（desire-fulfillment theory of welfare）。

显然，欲求实现的福利理论比快乐主义要更宽泛，因为欲求实现的福利理论所承认的构成好处之物比仅仅是快乐要宽泛。但是有理由认为这种更宽泛的理论又过于宽泛了。一则，人们可以有理智的欲求，这些欲求可能与他们自己的生活完全没有关联，乃至与他们自身的福利不相干（Williams 1973：262；Overvold 1980，1982；Parfit 1984：494）。我希望远方他国的饥民获得食物，但我这一欲求的满足并不会使我受益。

二则，人们也可以欲求对其本人来说是荒谬的事情。假设我想要数一数这条路上草坪中的所有草叶。如果我从做这件事中获得了满足，那么感到的满足就构成了我的好处。但单单就"我数这条马路上草坪中的草叶"这一欲求的实现而言，它并没有构成我的好处（Rawls 1971：432；Parfit 1984：500；Crisp 1997：56）。

仔细想想，我们可能会认为，只有当某个人的欲求含有一套特定内容，其欲求的实现才会构成那个人福利的一种增加。例如，我们可能会认为，某人对快乐、友谊、知识、成就或其自主权之欲求的实现的确构成了其福利的一种增加，而她对其他事物可能产生的任何欲求的实现并不会直接使她受益（但是，她从这些满足中获得的快乐的确仍然使其受益）。如果想到这一点，我们似乎就认为存在这样一份清单：清单上列出的那些事物构成了某人的福利（Parfit 1984：附录 I；Brink 1989：221–236；Griffin 1996：第 2 章；Crisp 1997：第 3 章；Gert 1998：92–94；Arneson 1999a）。

只要要促进的善是福利的一部分，这种理论就仍然是效用主义的。对于效用主义，要讲的地方还有很多。显然，生活如何进展很重要。效用主义有一个观念即使不能直接说是无可抗拒的，也是极具吸引力的，这个观念就是道德根本上是不偏不倚的，亦即在道德最基本的层次，每个人（无论男女、强弱、贫富、肤色、民族和地域，如此等等）都同等重要。并且效用主义把这种平等的重要性可行地解释为这样一种规定：在总福利的计算中，对于任何一个人的收益或损害与其他任何个人等量的收益或损害，我们都算作同样的，既不多也不少。

三 其他要促进的善

后果主义家族中的非效用主义成员是这样一些理论，它们仅仅根据结果的善来评价行为和 / 或品格特质、习俗以及制度，此处的善并没有被限定为福利。这里的"非效用主义者"意指"不是纯粹的效用主义者"，而不是指"完整的非效用主义者"。作者们在将自己描述成后果主义者而不是效用主义者时通常是在表示，其基本评价不仅会根据福利，还会根据某些其他的善。

这些其他的善是什么呢？最常见的回答是正义、公平和平等。

根据柏拉图的看法，正义是"使每个人得其所应得"（*Republic*，Bk. 1）。我们可以假设，"人们应得什么"就是"人们被亏欠了什么"这个问题，要么是因为他们应该得到它，要么是因为他们对其有道德权利。假设我们把这些观念嵌入后果主义，那么就会得到这样一个理论，即我们对事物的评价，不仅应该根据产生了多少福利，而且应该根据在多大程度上人们得其所应得以及在多大程度上道德权利得到了尊重。

然而，后果主义采取这一路线就意味着它要限制其解释的抱负。它并没有解释某个理论会径直预设什么。一种既预设了正义由某某事物构成也预设了正义是要被促进的事物之一的后果主义理论，并没有解释正义的这些成分为何很重要。它没有解释什么是应得，也没有解释道德权利的重要性，更不用说试图去确定这些道德权利的内容了。对后果主义理论来说，这些问题太过重要、太富争议，乃至不能不给出解释或任其成为悬而未决的问题。后果主义如果打算涉及正义、应得和道德权利，那就需要分析这些概念并证成它赋予它们的角色。

关于公平，我们也可以用类似的说法。如果某个后果主义理论预设了一种对于公平的论说，并且只是规定，公平应该被促进，那么这种后果主义理论就不是在解释公平。但是，公平（和正义、应得与道德权利一样）这个概念非常重要，乃至是后果主义不能不努力解释的。

后果主义者处理正义和公平的一种方法是，声称正义和公平是由对某套已得到证成的社会习俗的遵从来构成的，而证成这些习俗的是，它们一般能促进总福利和平等。这个论点实际上可能在于，人们应得什么、人们对什么有道德权利以及正义和公平要求些什么，这些都会符合那些促进总福利和平等的习俗，无论这些习俗是怎样的。

然而，是否需要将平等纳入以上表述是非常有争议的。很多人认为，一种纯粹的效用主义表述就有充足的平等主义意蕴。他们认为，即使目标是促进福利，而不是促进福利加平等，存在一些有关人类的偶然的却又无处不在的事实，这些事实推往物质资源平等分配的方向（Brandt 1979）。

根据"物质资源的边际效用递减规律"，一个人已拥有的物质益品的单位量越多，他从某一单位的物质资源中获得的好处就越少。假设我从除了靠步行之外别无他法到拥有一辆自行车；或者，尽管我生活在一个人们会觉得很冷的地方，但我从没有保暖的外套到有了一件。我从得到第一辆自行车或外套中获得的好处，将多于我从有九辆自行车到有十辆中获得的好处。

边际效用递减规律也有例外。在大多数这样的例外中，一个额外单位的物质资源会推动某人越过某个重要的门槛。比如，考虑一下救了某人一命的那顿饭、那粒药或者那口气，或者那辆汽车，其收购将有竞争力的收藏者推至第一名。在这些情形中，使此人越过门槛的那个单位很可能就像先前的任何一个单位一样对那个人有利。不过，作为一种一般规则，物质资源确实具有递减的边际效用。

在物质资源边际效用递减这一假设之外，让我们再加上一个假设，即不同的人从相同的物质资源中获得大致相同的收益。例外再次出现。如果你生活在寒冷的气候条件下，而我生活在炎热的气候条件下，那么你从一件保暖的外套中获得的好处将比我大得多。

但是，假设我们住在同一地方，此地冬季很冷，有很好的自行车道，没有公共交通。并且假设你有十辆自行车和十件保暖外套（虽然你不是在争夺自行车或外套的收藏家奖）。与此同时，我穷得一无所有。这个时候，把你的一辆自行车和一件保暖外套重新分配给我，这对你的伤害很可能要小于给我带来的好处。这种现象在资源分配不均的社会随处可见。无论这种现象发生在哪里，一种根本上不偏不倚的道德都会面临将资源从富人那里重新分配给穷人的压力。

然而，人类也存在一些偶然的却又普遍存在的事实，这些事实促使人们支持那些具有可预见的物质不平等后果的做法。首先，更高水平的总福利可能需要更高水平的生产力（想想农业生产力提高所带来的福利收益）。在经济的很多领域，为更大的生产力提供物质奖励似乎是诱发更高生产力最有效的可接受方法。一些个人和团体的生产力会比其他人或团体更高（尤其是在有激励计划的条件下）。故而，为更大生产力提供物质奖励的做法将会导致物质不平等。

因此，一方面，物质资源边际效用递减施加压力以支持对资源作更平等的分配；另一方面，提高生产率的需求施加压力以支持会产生可预见的物质不平等后果的激励计划。效用主义者和大多数其他后果主义者都发现自己是在平衡这些对立的压力。

请注意，这些压力关系到资源分配。关于应该对福利本身作多么平等的分配，还有一个需要进一步探讨的问题。最近许多作者认为效用主义对福利的分配漠不关心。想象一下要在如下两个结果之间做个选择：一个总福利很大却分配不平等，一个总福利较小却分配平等。效用主义者被认为会支持产生更大总福利的结果，即使这些福利的分配同时不那么平等。

为了说明这一点，让我们举一个关于人口的例子，这些人口被人为设计得比较简单，仅分两组。

	福利单位数		两组的总福利
供选方案 1	每人	每组	
A 组 10000 人	1	10000	
B 组 100000 人	10	1000000	
			不偏不倚地计算：1010000

	福利单位数		两组的总福利
供选方案 2	每人	每组	
A 组 10000 人	8	80000	
B 组 100000 人	9	900000	
			不偏不倚地计算：980000

很多人会认为，上面的供选方案 2 比供选方案 1 要好，并且可能认为这些供选项之间的比较表明，始终存在支持更大福利平等的压力。

然而，正如帕菲特（1997）特别论证的那样，我们不能太过草率。考虑以下选择：

	福利单位数		两组的总福利
供选方案 1	每人	每组	
A 组 10000 人	1	10000	
B 组 100000 人	10	1000000	
			不偏不倚地计算：1010000

	福利单位数		两组的总福利
供选方案 3	每人	每组	
A 组 10000 人	1	10000	
B 组 100000 人	1	100000	
			不偏不倚地计算：110000

福利的平等是如此重要，以至于供选方案 3 优于供选方案 1 吗？举一个帕菲特的例子，假设让每个人在视力方面平等的唯一办法是让每个人完全失明。这种"向下拉平"（levelling down）是道德所要求的吗？事实上，它无论如何都毕竟是道德上可欲的吗？

我们如果认为答案是否定的，那就可能认为，福利平等一般来说其实并不是一种理念（参见 Temkin 1993）。境况较好者的损失只有在使境况较糟者获益的情况下才能得到证成。我们原本认为的有利于福利平等的压力反而成了有利于提高整体福利水平的压力。我们可能会说，福利影响到的那个人的境况越糟糕，福利的增加就越重要。这种观点被称为"优先主义"（prioritarianism，Parfit 1997；Arneson 1999b）。它有着直觉上的巨大吸引力。

举一个简化的例子来说明优先主义如何可能生效，假设境况最糟者的福利被算作境况较好者的 5 倍。那么上表中供选方案 1[的算式] 就是（$1 \times 5 \times 10000$）+（10×100000），这就得出 1050000 单位的总福利。仍然将境况最糟者的福利计为 5 倍，供选方案 2 [的算式] 就是（$8 \times 5 \times 10000$）+（9×100000），得到 1300000 单位的总福利。这符合人们常见的反应，即供选方案 2 在道德上优于供选方案 1。

在社会生活的实际例子中存在的划分当然绝不止一种。相反，存在一个从境况最糟到不那么糟……一直到境况最好的标尺。对于处在该标尺不同位置的人们的福利，优先主义赞成予以不同级别的重要性：一个人的境况越糟，给这个人的福利水平赋予的重要性就越大。

这引发了人们对优先主义的两个严重担忧。第一个担忧与优先主义的这一困难相关，即很难不以武断的方式确定，给处境较糟者的福利要额外赋予多大的重要性。例如，境况最糟者的一个受益单位应当计作处境最好者同等受益的 10 倍并且计作平均富裕者的 5 倍吗？或者倍数应当是 20 和 10 还是 4 和 2 呢？对优先主义的第二个担忧是，一些人的福利增加相比于其他人等量的福利增加被赋予更大的重要性，这是否与根本上不偏不倚相矛盾（Hooker 2000：60–62）？

这里不是进一步讨论优先主义及其批评者之间辩论的地方。因此本文其余部分就搁置了这些辩论。

四　完整规则后果主义

后果主义者区分了其理论的三个组成部分：（1）他们关于"是什么使行为成为道德上不当的"论点；（2）他们关于"行为者应该用以做出道德决策的程序"的论点；（3）他们关于"在何种条件下做出如谴责、愧疚和赞许这样的道德制裁是恰当的"论点。

我们称作的完整规则后果主义是由所有这三个规则后果主义标准组成的。因此，完整规则后果主义主张：一个行为在道德上是不当的，当且仅当它为如下的规则所禁止，这些规则得到了规则之后果的证成。它还主张，行为者应根据得到其后果证成的规则来做出他们的道德抉择。并且它主张，应该实施道德制裁的条件是由得到后果证成的规则来确定的。

完整规则后果主义者可能认为，关于这三个不同的论题，实际上只存在一套规则。或者他们认为，存在几套不同的规则，它们在某种意义上是彼此相应或互补的。

比起不同类型的完整规则后果主义之间的区分，完整规则后果主义与部分规则后果主义（partial rule-consequentialism）之间的区分重要得多。部分规则后果主义可能采取多种形式。让我们聚焦于最常见的那种形式。最常见的部分规则后果主义主张，行为者应该参考因其后果而得以证成的规则来做出关于怎样行动的道德抉择，但它并未主张，道德不当性是由得到其后果证成的规则来确定的。部分的规则后果主义通常赞同这一理论，即道德的不当性是直接根据行为的后果来确定的。这种不当性理论被称为行为后果主义。

在完整规则后果主义和部分规则后果主义之间作出的区分，澄清了行为后果主义和规则后果主义之间的显著差别。行为后果主义最好被构想为仅仅坚持以下标准：

> 行为后果主义的不当性标准：一个行为是不当的，当且仅当它所产生的善少于某个可选的替代行为将产生的善。
>
> 许多人一旦碰到上述道德不当性标准就自然而然地假定，决定如何行为的方法就是应用该标准，亦即，
>
> 行为后果主义的道德决策程序：在每一种场合中，行为者都应当通过计算哪个行为会产生最大的善来决定该怎样做。

然而，后果主义几乎从未将这个行为后果主义的决策程序作为一种一般的且典型的道德抉择方法来捍卫。（Mill 1861：第 2 章；Sidgwick 1907：405–406，413，489–490；Moore 1903：162–164；Smart 1956：346；1973：43，71；Bales 1971：257–265；Hare 1981；Parfit 1984：24–29，31–43；Railton 1984：140–146，152–153；Brink 1989：216–217，256–262，274–276；Pettit 和 Brennan 1986；Pettit 1991，1994，1997：156–161；de Lazari-Radek 和 Singer 2014：第 10 章）。有许多令人信服的后果主义理由说明行为后果主义的道德决策程序会适得其反。

第一，极为常见的是，行为者不会拥有关于各种行为会产生什么后果的详细信息。

第二，在要做出决定的紧要关头，这些信息的获得通常要付出更大的成本。

第三，即使行为者有进行计算所需要的信息，行为者在计算中也有可能出错（这种情况尤其可能发生在如下场合：行为者天生的偏见作祟，计算很复杂，或不得不仓促计算）。

第四，存在我们称为预期效应的东西。想象这样一个社会：在这个社会中，人们知道其他人对自己及自己所爱之人天生抱有偏见，却要努力通过计算总体善来做出他们的所有道德抉择。在这样一个社会中，每个人都很有可能担心，其他人一旦信服违背承诺、偷盗、说谎甚至攻击会产生最

大的总体善就会到处这么做。在这样一个社会，人们不会觉得他们可以彼此信任。

这第四个考虑比前三个更富争议。例如，霍奇森（Hodgson 1967）、霍斯珀斯（Hospers 1972）以及海萨尼（Harsanyi 1982）认为信任将崩溃。辛格（Singer 1972）和李维斯（Lewis 1972）则认为不会这样。

不过，基于上述四个理由，大多数哲学家都承认，使用行为后果主义的决策程序不会使善最大化。因此，即使是支持行为后果主义道德不当性标准的哲学家也拒绝接受行为后果主义的道德决策程序。取而代之的是，他们通常倡导以下程序：

> 规则后果主义的决策程序：至少在正常情况下，行为者应该通过应用其被接受会产生最佳后果的那些规则来决定该做什么，比如"不要伤及无辜""不要偷窃或毁坏他人财物""不要违背诺言""不要说谎""特别关注你的家人和朋友的需要""一般而言要为别人做好事"这样的规则。

既然与上述不当性标准有关的行为后果主义者一般都接受这一决策程序，那么行为后果主义者实际上就是部分规则后果主义者。在通常情况下，作者们所称的间接后果主义就是关于不当性的行为后果主义与关于适当决策程序的规则后果主义两者的如此结合。

在标准意义上说，完整规则后果主义所认可的决策程序是一种其被社会接受将会最好的决策程序。之所以需要"在标准意义上说"这一限定，是因为存在一些允许规则相对化地用于（relativise）小群体甚或个人的规则后果主义版本（D.E. Miller 2010；Kahn 2012）。并且，行为后果主义坚持这种其被个人接受将会最好的决策程序。因此，根据行为后果主义，既然杰克和吉儿的能力和处境可能有很大不同，杰克要接受的最佳决策程序就可能与吉儿要接受的最佳决策程序不同。然而在实践中，行为后果主义者通常多半会忽视这些差异，并认可上述的规则后果主义决策程序（Hare 1981，第2、3、8、9、11章；Levy 2000）。

如果行为后果主义者认可上述的规则后果主义决策程序，那他们就会承认，遵循这一决策程序并不能确保我们会做出有最好后果的行为。例如，我们对"排除伤及无辜者的做法"这一决策程序的遵循有时会造成障碍，让我们做不出那种会产生最好后果的行为。同样，会存在这样一些情况，偷窃、违背诺言等会产生最好后果。不过，比起试图逐个地对行为作后果主义运算，我们对"一般性地排除这些行为的决策程序"的遵循所产生的后果从长远和整体上看很可能要好得多。

行为后果主义者通常赞同规则后果主义的决策程序，因而要弄清有些哲学家是行为后果主义者还是规则后果主义者可能就成问题。比如 G.E. 摩尔（G.E. Moore，1903，1912）有时被归为行为后果主义者，有时又被归为规则后果主义者。和其他很多人（包括他的老师西季威克）一样，摩尔将行为后果主义的道德不当性标准与规则后果主义决定该怎么做的程序结合在一起。摩尔不过是在强调偏离规则后果主义决策程序所导致的危险方面比大多数人走得更远（参见 Shaw 2000）。

五　全局后果主义

一些作者提出，后果主义最纯粹以及最一致的形式是这一观点，即所有事情绝对都应该根据其后果来评价，不仅包括行为，也包括规则、动机、实施制裁，如此等等。让我们效仿佩蒂特（Pettit）和史密斯（2000），将这种观点称为全局后果主义（global consequentialism）。卡根（Kagan，2000）将其描绘为多维的直接后果主义，因为每一件事都是直接根据其自身的后果是否不亚于可替代选择的后果来评价的。

这种全局后果主义与我们一直所说的部分规则后果主义之间有何不同？我们一直所说的部分规则后果主义只不过是行为后果主义的道德不当性标准与规则后果主义的决策程序的结合。按照这样的定义，部分规则后果主义就使"何时进行道德制裁是合适的"成为未决问题。

一些部分规则后果主义者说，行为者一旦未能选择会产生最佳后果的行为，那就应受到指责并感到愧疚。一种对部分规则后果主义者来说更合情理的立场是，行为者一旦选择了一个为规则后果主义的决策程序所禁止的行为，那就应受到指责并感到愧疚，无论那个个体行为能否产生最佳后果。最后，如我们所界定的，部分规则后果主义与这一主张是相容的，即行为者是否应该受到指责或感到愧疚并不取决于他们所做之事的不当性，也不取决于所推荐的道德决策程序是否引导他们选择了其所选行为，而是仅仅取决于这项指责或愧疚是否会带来什么好处。这恰恰是全局后果主义所持的制裁观点。

对全局后果主义的一个极具破坏力的反驳是，将后果主义标准同时应用于行为、决策程序与制裁的实施会导致显见的悖论（Crisp 1992；Streumer 2003；Lang 2004）。

假定从整体和长远的角度看，你应该接受的最佳决策程序是一个现在让你去做行为 X 的程序。但同时假定，在这种情形下实际上有最佳后果的行为不是 X 而是 Y。因此，全局后果主义告诉你要运用这个最佳可能的决策程序，但同样告诉你不要做通过这一决策程序挑选出来的行为。这似乎是矛盾的。

当我们考虑指责与愧疚的时候，情况会更糟。假设你遵循最佳可能的决策程序，但又未去做有最佳后果的行为，你应该受到指责吗？你应该感到愧疚吗？全局后果主义声称，当且仅当指责你会产生最佳后果时，你才应该受到指责；当且仅当感到愧疚会产生最佳后果时，你才应该感到愧疚。假设由于某种原因，最佳后果产生于对你的如下指责，即指责你遵循了规定的决策程序（因而做了 X）。但无疑矛盾的是：某个道德理论呼吁你应该受指责，但你遵循的却是为该道德理论所批准的道德决策程序。或者假设，由于某种原因，最佳后果产生于对你的如下指责，即指责你故意选择有最佳后果的行为（Y）。仍然矛盾无疑的是：某个道德理论呼吁你应该受指责，但你故意选择的行为恰恰是该理论所要求的。

因此，全局后果主义的一个难题在于，它在主张"必要的行为应该是怎样的"和告诉行为者应该使用怎样的决策程序之间，以及这两者中的每一点与无可指责性之间造成了潜在鸿沟。（关于对此攻击路线的明确回复，参见 Driver 2014：175；de Lazari-Radek 和 Singer 2014：315–316.）

这个并不是全局后果主义最常见的问题，它最常见的问题反而是，它对行为后果主义不当性标准的最大化。根据这个最大化了的标准，一个行为是不当的，当且仅当它未能导致最大的善。这个标准将一些看上去当然是不当的行为判断为不是不当的。它还将一些似乎并非不当的行为判断为不当的。

比如，思考一下一个能导致比其他任何行为所产生的善都稍微多一些的谋杀行为。根据最常见的、最大化了的行为后果主义的不当性标准，这个谋杀行为就不是不当的。诸如攻击、偷窃、违背承诺和说谎之类的许多其他类型的行为可能都是不当的，即便是在这么做比不这么做所产生的善稍微多一些的时候也是如此。最常见的且最大化形式的行为后果主义同样否定这一点。

或者考虑如下情况：有人将自己的一些资源给自己的孩子或自己保留，而不是将其捐献出去帮助某个能从该资源中获得稍多一点好处的陌生人。这种行为似乎很难说是不当的。但最大化的行为后果主义标准会将其判断为不当。事实上，想象一下，一个中等富裕水平的人做出多大的自我牺牲，然后其行为才能满足最大化行为后果主义的不当性标准。她将不得不奉献到这一点，即她为了惠及他人而做出的进一步牺牲将会使她的损失多于他人的受益。因此，最大化的行为后果主义不当性标准常常因其不合情理的严苛性而受到指责。

这种仅仅针对最大化的行为后果主义的反驳可能会被一种不要求使善最大化的行为后果主义版本所规避。这种行为后果主义现在被称为满足的后果主义（satisficing consequentialism）。关于这一理论的更多内容，参见"后果主义"词条。

六　对完整规则后果主义的表述

存在许多不同的对规则后果主义的表述方式。例如，它可以根据从规则中实际产生的善来表述，或者根据合理预期的规则后果之善来表述；它可以根据遵守规则的后果来表述，或者根据接受规则的更宽泛后果来表述；它可以根据绝对是所有人都接受规则而产生的后果来表述，或者根据略少于所有的人接受规则的后果来表述。以某些方式表述的规则后果主义会比以其他方式表述的规则后果主义更可行。以下三个小节将对此进行解释。表述问题与后面一节中对以往规则后果主义的反驳也是相关的。

（一）　实际善 vs 预期善

如前所述，完整的规则后果主义包含于规则后果主义对三个问题的回答。

第一个问题是，什么使得行为成为道德上不当的？第二个问题是，行为者应该运用什么程序做出道德抉择？第三个问题是，在什么条件下诸如指责、愧疚和赞扬这样的道德制裁是恰当的？

如我们所见，完整规则后果主义对决策程序这个问题的回答与其他类型后果主义的答案相同。所以让我们来聚焦于差异点，亦即其他两个问题。这两个问题——什么使行为成为不当的与何时制裁合适——之间的联系比人们有时意识到的更紧密。

事实上，后果主义的创始人之一密尔肯定了它们的紧密联系：

> 我们除非打算蕴含这样的意思，即某人由于做某事而应当受到这样那样的惩罚，否则不会把这件事称作不当的；这种惩罚如果不是通过法律，就是通过他同胞的意见；如果不是通过意见，就是通过他自己良心的谴责（1861：第5章第14段）。

让我们假设，密尔的"应该受到惩罚，如果不是受到他人的惩罚，那至少应该受到自己良心的惩罚"大致等同于"应受指责的"。有了这个假设，我们就可以这样来诠释密尔，即他把不当性与应受指责性紧紧绑在一起。我们随后可以考虑一下：如果密尔将不当性与应受指责性紧密相连是错误的，那接下来会发生什么。首先，我们来考虑如果密尔是正确的，即不当性与应受指责性是紧密相连的，接下来会发生什么。

考虑一下其第一个前提来自密尔的如下论证：

> 一个行为如果是不当的，那就是应受指责的。

确然无疑的是，行为者不能因为接受与遵循了他无法预见会产生次优后果的规则而受到恰当的指责。由此，我们得到了第二个前提：

> 如果一个行为是应受指责的，那么允许该行为的规则所产生的次优后果一定是可预见的。

我们由这两个前提得出这一结论：

> 因此，如果一个行为是不当的，那么允许这一行为的规则所产生的次优后果一定是可预见的。

当然，接受一套规则所产生的实际后果，可能不同于接受这套规则所产生的可预见后果。因此，如果完整的规则后果主义声称"某行为是不当的，当且仅当允许该行为的规则的可预见的后果是次优的"，那么规则后果主义就不能认为"某行为是不当的，当且仅当允许该行为的规则的实际后果将会是次优的"。

现在转而假设，不当性与应受指责性之间的关系比密尔提出的要松散得多（参见 Sorensen 1996）。换言之，假设我们的不当性标准与应受指责性标准有很大的不同。那样的话，我们可以坚持

> 实际主义的（actualist）规则后果主义不当性标准：一个行为是不当的，当且仅当它为这样一些规则所禁止，对这些规则的接受实际上会产生最大的善。

> 以及

> 可预期主义的（expectablist）规则后果主义应受指责性标准：一个行为是应受指责的，当且仅当它为这样一些规则所禁止，对这些规则的接受将产生最大的预期善（expected good）。

对于一套规则的预期善，其计算方法如下。接受一套规则当然会有不同可能的备选结果。假设我们可以确认每一个可能结果的价值与负值。将每个可能结果的价值乘以该结果发生的概率，把这些乘法的所有乘积加在一起，由此得出的数目即是那套规则的预期善。

请注意，可能结果的发生概率只要来自不理智的估测（这是人们有可能赋予的）就不应该用于对预期善的计算。相反，预期善要根据可能结果的价值或负值乘以合理的或可证成的概率估计来计算。

人们可能相当怀疑这种计算可能发生的频率。在可能进行这种计算的地

方，它们往往十分主观且不精确。尽管如此，我们仍然可以合情理地希望对备选的可能规则有可能产生的后果至少作出一些有根据的判断，并且我们可以得到这些判断的指导。相比之下，哪些规则实际上会产生恰好是最佳的后果，这通常是难以知晓的。因此，可预期主义的规则后果主义的应受指责性标准很有吸引力。

现在回到这一提议，即，尽管这个应受指责性标准是一个可预期主义的规则后果主义标准，但正确的道德不当性标准却是一个实际主义的规则后果主义标准。这个提议会拒绝密尔将道德不当性与应受指责性相连的动议。对于该提议，存在一个极为有力的反驳。道德不当性如果是与应受指责性没有关联的，那么其作用和重要性何在？

为了保留道德不当性的明显作用与重要性，信奉应受指责性之可预期主义的规则后果主义标准的那些人很有可能认可

> 简单的可预期主义的规则后果主义道德不当性标准：一个行为是道德上不当的，当且仅当它为这样一些规则所禁止，对这些规则的接受会产生最大的预期善。

事实上，一旦我们面前有了实际产生的价值量与合理预期的善之间的区别，那么完整规则后果主义就很有可能选择可预期主义的道德不当性、应受指责性和决策程序标准。

如果就我们目前尽可能的判断，没有哪套守则比其竞争对手有更大预期价值，那该怎么办？为了纳入这种可能性，我们就有必要修正可预期主义的标准：

> 复杂的（Sophisticated）可预期主义的规则后果主义道德不当性标准：一个行为是道德上不当的，当且仅当它要么为这样一些规则所禁止，对这些规则的接受可产生最大的预期善，要么如果两套及以上由规则组成的备选守则在预期善方面是同等地最好的，那么它就为其中最接近传统道德的那套守则所禁止。

这一论证用与传统道德的接近性来打破原本同样有希望的守则之间的僵

局，该论证始于如下观察，即社会变化常常会产生意想不到的后果。而这些意想不到的后果似乎通常是消极的。而且，一套新守则与一套传统上已接受的守则之间的差别越大，产生意想不到的后果的空间就越大。因此，在被我们判断为有同样高的预期价值的两套守则之间做选择时，我们应该选择与我们已知的守则最接近的那套守则。（关于两套守则有同样高的预期价值并且似乎同样接近传统道德的讨论，参见 Hooker 2000：115。关于更细微差别的观点，参见 Hooker 2008：83-84。）

这种观点蕴含着，我们应该改变现状，只要且只有这些改变会比保持现状产生更大的预期价值。规则后果主义显然有能力建议改变，但并不赞成为了改变而改变。

尤为确定无疑的是，规则后果主义的确需要被表述得便于处理预期价值方面的僵局，但在本文的其余部分我将忽略这一复杂情况。

（二）遵从与接受

规则后果主义还面临着其他重要的表述议题。一个议题是，规则后果主义应该根据遵从规则还是根据接受规则来表述？诚然，接受规则最重要的方面就是遵从它们。以前的规则后果主义表述确实明确地提到了遵从。例如，它们说，一个行为是道德上不当的，当且仅当该行为为这样的规则所禁止，遵从这些规则将使善（或预期善）最大化。（参见 Austin 1832；Brandt 1959；M. Singer 1955，1961。）

然而，接受规则可能会产生遵从规则以外的后果。正如卡根（2000：139）所写："规则一旦植入就会对结果产生影响，这种影响独立于其对行为的影响：可以说，仅仅想到一套规则就能让人们安心，从而有助于幸福。"（关于这些我们可称作为对规则的"遵从之外的后果"，参见 Sidgwick 1907：405-406，413；Lyons 1965：140；Williams 1973：119-120，122，129-130；Adams 1976，特别是 470；Scanlon 1998：203-204；Kagan 1998：227-234。）

对规则的接受所产生的这些后果绝对应该是对未来规则的成本效益分析的一部分。根据对规则的接受所产生的后果来表述规则后果主义，会把它们容纳为这种分析的一部分。事实上，对让人安心和激励效果的考虑在规则后果主义的发展中发挥了重要作用（Harsanyi 1977，1982：56–61；1993：116–118；Brandt 1979：271–277；1988：346ff [1992：142ff.]；1996：126，144；Johnson 1991，特别是第 3、第 4、第 9 章）。

正如需要从考虑遵从的后果转向考虑接受的更宽泛后果一般，我们同样需要作进一步的发展。仅仅聚焦于对规则的接受所产生的后果，会忽视在刚开始让这些规则为人所接受时产生的"过渡"成本。并且这些可能仍然肯定是很明显的（Brandt 1963：第 4 节；1967 [1992：126]；1983：98；1988：346–347，349–350 [1992：140–143，144–147]；1996：126–128，145，148，152，223）。

例如，假设一套相当简单且相对不苛刻的由诸规则组成的守则 A 一旦已被人们接受，其预期价值就将是 n。假设更复杂且苛刻的备选守则 B 一旦被人们接受，就会产生 $n+5$ 的预期价值。因此，如果我们只考虑接受这两套备选守则的预期价值，那么守则 B 会获胜。

但是，现在让我们加上让这两套守则被接受的相对成本。由于守则 A 相当简单且相对不苛刻，使其被接受的成本为 -1。由于守则 B 更为复杂与苛刻，使其被接受的成本为 -7。因此，如果我们对这两套守则的比较考虑到各自的接受成本，那么守则 A 的预期价值是 $n-1$，而守则 B 的则是 $n+5-7$。一旦我们将各自的被接受成本包括进来，那守则 A 就会获胜。

如前所述，这种使一套守则被接受的成本是"过渡成本"。但是，这种过渡当然总是从一种安排到另一种安排。我们所想象的过渡"到"的安排是接受某套被提议的守则；我们所想象的"从"这个安排过渡是……嗯，是从什么呢？

一个答案是，被认作这种过渡起点的那个安排是社会碰巧已接受的任何一套道德守则。这似乎是一个很自然的答案，但这个答案很糟糕。它糟糕的原因在于，规则后果主义不应该听任对被提议守则的成本效益分析受影响于使人们放弃其可能已内化的规则所产生的成本，无论这些规则是怎样的。原因有二。

最为重要的是，规则后果主义的守则评价需要避免直接或间接地给予如下道德观念以权重，这些道德观念源自其他道德理论而不是规则后果主义本身。假设一个给定社会中的人们受到的教育让他们相信，女人应该屈从于男人。规则后果主义对被提议的无性别歧视守则的评价，是否应该必须计算这样的成本，即，使人们放弃他们已内化的性别歧视规则以便接受新的无性别歧视规则的成本？既然性别歧视规则是不能得到证成的，那就不应该允许"它们已经被接受"影响到规则后果主义的评价。

拒绝我们正在考虑的这个答案的另一个理由是，它有承诺一种缺乏吸引力的相对主义的危险。不同的社会在其现存的道德信念方面可能相当不同。因此，这种对被提议守则的评价方法会考虑使那些已信奉其他某套守则的人们改变其信奉所耗费的成本，其最终不得不同意，转向同一套守则要耗费的过渡成本是不同的。比如，比起从一套已被接受的非种族主义守则到另一套非种族主义守则的过渡成本，从一套已被接受的种族主义守则到一套非种族主义守则的过渡成本要大得多。对规则后果主义可取的表述方式应该如此这般，乃至它支持20世纪60年代的密歇根州与密西西比州适用于同样的守则。

做到这一点的方法在于，根据新一代人对它们的接受来表述这种理论。因此，我们基于这种假设即这些备选守则将被传授给那些还未受教育去接受道德守则的孩子，来比较这些守则各自的"传授成本"。我们应该设想，孩子们的起点是某种（非道德的）自然倾向，即极为偏向于自己和少数他人。我们还应该假设存在一种与学习每个规则相关的认知成本。

以上是带有诸多重要蕴含的切合实际的假设。其中一个蕴含是，对由规则组成的备选守则的成本效益分析将会有理由支持较简单的而不是较复杂的守则。当然，拥有更多或更复杂的规则也可能有好处。然而，一旦纳入传授成本，那么守则所能达到的复杂程度就很有可能是有限度的，在此限度内的复杂守则仍然具有与较简单的守则相比更大的预期价值。

另一个蕴含关系到为帮助他人而做出牺牲的前瞻性规则。孩子们是从专注于自己的满足出发，因而让他们去内化一种不断要求他们为了他人做出巨大自我牺牲的不偏不倚[的规则]，其成本会非常之高。当然，这种规则的内化也会有巨大的收益——主要是他人的收益。这些收益会大于成本吗？

至少自西季威克（1907：434）以来，许多效用主义者理所当然地认为，人性乃如此这般，乃至其真正的可能性是（1）人类热切地关心某些人，对其余每个人则较少关心，或者（2）人类对所有人的关心都较弱，但是不偏不倚的。换句话说，根据这种人性观点，不现实的可能性就是，人类热切且不偏不倚地关心世间所有人。如果这一观点是正确的，那么成功地使人们完全不偏不倚的巨大代价就是：这样做会让人们只留有微弱的关怀。

即使这种人性描绘是不正确的，也就是说，即使可以做到在无需耗尽其热忱与激情的情况下使人们完全不偏不倚，成功地让人们像关心自己一样去关心其他每一个人的成本也会令人望而却步。在从完全偏倚运行到完全不偏不倚这一图谱的某个点上，推动和诱导每个人沿着这个图谱前进的成本会超过收益。

（三） 完全接受 vs 不完全接受

如果规则后果主义者的成本效益分析计入新一代内化这些守则的成本，那么他们就更加现实，正是同样的道理，他们如果假设这一内化不会延伸到最后每一个人，那也会变得更为现实。对于什么是道德所允许的，有些人最终信奉的观点会是错误的。其他人（比如精神变态者）将永远不会完全接受任何道德。规则后果主义需要有应对这种人的规则。

这些 [应对方法] 主要在于有关惩罚的规则。从规则后果主义的角度看，惩罚的主要意义是要防止某些类型的行为，也需要让那些未被震慑的、危险的人远离街头。或许规则后果主义可以承认，惩罚的另一意义是要平息这种行为的受害者、其家人和朋友一方原始的复仇欲望。最后，惩罚规则具有表达和强化的威力。

然而，一些规则后果主义的表述方式使对惩罚规则的持有变得难以解释。规则后果主义的这样一种表述方式是：

> 一个行为是不当的，当且仅当该行为为这样一套由规则组成的守则所禁止，这套守则被所有人完全接受将产生最大的预期善。

假设确实是所有成年人都完全接受那些诸如禁止对无辜者进行身体攻击、偷窃、违背承诺以及说谎之类的规则，那么可想而知，几乎或完全不需要惩罚规则。如果不需要惩罚规则，社会从这样的规则中就获益很少或无法从中获益。但守则所纳入的每一条规则都有相关成本。因此，任何惩罚规则的纳入都存在相关成本。由于这种组合只有成本而毫无收益，惩罚规则就得不到刚才上述形式的规则后果主义的支持。

我们需要这样一种形式的规则后果主义，它包含应对那些不信奉正当规则的人的规则，甚至包含应对那些无可救药的人的规则。换句话说，我们有必要如此这般地表述规则后果主义，乃至把社会概念化为这样的：它容有一些人不够信奉正当规则，甚至容有一些人从不信奉任何道德规则。下面是做到这一点的一个方法：

> 一个行为是不当的，当且仅当该行为为这样一套由规则组成的守则所禁止，这套守则被每一代新人中的压倒性多数人接受会产生最大的预期善。

请注意，规则后果主义既不认可也不容忍压倒性多数以外的那些人不接受守则。相反，规则后果主义主张，那些人是道德上错误的。其实，这样表述规则后果主义的全部意义就在于要容纳这样一些规则，它们是关于如何对这些人做出消极的回应。

关于上述表述要说明的另一点是，"压倒性多数"当然非常不精确。挑选出比如说像90%这样精确的社会人群占比将带有明显的武断因素（为什么不是89%或91%？）。不过，在作为两种压力合理折中而得出的如下范围之内，我们可以论证出某个百分比。一方面，我们挑选的百分比应该足够接近100%，以保留道德规则是为了被整个人类社会接受的想法。另一方面，这个百分比需要离100%有足够大的距离，以给惩罚规则留出相当大的空间。鉴于需要平衡这些考虑，90%似乎处于可辩护的范围内。（关于这一点的异议，参见 Ridge 2006；对 Ridge 的回应参见 Hooker 和 Fletcher 2008。这个问题在 H. Smith 2010、Tobia 2013 和 Portmore 2015 中得到了进一步讨论。）

七　三种论证规则后果主义的方法

我们看到，规则后果主义对规则的评价是基于它们被压倒性的多数人接受所产生的预期价值。这种方法会认可哪些规则呢？它会认可禁止攻击无辜者及其财产、占有他人财产、违背承诺及说谎的规则。它还会认可这样的规则，这些规则要求人们特别关注家人与朋友的需要，但更一般地说要求人们愿意帮助他人完成（道德上可允许的）规划。为什么？粗略的回答是：一个广泛内化进而接受这些规则的社会很可能会比缺少这些规则的社会拥有更多的善。

这些规则得到规则后果主义的认可这一事实使得规则后果主义很有吸引力。因为从直觉上看，这些规则似乎是正当的。然而，其他道德理论也认可这些规则。最明显的是，一种常见的道德多元主义认为，这些直觉上有吸引力的规则构成了最基本层次的道德，即没有更深层次的支撑和统一这些规则的道德原则。这种观点被称为罗斯式的多元主义（Rossian pluralism，为了纪念其支持者 W.D. Ross，1930，1939）。

规则后果主义在认可以下规则方面可能与罗斯式多元主义一致，即反对对无辜者进行身体攻击、偷窃、违背承诺的规则，以及要求各种忠诚和更一般地做有利于他人之事的规则。但是，规则后果主义明确提出了一个基础性的统一原则，该原则能够为这些规则提供不偏不倚的证成，由此超越了罗斯式多元主义。其他的道德理论也试图这么做，包括一些形式的康德主义（Audi 2001，2004）和一些形式的契约主义（Scanlon 1998；Parfit 2011；Levy 2013）。无论如何，论证规则后果主义的第一种方法就是要论证，它明确提出了一个基础性的原则，该原则能为直觉上可靠的道德规则提供不偏不倚的证成，而其他与其竞争的理论并没有这么做（Urmson 1953；Brandt 1967；Hospers 1972；Hooker 2000）。（攻击规则后果主义的这一论证思路的人有 Stratton-Lake 1997；Thomas 2000；D.E. Miller 2000；Montague 2000；Arneson 2005；Moore 2007；Hills 2010；Levy 2014。）

以上第一种论证规则后果主义的方法可能被视为利用了这样一种观念，即一种理论增强了我们诸信念范围之内的融贯性，在这个意义上，它可以更好地得以证成。（Rawls 1951，1971：19–21，46–51；DePaul 1987；Ebertz 1993；Sayre-McCord 1986，1996）[参见"认知证成的融贯主义理论"（coherentist theories of epistemic justification）这一词条。] 然而这种方法也可能被认为是温和的基础主义（foundationalist）的，因为它始于一套（对各种道德规则的）信念，这套信念被其赋予独立的可信性但并非不可错性（Audi

1996，2004；Crisp 2000）。（参见认知证成的基础主义理论这一词条）诚然，与我们的诸道德信念相融贯并不会使一个道德理论为真，因为我们的道德信念当然可能是错误的。不过，如果一个道德理论明显不能与我们的道德信念相融贯，那就会破坏该理论对我们证成的能力。

第二种论证规则后果主义的方法极为不同。它从一个对后果主义评价的承诺开始，然后论证，间接地评价行为（如通过聚焦于对规则的共同接受所产生的后果）实际上将比直接根据行为本身的后果来评价行为产生更好的后果（Austin 1832；Brandt 1963，1979；Harsanyi 1982：58–60；1993；Riley 2000）。毕竟，做出该做什么的决定才是行为的道德评价的要点。因此，如果一种道德评价行为的方法很可能导致坏的决定，或更一般地说导致糟糕的后果，那么根据后果主义的视角，这种评价行为的方法就更糟糕了。

我们先前看到，所有的后果主义者现在都承认，根据预期价值逐一评价每一个行为通常是一种极其糟糕的道德决策程序。人们普遍承认，行为者应该通过诉诸某些规则来决定如何行动，如"不要身体攻击他人"、"不要偷窃"、"不要违背承诺"、"要特别关注家人和朋友的需要"及"一般要帮助他人"，而这些都是规则后果主义所认可的规则。然而，很多后果主义者认为，这很难表明完整规则后果主义是后果主义的最佳形式。一旦在如下两方面之间做出区分，即一方面是做出道德决策的最佳程序，另一方面是道德正当性与不当性的标准，那么所有的后果主义者就都可以承认，我们的决策程序需要规则后果主义的规则。但是，非规则后果主义的后果主义者会争辩说，这些规则在道德正当性的标准方面完全不发挥作用。因此，这些后果主义者拒绝接受本文所谓的完整规则后果主义。

然而对于规则后果主义的第二种论证方法，我们刚才一直在考虑的反驳是不是一个不错的反驳，这一点取决于它是否在适宜于做出道德决策的程序与道德正当与否的标准之间作出了合法的区分。这个问题仍有争议（Hooker 2010；de Lazari-Radek and Singer 2014：第 10 章）。

然而，规则后果主义的第二种论证方法遇到了另一个非常不同的反驳。这个反驳是，这个支持规则后果主义的论证中的第一步是对后果主义评价的信奉，而这第一步本身就需要证成。为什么要假设以后果主义的方法来评价事情才是唯一得到证成的呢？

或许有人会说，规则后果主义的评价是得到证成的，因为促进不偏不倚的善具有明显的直觉吸引力。但这行不通，因为存在对于后果主义评价的替代选择，它们也具有明显的直觉上的吸引力。比如，"按照无人能合情理地拒绝的守则行事"就是如此。事实上，没有哪种非常抽象的道德观念可以如此明显地优于其竞争对手，以至它无须借助进一步的证成就能够获胜。我们所需要的是支持道德理论的论证方法，它不会始于对"哪种理论最可行"这个问题想当然的认定。

规则后果主义的第三种论证方法是契约主义的（Harsanyi 1953，1955，1982，1993；Brandt 1979，1988，1996；Scanlon 1982，1998；Parfit 2011；Levy 2013）。假设我们可以列出一些合情理的条件，在这些条件下，每个人都会选择或至少有充足的理由去选择相同的由诸规则组成的守则。从直觉上看，这种理想化的协议将会使这些由规则组成的守则合法化。那么，如果这些规则是那种其内化会使预期善最大化的规则，契约主义就正在将我们引向规则后果主义的规则。

关于要在备选的可能道德规则中进行选择时的合情理条件是什么，存在一些不同的观点。一种观点是，要保证每个人的不偏不倚，就不得不施加一个假想的"无知之幕"；在无知之幕背后，没有人知道关于其本人的任何具体事实（Harsanyi 1953，1955）。另一种观点是，我们应该想象人们将要选择的道德守则乃基于：（a）关于对每个人所产生的不同影响的、充分的经验信息，（b）（利己的和利他的）常规关切，以及（c）大致相等的讨价还价权力（Brandt 1979；参见 Gert 1998）。帕菲特（2011）提议要寻求每个人都接受的规则，这些规则是每个人都有（个人的或不偏不倚）理由去选择或意愿的。如果不偏不倚的理由即使遭到个人理由的反对也始终是充分的，那么每个人就有充分的理由意愿每个人都接受这样的规则，即对它们的普遍接受将产生在不偏不倚考虑之后的最佳后果。同样，利维（2013）设想，没有人能合情理地拒绝这样一套由诸规则组成的守则，该守则对她所施加的负担加起来将少于其他每套守则将施加给其他人的负担总和。这种论证暗示了契约主义和规则后果主义的外延相等。（关于帕菲特支持契约主义的论证是否成功的评价，参见 J. Ross 2009；Nebel 2012；Hooker 2014）。

八 规则后果主义一定会犯蜕化、不融贯或规则崇拜之错吗?

规则后果主义直到厄姆森(1953)和布兰特(1959)那里才得到明确表述。该理论吸引了大量的关注,这种情况一直延续到20世纪70年代初期。然而,20世纪70年代初期以来,大多数道德哲学家都认为,规则后果主义拜如下两难困境所赐,遭到了致命伤:规则后果主义要么蜕化为较简单的行为后果主义实践上的等价物,要么是不融贯的。

有些人认为,规则后果主义会蜕化为行为后果主义实践上的等价物,其原因如下。考虑一个规则后果主义打算支持的规则,如"不要偷窃"。现在假设某行为者处于这样一种情形中,其中偷窃比不偷窃会产生更多的善。规则后果主义如果基于规则的预期善来选择规则,那就似乎不得不承认,遵守"不要偷窃,除非……或……或……"这一规则要比遵守更简单的"不要偷窃"规则要好。这一点是一般化的。换句话说,对于每一种对某个规则的遵从不会产生最大预期善的情形,规则后果主义似乎都被迫反而去支持遵守某个修改过的规则,这个规则不会错过在当前情况下产生最大的预期善。但是,如果规则后果主义是这样运作的,那么在实践中,它最终要求的行为将与行为后果主义所要求的行为完全相同。

如果规则后果主义最终要求与行为后果主义完全相同的行为,那么规则后果主义真的会陷入大麻烦。规则后果主义是这两种理论中较复杂的一种。这会引发以下反驳。如果我们用较简单的行为后果主义可以有效得多地得到相同的实践结果,那么带有其无限修改规则的规则后果主义还有什么意义呢?

对于其理论蜕化为行为后果主义实践上的等价物这一反驳,规则后果主义者实际上有一个出色的回应。该回应所依赖的要点在于:最佳类型的规则后果主义对规则体系的排序,不是根据遵从规则所产生的预期善,而是根据接受规则所产生的预期善。例如,现在如果一个禁止偷窃的规则有一条又一条的例外条款附于其上,那么这个带着所有这些例外条款的规则就会提供太多机会诱惑行为者相信,在偷窃实际上会对行为者有利的时候,其中一个例外条款就适用。而关于诱惑的上述要点也会削弱其他人对其财产不会被偷的信心。这同样适用于其他大多数道德规则：掺入太多例外条款可能会削弱人们对其他人会以某些方式行事（如信守承诺和避免偷窃）的确信。

而且，在比较诸备选规则时，我们也必须考虑使它们被新一代内化的相对成本。显然，让新一代学习大量的规则或极其复杂的规则，其成本将会令人望而却步。因此，规则后果主义将支持的某套守则不会包含过多的规则，并且也不会纳入过于复杂的规则。

还有一些成本是与使新一代的人们内化如下规则相关联的，即它们要求人们为与其没有特殊关系的他人做出巨大牺牲。当然，遵循如此苛刻的规则会产生许多收益，其中主要是他人的收益。但是，内化这样的规则的相关成本应该与遵循它们所产生的收益相权衡。一旦达到苛刻性的某一水准，让人们内化这种苛刻规则的成本将超过遵循它们所产生的收益。因此，对内化苛刻的规则进行仔细的成本收益分析，其结果将是反对太过苛刻的规则。

规则后果主义所赞成的由规则组成的守则（即一套由不太多、不太复杂、不太苛刻的规则组成的守则）有时可能引导人们去做没有最大预期价值的行为。例如，遵循较简单的"不要偷窃"规则有时会比遵循更复杂的"不要偷窃，除非……或……或……"规则所产生的好后果要少。另一个例子可能是遵循一个允许人们给自己的规划以某种程度的优先权的规则，即便是他们牺牲自己的规划以帮助他人可以产生更多的善。不过，规则后果主义的论点在于，使一套较简单且不那么苛刻的守则得到人们的广泛接受——即使对这套守则的接受有时会引导人们去做只有次优后果的行为——从长远来看，要比使一套最复杂、最苛刻的守则得到人们的广泛接受有更高的预期价值。规则后果主义既然可以告诉人们遵循这种较简单、不太苛刻的守则，即便是在遵循它并不会使预期善最大化之时也是如此，那就避免了向行为后果主义实践上的等价物的蜕化。

随着对蜕化的规避，规则后果主义理论又被斥为不融贯的。规则后果主义被指责为不融贯的原因在于，它坚持认为，某一行为尽管未能使预期善最大化，但它仍然可能是道德上允许的甚至是被要求的。这一指责背后的假设必定是，规则后果主义含有使善最大化这一压倒一切的承诺。[规则后果主义的]不融贯之处在于，既含有这一压倒一切的承诺，然后又反对为该承诺所要求的行为。（关于这一思路的最新发展，参见 Arneson 2005；Card 2007；Wall 2009。）

为了评价针对规则后果主义的不融贯性反驳，我们需要进一步厘清，使善最大化这一压倒一切的承诺被假设于何处。这个承诺是被假设为规则后果主义行为者道德心理的一部分，还是被假设为规则后果主义理论的一部分？

好吧，规则后果主义者不需要把使善最大化当作他们终极的和压倒一切的道德目标。相反，他们可以有如下的道德心理：

> 他们的根本道德动机是去做可得到不偏不倚的辩护的事情。
>
> 他们相信按照得到不偏不倚的证成的规则行事就是不偏不倚地可辩护的。
>
> 他们也相信，总体来说规则后果主义是关于不偏不倚地得到证成的规则的最好论说。

具有这种道德心理——亦即道德动机和信念的上述结合——的行为者将在道德上被驱动去做规则后果主义所规定的事情。这种道德心理当然是可能的。并且，对具有这种道德心理的行为者来说，遵循规则即使不会使预期善最大化，也没有任何不融贯之处。

那么，即使规则后果主义行为者并不需要含有使善最大化这一压倒一切的承诺，但他们的理论是否包含这一承诺呢？不包含，规则后果主义本质上是两个主张的结合：（1）规则应该仅仅根据其后果来选择，以及（2）这些规则决定哪类行为是道德上不当的。这的确就是这个理论的全部内容——尤其是，不存在某种像这样的第三种成分，它在于或势必含有使预期善最大化这一压倒一切的承诺。

既然没有一个压倒一切的使预期善最大化的承诺，那么规则后果主义即使禁止某类使预期善最大化的行为，也没有任何不融贯之处。同样，规则后果主义要求的其他类型的行为即使与使预期善最大化相冲突，也没有任何不融贯之处。一旦我们意识到无论是规则后果主义行为者还是其理论本身都不包含一个压倒一切的使善最大化的承诺，那么对规则后果主义的这一最出名的反驳就无效了。

规则后果主义针对不融贯性反驳的这个辩护，其可行性可能部分地取决于这个支持规则后果主义的论证应该是什么。如果支持规则后果主义的这个论证始于对后果主义评价的承诺，那么该辩护似乎就不太可行。因为从这样一个承诺入手似乎非常接近于从"使预期善最大化"入手。然而，如果支持规则后果主义的论证是，在为直觉上可行的道德规则指出某个不偏不倚的证成方面，规则后果主义理论比其他任何道德理论都做得更好，那么这个针对不融贯性反驳的辩护似乎就可靠得多。（要了解更多这方面的信息，参见 Hooker 2005，2007。）

对规则后果主义的另一种传统反驳是，规则后果主义者肯定是"规则崇拜者"，亦即即使坚持规则明显会导致灾难也仍然如此的那些人。

对于该反驳的回答是：规则后果主义认可这样一个规则，它要求人们阻止灾难，即使这样做需要违反其他规则（Brandt 1992：87–88，150–151，156–157）。当然，对于怎样算得上是灾难，还存在许多复杂的问题。想一想，当"阻止灾难"规则与反对说谎规则竞争时，怎样才算得上是灾难？现在再想一想，当"阻止灾难"规则与反对偷窃规则，甚或与反对从身体上伤害无辜者规则相竞争时，怎样算得上是灾难？规则后果主义可能需要进一步厘清这些问题，但至少它不能被正当地指责为有可能导致灾难。

一个需要避免的重要混淆是，认为规则后果主义把"阻止灾难"规则囊括在内就意味着会蜕化为最大化行为后果主义实践上的等价物。最大化的行为后果主义认为，我们应该说谎、偷窃或伤及无辜，只要这样做比不这样做会产生甚至只是稍多一点儿的预期善。一个要求人们阻止灾难的规则并没有这个蕴含。相反，"阻止灾难"规则只有在紧要关头预期价值的数额相差非常大时才会发挥作用。

九　对规则后果主义的其他反驳

从20世纪60年代中期到20世纪90年代中期，大多数哲学家认为规则后果主义无法在上一节所讨论的反驳中幸存下来。因此，在这30年里，大多数哲学家都没有费心对该理论提出其他反驳。然而，如果规则后果主义对刚刚讨论的所有三个反驳都有令人信服的回复，那么，一个好问题就是，是否还有其他致命的反驳？

其他一些反驳试图表明，鉴于该理论选择规则的标准，存在这样一些情况：其中规则后果主义会选择直觉上无法接受的规则。例如，汤姆·卡森（Tom Carson，1991）论辩道，规则后果主义在现实世界中最终会是极其苛刻的。莫尔根（Mulgan，2001，尤其是第3章）赞同卡森这一看法，并进而论证说，即使规则后果主义在现实世界中的蕴含很美好，但该理论在可能世界中却含有违反直觉的蕴含。如果莫尔根的这一观点是正确的，那么对于规则后果主义解释"为什么某些要求在现实世界中是恰当的"主张，人们就会产生怀疑。关于这些问题的争论仍在继续（Hooker 2003；Lawlor 2004；Woollard 2015：181–205）。莫尔根与其说是一名批评者，不如说是这一理论的阐发者（Mulgan 2006，2009 和 2015）。

对规则后果主义的一个相关反驳是，规则后果主义使得对常见规则的证成取决于各种经验事实，例如人性是怎样的，以及有多少人需要帮助或能够提供帮助。对规则后果主义的这一反驳是，一些常见的道德规则是必然地而不仅仅是偶然地得到证成的（McNaughton 和 Rawling 1998；Gaut 1999，2002；Montague 2000；Suikkanen 2008）。这个反驳的一个近亲是，规则后果主义使得对规则的证成取决于不当的事实（Arneson 2005；Portmore 2009）。关于这个理论是否的确指向不当事实的争论同样在继续（参见 Woollard 2015，特别是 pp. 185–186，203–205）。

对于一些形式的规则后果主义亦即计算新一代内化规则的成本的规则后果主义来说，传授新守则的机制涌现出一些严重的问题。以新一代作为参考，是打算避免不得不计算现存几代人内化规则的成本，这些人已经内化了其他一些道德规则和观念。但对于被认为给新一代传授规则的那些人，我们能够想出某种融贯的描述吗？如果设想这些教师本人已经内化了理想的守则，那么设想的这种情况是如何发生的？如果设想这些教师尚未内化理想的守则，那么他们已经内化的规则无论是怎样的，都会由于与理想的守则之间的冲突而产生相关联的成本。（这个反驳由 John Andrews，Robert Ehman 与 Andrew Moore 表述。参见 Levy 2000。）一个相关的反驳是，规则后果主义尚未按照某种使之能够可行地处理诸规则之间冲突的方式来表述（Eggleston 2007）。

另一条反对规则后果主义的路线聚焦于它的这一想法，即确定道德正当与否的考虑必定适宜于公众的承认。阿内逊（Arneson 2005）、德拉瑞迪克（de Lazari-Radek）和辛格（2014）在反对规则后果主义时论证说，适合公众承认的考虑和实际上真正决定道德正当与否的考虑之间存在潜在的鸿沟。另一些人将规则后果主义这一观点，即确定道德正当与否的考虑必定适宜于公众的承认，不但视为规则后果主义与康德主义伦理学共有的一个方面，而且也视为规则后果主义的一个吸引人之处（Hooker 2000，2010；Hill 2005；Parfit 2011；Cureton 2015）。

参考文献

Adams, R. M., 1976, "Motive Utilitarianism", *Journal of Philosophy*, 73: 467–481.

Arneson, R., 1999a, "Human Flourishing versus Desire Satisfaction", *Social Philosophy & Policy*, 16: 113-142.

Attfield, R., 1987, *A Theory of Value and Obligation*, London: Croom Helm.

Attfield, R., 1995, *Value, Obligation and Meta-ethics*, Amsterdam: Rodopi BV Editions.

Austin, J., 1832, *The Province of Jurisprudence Determined*, H. L. A. Hart(ed)., London: Weidenfeld, 1954.

Audi, R., 1996, "Intuitionism, Pluralism, and the Foundations of Ethics", W. Sinnott-Armstrong and M. Timmons (eds.), *Moral Knowledge?*, New York: Oxford University Press, pp. 101–136.

Bales, R. E., 1971, "Act-Utilitarianism: Account of Right-making Characteristics or Decision-making Procedure?", *American Philosophical Quarterly*, 8: 257–265.

Barrow, R., 1991, *Utilitarianism: A Contemporary Statement*, Aldershot: Edward Elgar.

Berkeley, G., 1712, *Passive Obedience, or the Christian Doctrine of Not Resisting the Supreme Power, Proved and Vindicated upon the Principles of the Law of Nature* Lodon: H. Clements; Reprinted in D.H. Monro (ed.), *A Guide to the British Moralists*, London: Fontana, 1972, pp. 217-227.

Brand-Ballard, J., 2007, "Why One Principle?", *Utilitas*, 19: 220-242.

Brandt, R.B., 1959, *Ethical Theory*, Englewood Cliffs, NJ: Prentice-Hall.

Brink, D., 1989, *Moral Realism and the Foundations of Ethics*, New York: Cambridge

University Press.

Card, R., 2007, "Inconsistency and the Theoretical Commitments of Hooker's Rule-consequentialism", *Utilitas*, 19: 243-258.

Carson, T., 1991, "A Note on Hooker's Rule Consequentialism", *Mind*, 100: 117-121.

Cowen, T., 2011, "Rule Consequentialism Makes Sense After All", *Social Philosophy and Policy*, 28: 212-231.

Crisp, R., 1992, "Utilitarianism and the Life of Virtue", *Philosophical Quarterly*, 42: 139-160.

Cureton, A., 2015, "Making Room for Rules", *Philosophical Studies*, 172: 737-759.

Driver, J., 2014, "Global Utilitarianism", in B. Eggleston and D. Miller (eds.), *The Cambridge Companion to Utilitarianism*, Cambridge: Cambridge University Press, pp. 166-176.

Ebertz, R., 1993, "Is Reflective Equilibrium a Coherentist Model?", *Canadian Journal of Philosophy*, 23: 193-214.

Eggleston, B., 2007, "Conflicts of Rules in Hooker's Rule-consequentialism", *Canadian Journal of Philosophy*, 37: 329-349.

Ezorsky, G., 1968 "A Defense of Rule Utilitarianism Against David Lyons Who Insists on Tieing It to Act Utilitarianism, Plus a Brand New Way of Checking Out General Utilitarian Properties", *Journal of Philosophy*, 65: 533-544.

Foot, P., 2000, *Natural Goodness*, Oxford: Oxford University Press.

Gaut, B., 1993, "Moral Pluralism", *Philosophical Papers*, 22: 1-40.

Gert, B., 1998, *Morality*, New York: Oxford University Press.

Griffin, J., 1986, *Well-Being: Its Meaning, Measurement and Moral Importance*, Oxford: Oxford University Press.

Hare, R.M., 1981, *Moral Thinking*, Oxford: Oxford University Press.

Harrison, J., 1953, "Utilitarianism, Universalisation, and Our Duty To Be Just", *Proceedings of the Aristotelian Society*, 53: 105-134.

Harrod, R., 1936, "Utilitarianism Revised", *Mind*, 45: 137-156.

Harsanyi, J., 1953, "Cardinal Utility in Welfare Economics and in the Theory of Risk-Taking", *Journal of Political Economy*, 61: 434-435.

Haslett, D.W., 1987, *Equal Consideration: A Theory of Moral Justification*, Newark, Del.:

University of Delaware Press.

Hill, T.E., Jr., 2005, "Assessing Moral Rules: Utilitarian and Kantian Perspectives", *Philosophical Issues*, 15: 158-178.

Hills, A., 2010, "Utilitarianism, Contractualism and Demandingness", *Philosophical Quarterly*, 60: 225-242.

Hodgson, D.H., 1967, *Consequences of Utilitarianism*, London: Oxford University Press.

Hooker, B., 2000, *Ideal Code, Real World: A Rule-consequentialist Theory of Morality*, Oxford: Oxford University Press.

Hooker, B. and G. Fletcher, 2008, "Variable versus Fixed-rate Rule-utilitarianism", *Philosophical Quarterly*, 58: 344-352.

Hooker, B., E. Mason, and D. E. Miller (eds.), 2000, *Morality, Rules, and Consequences*, Edinburgh: Edinburgh University Press.

Hospers, J., 1972, *Human Conduct, Problems of Ethics*, New York: Harcourt Brace Jovanovich, Inc.

Hursthouse, R., 1999, *On Virtue Ethics*, Oxford: Oxford University Press.

Ihara, C., 1981, "Toward a Rule-Utilitarian Theory of Supererogation", *Philosophy Research Archives*, 7: 582-598

Johnson, C., 1991, *Moral Legislation*, New York: Cambridge University Press.

Kagan, S., 1989, *The Limits of Morality*, Oxford: Oxford University Press.

Kahn, L., 2012, "Rule Consequentialism and Scope", *Ethical Theory and Moral Practice*, 15: 631-646.

Kamm, F., 2002, "Owing, Justifying, Rejecting: Thomas Scanlon's What We Owe to Each Other", *Mind,* 111: 323-354.

Lang, G., 2004, "A Dilemma for Objective Act-Utilitarianism", *Politics, Philosophy and Economics*, forthcoming.

Law, I., 1999, "Rule-consequentialism's Dilemma", Ethical Theory and Moral Practice, 2: 263-276.

Lawlor, R., 2004,"Hooker's Ideal Code and the Sacrifice Problem", *Social Theory and Practice*, 30(4): 583-587.

Lazari-Radek, K. de and P. Singer, 2014, *The Point of View of the Universe: Sidgwick and*

Contemporary Ethics, Oxford, Oxford University Press.

Levy, S., 2000, "The Educational Equivalence of Act and Rule Utilitarianism", in Hooker, Mason, and Miller 2000: 27-39.

Lewis, D., 1972, "Utilitarianism and Truthfulness", *Australasian Journal of Philosophy*, 50: 17-19.

Lyons, D., 1965, *Forms and Limits of Utilitarianis*m, Oxford: Oxford University Press.

Mabbott, J. D., 1953, "Moral Rules", *Proceedings of the British Academy*, 37: 97–117, esp. 107-117.

道家元伦理学*

〔爱尔兰〕杰森·达科斯塔德 / 文　　张达玮 / 译**

摘　要　在当代元伦理学中，道德反实在论面临着很多问题，其中之一是错误论的"为之奈何"问题。持有错误论信念的人将无法跟他人进行有效的道德对话。道家伦理能够为解决"为之奈何"问题提供一个令人满意的解答和参考。道家在元伦理学上倾向于温和的道德废除主义，以及保守的道德虚构主义。持有道德错误论信念的道家圣人致力于寻求内心的清静，认为道和天地万物之中不存在绝对的道德意义，自己可以做到不相信或假装相信日常话语中的道德意义。但这种态度不是断言的或苛刻的，而是非断言的和温和的，道家圣人不会要求他人也相信道德错误论。在日常的道德交往和对话中，道家圣人乐于扮演"愚人"角色，通过"真诚的伪装"来跟他人进行正常的交流。如此一来，道家的道德行动者就能在持有道德错误论的同时，参与到正常的道德对话中，从而很好地化解了"为之奈何"问题。

关键词　道家　《老子》《庄子》　元伦理学　错误论　废除主义　虚构主义

一　道德错误论与"为之奈何"问题

道德事实是指具有内在规定性的、不可避免的权威性的、不可简化的规范性的，独立于心灵的和客观绝对的行动理由。道德反实在论的观点是：道德事实不存在。可以通过两种方式得出这一观点。第一种方式是，既可以否认自己持有真正的道德信念，也可以否认道德是一种具有适真性（truth-apt）

---

*　论文出处：Jason Dockstader, "Daoist Metaethics", *The Journal of Value Inquiry*, 2019, pp.309-324. 译文获得作者的书面授权。本文系国家社科基金重大项目"中国西南道教文献整理与数据库库建设"（21&ZD249）子课题"重庆道教文献收集整理"的阶段性成果。

**　杰森·达科斯塔德（Jason Dockstader），男，爱尔兰科克大学哲学系讲师，博士，研究方向：哲学史、元伦理学与道德心理学。张达玮（1991～），男，山西平陆人，仲恺农业工程学院马克思主义学院特聘副教授，博士，研究方向：道家和道教伦理学。

的话语。由于我们是在表达其他的心理状态，而不是在说出道德判断时使用旨在报告事实的话语，所以不可能存在我们的道德判断所对应的道德事实。心理上的非认知主义、语义上的非事实主义和本体论上的反实在论的这种结合通常被称为道德表达主义（moral expressivism）。另一种达到道德反实在论的方式是，保留道德心理学的认知主义观点和道德语义学的事实主义观点，同时仍然认为道德事实不存在。这种观点就是道德错误论（moral error theory）。这一观点主张，我们有真正的道德信念，道德话语也是适真的，但没有任何道德判断能成功地对应道德事实。这是因为根本没有道德事实。因此，道德存在系统性的错误。

在这一点上，错误论者面临着一个问题：如何处理像道德这样的虚假话语？马特·鲁兹（Matt Lutz）称之为"为之奈何"问题（"now what" problem）。[1] 这个问题有许多解决方法，但错误论者还没有达成一致的意见。"为之奈何"问题可能反映出，在如何处理道德的问题上，麦凯（Mackie）自己也不确定。每种主要的解决方案都声称来源于麦凯。在讨论目前可行的解决方案之前，我们可能想知道，什么会构成"为之奈何"问题的良好解决方案。对于鲁兹来说，任何解决方案都必须留意"我们所关心的事情，以及我们最深层次的承诺"[2]。他声称，虽然错误论者不应该退回到相信道德事实的存在，但任何可接受的解决方案都"必须允许我们在适当的时候继续采取道德行动，并使用道德语言"[3]。我将在下文提供一个与鲁兹截然不同的标准，但现在让我们暂且接受鲁兹的方案，并在其基础上对主要的解决方案做出评价。

第一个解决方案是道德保守主义（moral conservationism）。[4] 道德保守主义认为，我们应该接受道德错误论，但保留对道德事实存在的信念，并继续断言（assert）道德命题。保守主义者认为，审慎且自然的做法是继续相信并断言道德事实的存在。之所以是审慎的，是因为它声称，一个没有道德信念和道德话语的世界将是一个萎缩的世界，即一个失去了道德所提供的合作的

---

[1] Matt Lutz, "The 'Now What' Problem for Error Theory", *Philosophical Studies*, Vol. 171, No. 2, 2014, pp.351-371.

[2] Ibid., p. 361.

[3] Ibid., p. 362.

[4] Jonas Olson, *Moral Error Theory: History, Critique, Defence*, Oxford University Press, 2014.

好处的世界。真正的道德信念和道德断言似乎能使社会协作顺利进行并真正地促使我们合作，所以无论我们多么相信错误论，都应该保护这两方面。保护道德也是很自然的，因为对道德事实的信念可能在我们心中根深蒂固，以至于我们缺乏认知资源来真正地或一致地否认道德事实的存在，或不再真正地断言道德命题。我们将继续相信道德事实，即使也相信它们以不同的方式存在；在穆勒 - 莱尔（Mueller-Lyer）错觉中，即使我们知道这两条线是一样长的，也仍然觉察到一条线比另一条线长。①

第二种解决方案是革新的道德表达主义（revolutionary moral expressivism）。② 革新的道德表达主义同意道德保守主义的观点，认为道德话语在促成和维持合作方面很有用而不能被抛弃，但觉得道德保守主义处于故意欺骗和不理性（irrational）的边缘。如果某人所断言的信念并不是他真正相信的事情，那他就是在说谎；如果某人所相信的事情实际上并不是他真正相信的，那他就是不理性的。道德保守主义的回应是：没有不理性，因为我们应该只通过实时地（occurrently）相信道德事实来保护道德，同时在性情上（dispositionally）相信错误论，并在我们更具反思性的时刻获得这种信念。③ 基于鲁兹对"为之奈何"问题可接受解决方案的标准，道德保守主义是失败的，因为它会让错误论者倒退到乐观地相信道德事实。革新的道德表达主义避免了道德保守主义的倒退和貌似不理性与宣教倾向，使我们在使用道德话语时不会陷入自我矛盾。与其保存对道德事实的真正信念和断言，革新的道德表达主义建议革新我们的道德实践，并按照道德表达主义者所说的以我们早已采取的方式对待道德话语。这种对待方式包括以精神状态而非信念来接受和表达道德话语。此外，也包括将道德话语看作一种沟通的手段，而不是旨在全面报道道德事实。表达主义者的观点有很多种类。与斯沃博达（Svoboda）的革新的道德表达主义相近的是理查德·乔伊斯（Richard Joyce）的革新的道德虚构主义（revolutionary moral fictionalism）。④

革新的道德虚构主义是一种非断言（nonassertive）的虚构主义，不同于

---

① Jonas Olson, *Moral Error Theory: History, Critique, Defence*, Oxford University Press, 2014, p. 7.

② Toby Svoboda, "Why Moral Error Theorists Should Become Revisionary Moral Expressivists", *Journal of Moral Philosophy*, Vol.14, No. 1, 2017, pp.48-72.

③ Olson, op. cit., p.192.

④ Richard Joyce, *Essays in Moral Skepticism,* Oxford University Press, 2016.

断言的虚构主义——一种断言力量，而非断言内容。^① 革新的道德虚构主义认为，我们应该只是假装相信（make-believe）并且准断言（quasi-assert）道德事实的存在。这种观点建议放弃对道德事实的真实信念，无论对外部的世界、对行动者还是对真实的虚构。相反，我们应该假装相信道德事实，也就是说，我们应该只是实时地接受或思考道德事实，而无论如何都不会完全地相信道德事实是真实的。"假装相信"的非认知状态取代了"真正相信"的认知状态。就像道德保守主义那样，根据革新的道德虚构主义，我们仍然倾向于在进一步反思的时候相信错误论。革新的道德虚构主义建议减少道德话语中的断言力量，从而允许人们在不必真的断言任何东西的情况下还能继续使用道德话语，而不是像断言的虚构主义那样，通过心照不宣的讲故事者来断言道德。道德判断只能是准断言的。准断言是一种说出句子的方式，但没有完全地指称任何事物的意图。戏剧中的演员并不是真的断言他们的台词，而是准断言他们的台词，因为他们只是假装相信自己所说的话。革新的道德虚构主义推荐我们用戏剧演员的方式对待道德话语。根据鲁兹的标准，革新的道德虚构主义比道德保守主义做得更好，它没有倒退到完全相信道德事实。它似乎也允许我们采取道德行动并使用道德语言。然而，革新的道德虚构主义的失败之处在于，它没有注意到"我们所关心的事情，以及我们最深层的承诺"。对于鲁兹而言，革新的道德虚构主义只允许我们对最重要的事情做出部分的承诺。的确，这似乎淡化了最初我们对道德的兴趣。^② 单纯的伪装是不行的。

鲁兹所追求的解决方案是这样的，允许错误论者享受完全信念所带来的承诺的好处，同时又不会倒退到完全相信道德事实。对鲁兹来说，解决方案必须源于以某种方式革新道德。他自己的道德替代主义（moral substitutionism）就是一个例子。斯坦·胡希（Stan Husi）也建议革新（或修正）道德，他提出，错误论者最好收紧道德话语中强健的真值条件。^③ 鲁兹的替代主义同样推荐，应该用对其他规范性事实的完全信念和断言来代替对道

① Daniel Nolan, Greg Restall & Caroline West, "Moral Fictionalism Versus the Rest", *Australasian Journal of Philosophy*, Vol.83, No.3, 2005, pp.307-330.

② Lutz, op. cit., p. 361.

③ Stan Husi, "Against Moral Fictionlism", *Journal of Moral Philosophy*, Vol.11, No. 1, 2014, pp.80-96.

德事实的完全信念和断言，这些规范性事实可被还原为强烈的欲望、偏好和其他赞成态度。所以，当我们表达道德判断时，我们确实应该基于我们认为与自己有关的假设性理由来断言自己的信念。并且，这些假设性理由又依赖于我们强烈的赞成态度。在替代主义者的道德话语中，说话者意义（speaker-meaning）与其表面语法将会有所不同，但如果人们想知道替代主义者关于道德事实存在与否的真实看法，替代主义者就会告诉人们错误论的观点。因此，道德替代主义似乎满足了鲁兹关于"为之奈何"问题的可接受解决方案的标准。跟道德保守主义一样，道德替代主义允许错误论者避免倒退到完全相信道德事实的状态，同时保留来自完全相信我们生活的相关规范特征的完全承诺，从而避免了像革新的道德虚构主义那样，只是通过假装相信和准断言道德事实而做出部分的承诺。

显然，我们不应该感到惊讶，鲁兹的解决方案满足他的标准。但是，让我们后退一步，提出一个关于错误论和"为之奈何"问题的更基本的问题。为什么一开始人们就会被这种观点吸引呢？答案通常是认知性的：我们想知道道德判断究竟有没有一个使真者（truth-maker），而错误论告诉我们没有。道德事实不存在，意味着道德判断要么是不真的，要么是假的。一般而言，元伦理学的目的似乎是维护或拆穿道德话语。错误论就拆穿了道德话语。但是为什么错误论者会对拆穿道德感兴趣呢？的确，为什么会有怀疑论者呢？至少从历史上看，答案不完全是认知性的。相反，答案更具治疗性（therapeutic）。怀疑论作为一种历史选项而出现，正是因为一些人希望生活能避免情感和意欲的干扰，这些干扰通常会伴随错误的信念。事实上，无论在东方还是西方，大多数古代哲学都首先有一个治疗性动机。哲学本身，包括元伦理学，可以被视为首要的治疗性事业。[①] 然而，在今天，用治疗性术语来理解哲学并不常见。即使是那些令人愉快的怀疑论结论，如错误论，其目的仍旧是避免受到怀疑论的影响。迈尔斯·本因（Miles Burnyeat）很好地捕捉到了这一现象：

---

① Eugen Fischer, "How to Practice Philosophy as Therapy: Philosophical Therapy and Therapeutic Philosophy", *Metaphilosophy*, Vol.42, No. 1, 2011, pp.49-82; Konrad Banacki, "Philosophy as Therapy: Towards a Conceptual Model", *Philosophical Papers*, Vol.43, No. 1, 2014, pp.7-31.

如今，如果某个哲学家发现他无法回答诸如"时间是什么""时间是真实的吗"此类哲学问题，他就会申请一笔研究基金，以便在明年的休假期间研究这个问题。他并不认为明年的到来是有疑问的。或者，他可能同意，对时间本质的任何困惑，或对时间真实性提出怀疑的任何论证，实际上是对"明年休假会来临"这一命题之真值的困惑或怀疑，但他会争论道，这诚然是一种严格意义上的理论担忧或哲学担忧，而不是日常生活中的担忧。无论是这两种情况中的哪一种，他都会把日常的一阶判断从哲学思考的效果中隔离出来。①

鲁兹的标准是试图把错误论者从道德事实不存在这一本体论结论的严重性中隔离出来。鲁兹认为，将"我们所关心的事情，以及我们最深层次的承诺"与错误论的虚无主义后果隔离开来，道德替代主义在这方面做得最好。迭戈·马丘（Diego Machua）指出，几乎所有解决"为之奈何"问题的方法都是隔离主义的（insulationist）。②道德保守主义、革新的道德虚构主义和道德替代主义都试图挽回道德，尽管道德存在系统性的谬误。但如果人们不想与错误论的效果隔离开来呢？如果人们想要暂时摆脱愤怒和不安，而这种愤怒和不安通常是持有和表达虚假道德信念而导致的，该怎么办呢？那么道德废除主义（moral abolitionism）就是最好的选择。

道德废除主义对"为之奈何"问题的唯一回应是：完全废除道德信念和道德话语。当然，鲁兹认为废除主义令人反感，仅仅是出于这个原因：它似乎没有注意到"我们所关心的事情，我们最深层次的承诺"。他把婴儿和洗澡水一起泼了出去。还是那句话，按照他的标准，他是对的。但是，就鲁兹的标准是隔离主义的而言，从非隔离主义的角度来考虑"为之奈何"问题的解决方案也是有意义的。一个非隔离主义的标准会说，"为之奈何"问题的最佳解决方案将决定哪一种解决方案能最好地将错误论的真理融入错误论者的生活。既然所有其他的解决方案都将错误论者与道德真理隔离开来，那么废除主义显然是胜利者。但这又引出了一个更深入的问题：成为废除主义者

① Miles Burnyeat, *The Sceptic in His Place and Time*, in Miles Burnyeat & Michael Frede (eds.), *The Original Sceptics: A Controversy*, Hackett Publishing, 1997, p. 92.
② Diego Machua (ed.), *Moral Skepticism: New Essays*, Routledge, 2017, pp.213-234.

的最好、最不隔离的方式是什么？正是在回答这个问题时，我们可以利用中国古典道家的资源来阐述一种更好的废除主义形式，这种废除主义既能满足非隔离主义的标准，甚至最终对道德保守主义、革新的道德虚构主义和道德替代主义的威胁，也小于目前可用的那种道德废除主义。有了道家，我们可以发展出一种成为错误论者的方式，解决"为之奈何"问题，这种方式也许可以安抚争论中的各方。在此之前，首先让我们更仔细地考察一下道德废除主义。

废除主义者将他们的观点限定为断言的。断言的道德废除主义（assertive moral abolitionism）是指相信错误论，废除道德，并鼓励他人也相信错误论和废除道德。理查德·加纳（Richard Garner）总结了这一观点："断言的道德废除主义者将道德判断解释为虚假的断言，但是他们敦促我们不要再做这些断言，因为他们认为，假装道德实在论是真的所带来的任何好处，都抵不过必须宣扬和捍卫一系列易受质疑的假话带来的危害。"[1] 乔尔·马克斯（Joel Marks）是断言的道德废除主义的又一个支持者，他描述了道德废除主义的启示对他的影响：

> 最后，我得到这样一个观点，我觉得完全不需要向世人隐藏自己的道德无涉性（amorality），我应该与世人分享它。这将是一份馈赠。至少，这很重要——也许是世界上最重要的事情！我也看到了自己处境中的幽默之处：我并没有忘记，我正在成为一个不相信道德的说教者。[2]

断言的道德废除主义为废除道德和鼓励其他人也这样做提供了许多理由。第一，一个普遍的观点是，废除信念和说话的错误方式有益于认知卫生。[3] 第二，由于道德话语充斥着深刻而棘手的分歧，所以真正避免这种棘手问题的唯一方法就是首先避免道德话语。[4] 第三，存在这样一种倾向，即把道德用作

---

① Richard Garner, "Abolishing Morality", *Ethical Theory and Moral Practice*, Vol.10, No.5, 2007, p. 506.

② Joel Marks, *Ethics Without Morals: In Defense of Amorality*, Routledge, 2013, p.14.

③ Joel Marks, *Ethics Without Morals: In Defense of Amorality*, Routledge, 2013, p. 24.

④ Garner, op. cit., p.502; See J. L. Mackie, *Hume's Moral Theory*, Routledge, 1980, p.154.

手段来证成对财富和权力的不公平分配。^① 第四，道德通常被用作激发爱国主义（patriotism）和发动国际战争的手段。^② 第五，道德判断的表达主要受悲伤、焦虑、愤怒、蔑视、厌恶、怨恨、愤慨等负面情绪的驱动。^③ 过多的道德说教有些病态。第六，道德往往以一种高调的傲慢展开，让人很容易被指责为虚伪。^④ 由于这些原因，如果我们确信错误论的话，道德废除主义建议我们废除道德，并敦促其他人也这样做。

对断言的道德废除主义的批评主要有两点。第一，断言的道德废除主义的批评本质上是道德的，它听起来像是在谴责道德本身是不道德的。^⑤ 如果一个人批评道德助长了精英主义和独裁主义、不平等和暴力、悲伤和愤怒、傲慢和虚伪，那么所有这些批评听起来不仅是规范性的，而且具有明确的道德性。^⑥ 第二个也是最常见的批评是：断言的道德废除主义是极端的。^⑦ 理由是，我们很难始终如一地采用废除道德的做法。诺兰（Nolan）、雷斯特尔（Restall）和韦斯特（West）写道："放弃道德话语将迫使我们说话、思考和感觉的方式发生大规模的变化，这种变化将是我们极难做到的。"^⑧ 从社会上和心理上而言，我们很难按照断言的道德废除主义行事。为了回应这些批评，我将尝试在道家的帮助下，发展一种非断言版本的道德废除主义，这种道德废除主义有望满足解决"为之奈何"问题的非隔离主义标准。要做到这一点，我必须首先说明道家如何提供了一种早期形式的错误论。

二 道家的道德错误论

中国古典哲学家持有潜在的元伦理观点。考虑到在 20 世纪之前没有多少人持有明确的元伦理观点，这种潜在性并不令人惊讶。令人惊讶的是这些观点所展示的融贯程度。作为那个时代的主流学派，儒家以其自然主义

---

① Garner, op. cit., p.502；Mackie, op. cit., p.154.

② Garner, op. cit., p.502；Mackie, op. cit., p.154.

③ Marks, op. cit., p.83.

④ Ibid., p. 86.

⑤ Olson, op. cit., p.179.

⑥ Ian Hinckfuss, *The Moral Society: Its Structure and Effects*, Australian National University, 1987.

⑦ Lutz, op. cit., p. 357.

⑧ Nolan, Restall, & West, op. cit., p. 307.

道德实在论而闻名。① 自然主义道德实在论是这样一种观点，即确实存在独立于心灵的道德事实，它们要么可还原为自然事实（道德还原论，moral reductionism），要么已经是自然事实（康奈尔派实在论，Cornell realism）。很难说儒家思想是更接近还原论还是康奈尔派形式的自然主义道德实在论。儒家思想也因其与亚里士多德的美德伦理学相似而闻名。② 不管怎样，儒家认为自然本身在某种程度上是道德的。宇宙袒护（take side）并关心人类的所作所为，人类的道德是天地自然道德的一种表现。自然是有道德倾向的，这就是它的本来面目。自然的这种道德方式就是它的道。自然之道是人类必须遵循的道德上正确的行为路径。自然界中存在道德事实，因为自然充满了一种道德目的论（moral teleology）。这种道德目的论是指自然赋予人类某种道德力量或能力，这种道德力量就是他们的"德"。拥有德，就是遵循道。

儒家通常认为德是天赐的，"天"有时被翻译为"heaven"或"sky"，但更多的情况下，尤其是加上"地"这个词并组成"天地"，其意思是自然（nature）。天常常是道的代名词。事物的存在方式是自然的。对于儒家来说，天的特征就是道的道德目的论。自然希望我们是有德的并遵循正确的道路，甚至选择一些道德完美的典范来激励我们去践行仁、礼、孝、义等，这些都是儒家的主要美德。真正遵循自然的道德之路的关键是，以至诚来体现和表达这些德。诚是一个人最终实现自然的道德目的的方式。儒家经典《中庸》指出：

> 诚者，天之道也；诚之者，人之道也。诚者不勉而中，不思而得，从容中道，圣人也。诚之者，择善而固执之者也。③

儒家学者认为，人之诚与天之诚相辅相成，具有良好的治疗效果。以内在道德的方式实现和谐，就相当于自然和社会的充实与完善。

道家可以被看作儒家在元伦理学上和治疗性上的衬托。道家否定儒家的

---

① Jee Loo Liu, "Confucian Moral Realism", *Asian Philosophy*, Vol. 17, No. 2, 2007, pp.167-184.

② Jiyuan Yu, *The Ethics of Confucius and Aristotle: Mirrors of Virtue*, Routledge, 2007.

③ Wing-Tsit Chan (ed.), *A Sourcebook in Chinese Philosophy*, Princeton University Press, 1963, p.107.

自然主义道德实在论，转而支持一种道德反实在论的观点，认为这是体验充实和完善的更可靠的方法。对道家来说，对自然的真知与接受是指欣赏并肯定这一事实：自然不包含真正的价值、理由或目的，从而这种真知和接受能提供一种宁静和快乐的体验，不受道德说教的负面影响。道家的目标是清空自己的虚假信念、负面情绪和不必要的欲望，这些都是任何道德体验或使用的基础。古典道家的核心文本有《老子》（或《道德经》）和《庄子》。① 在这些文本中，我们发现了对今天被称为道德实在论的明确拒绝。

首先需要注意的是，对道家来说，所谓的道德事实都是不符合现实的投射。投射主义（projectivism）作为一种对道德现象的描述，是道德反实在论、道德表达主义和道德错误论的共同点。休谟描述了我们如何"用从内部情感中借来的颜色给所有自然物体镀金和染色"，从而"在某种程度上产生了新的创造"。② 换句话说，我们把某些事实投射到世界上，其中就有道德，这些事实看似存在，但实际上并不存在。即使这种投射是出于对世界上发生的事情的情感反应，并且被投射的事实仍被认为"就在那里"，但是投射的事实并不对应真正存在的事实。

在古汉语背景中，投射问题出现在对"名"的角色和功能的讨论中。在儒家看来，任何事物的道德意义都基于它被恰当地命名。儒家认为他们发现自然的道德目的的手段就是，恰当地命名事物，尤其是根据事物在人类关系中的重要性来命名。儒家的一个主要目标是"正名"，即试图革新名的使用，使其与实在的道德模式相对应。《论语》说：

> 名不正，则言不顺；言不顺，则事不成；事不成，则礼乐不兴；礼乐不兴，则刑罚不中；刑罚不中，则民无所措手足。故君子名之必可言也，言之必可行也。（《子路》）

---

① 在本文中，我将使用汉斯 - 格奥尔格·梅勒的《老子》译本与任博克的《庄子》译本，偶尔会对译文做轻微改动 [参见 Hans-Georg Moeller（trans.），*Daodejing*，Open Court Publishing，2007；Brook Ziporyn（trans.），*Zhuangzi: Essential Writings*，Hackett Publishing，2009]。因为我发现他们的翻译最具可读性，我也基本上同意他们的解释，这并不是说没有其他同样可以接受的两个文本的哲学译本 [参见 Philip J. Ivanhoe（trans.），*The Daodejing of Laozi*，Hackett Publishing，2003；A.C. Graham（trans.），*Chuang-tzu: The Inner Chapters*，Hackett Publishing，2001]。（下文仅夹注古代典籍。）——译者注

② David Hume, *An Enquiry Concerning the Principles of Morals*, Hackett Publishing, 1983, p.88.

道家不同意儒家关于名的观点。他们否认实在从本质上是可以根据任何道德目的来命名的。道家声称事物并非真的像它们被命名的那样，事物的道德意义是被强加的。道德投射是失败的。相反，道——对道家而言就是自然通过万物自发地创造和毁灭的永恒过程——要么不可名状，要么缺少名称来标明特定的道德功能："道可道，非常道；名可名，非常名。"（《老子》第一章）我们也在《老子》中读到"道常无名"，但是"始制有名"，道家圣人将通过暂停散漫的投射（制）来"知止"，并将道的无名本性与他自己的无言相匹配（第三十二章）。道家否认道德自然主义，以及更普遍的道德实在论，因为所有的那些"名"的投射，以及所有的道德说教，都不符合自然。自然在本质上或客观上是没有价值的、不可名状的，完全没有目标或目的，无论是道德的目的还是其他的目的。

我们在《庄子》中找到了进一步的论据，可以证明道家否认在自然之中发现道德事实的可能性："未成乎心而有是非，是今日适越而昔至也，是以无有为有。"（《齐物论》）道德投射不符合自然，只会滋生更多的错误和混乱："仁义之端（儒家的主要美德），是非之途，樊然殽乱。"（第十六章）对于道家而言，儒家思想以及更普遍的道德话语，都被系统性的投射错误所困扰。道德这种方式误解了道的本性和常的本质："不知常，妄作凶。"（第十六章）

道家也将道德话语的出现当作退化和迷失的标志："大道废，有仁义。"（第十八章）《庄子》说，"是非之彰也，道之所以亏也"（《齐物论》），道德话语代表着一种惩罚，道德先生"既黥汝以仁义，而劓汝以是非矣"（《大宗师》）。对道家来说，儒家之所以要把主要的德投射到世界上，只是因为没有意识到宇宙的道德无涉性。但宇宙（道）或自然（天）确实是道德无涉的："天地不仁，以万物为刍狗；圣人不仁，以百姓为刍狗。"（第五章）"刍狗"是祭礼中具有暂时规范性意义的仪式物品，一旦祭礼结束，它们就会被扔在地上，成为任人践踏的废弃物。这些似乎在说，除了短暂的投射，没有什么东西是有价值的（即使在短暂的投射中，万物在本质上仍然是无价值的），并且，儒家对仁和礼的迷恋暴露了这样一个事实，即投射的价值最终是欺诈和虚幻的。

通过声称"天地不仁"，道家基本上是在断言：自然是道德无涉的，不存在道德事实，也不存在真的道德之名。《老子》说自然中没有真正或客观的道德意义，这也许是道家对儒家自然主义道德实在论最强烈的拒绝。经由错误论的认识，道家意识到投射之名的系统性失败，从而发展出道德反实在论，这与儒家的道德实在论是彻底对立的。但重要的问题是，道家如何按照他们的典型道德错误论来生活？道家如何解决"为之奈何"问题？

三　非断言的道德废除主义

回想一下，虽然断言的道德废除主义在不隔离错误论者方面做得比较好，但它也被指责在废除道德的理由中自己听起来很道德，而在要求他人接受错误论和废除道德方面又很极端。加纳（Garner）对这些指责的回应是，虽然断言的道德废除主义的动机是规范的，而不是道德的和关怀的，但它也不像听起来那么极端。断言的道德废除主义者只是要求其他人暂时废除道德，看看情况如何。他的预感是，情况不会变得更糟，反而会变得更好。① 另外一些断言的废除主义者倾向于承认断言的道德废除主义是极端的，但也声称极端的观点有时是必要的。就像无神论一样，也许需要正视被蒙蔽的信徒和救赎者，以便将他们从自己的非理性中拯救出来，并将社会从他们虚假信念的负面影响中拯救出来。这种做法不需要否认相信上帝或道德事实有某些好处，但它论证了不相信和废除道德事实给理性与合作带来的更大好处。道德与宗教造成的问题是极端的，只有将废除其极端性才能解决这些问题。

针对断言的道德废除主义的极端性指责，第三种应对的方式是，简单地同意这种指责，并停止断言自己的道德废除主义。然而，人们不是退回到隔离状态，而是对自己的废除主义保持沉默。这似乎是道家的提议。让我们称之为清静主义或非断言的道德废除主义（nonassertive moral abolitionism）。非断言的道德废除主义声称，做一个断言的道德废除主义者是不明智的，而做一个非断言的道德废除主义者则是明智的。当然，非断言的道德废除主义假定人们像道家那样首先接受错误论。非断言的道德废除主义与断言的道德废除主义的区别在于，非断言的道德废除主义不会敦促别人用他们的错误论做什么事情。非断言的道德废除主义通过对伦理和元伦理问题保持沉默来废止

---

① 参见 Garner, op. cit., p.511。

道德，而不是鼓励其他人也相信错误论并废止道德。

《老子》中存在非断言的道德废除主义的论据。道家采取了比断言的道德废除主义更加被动的路线。道家的目标是不与任何人争论。道家发现，不仅鼓励人们以某种方式说话（比如不带道德话语地说话）是不明智的，甚至一开始就与他人争论都是不明智的。这有助于他们在做哲学时达到更好的治疗目的。道家的做法是静下心来，练习入静，退出有意或刻意的行动，让事件自发地展开，接受自然命中注定的转变，对自然的道德无涉性冷漠不予评价："圣人处无为之事，行不言之教"（第二章）；"功成身退，天之道"（第九章）；"知者不言，言者不知"（第五十六章）。《庄子》告诉我们："大道不称，大辩不言。"（《齐物论》）在内心废除道德话语，但不断言其他人也这样做，似乎这就是道家提供的建议。非断言的道德废除主义可能是更合理的治疗策略。

《老子》提到了清静和非断言做法带来的某些好处。默默废除道德话语，平息因道德说教引起和导致的情感、意欲上的混乱，正是道家追求的体验清静的途径。通过体现一种冷静的克己和泰然，道家清空他们内心的信念、欲望和情感——这些都是道德投射的驱动和结果，从而把自己从焦虑和争辩的烦乱中解脱出来："致虚极，守静笃。"（第十六章）道家圣人回到了一种柔顺的状态，即轻松接受、纯朴以及浑沌的状态："我独泊兮，其未兆；沌沌兮，如婴儿之未孩；儡儡兮，若无所归。众人皆有余，而我独若遗。我愚人之心也哉，沌沌兮！俗人昭昭，我独昏昏。俗人察察，我独闷闷。"（第二十章）

《老子》强调，这种做法建立起的社会秩序，就是儒家、其他道德实在论者和隔离主义者极力强加的社会秩序。悄然废除道德话语，实际上能够让人们自发地协调他们的关系，甚至展现出儒家所认为的德行："绝圣去智，民利百倍，绝仁弃义，民复孝慈。"（第十八章）圣人暂停道德判断树立起的无声楷模，似乎让人们驱使道德判断的情感混乱和虚假信念休眠了，并为他们带来轻松的快乐和肯定，让他们能够和睦相处："众人熙熙，如享太牢，如登春台。"（第二十章）

隔离主义者会如何回应道家的非断言的道德废除主义？一方面，隔离主义者可能仍然会发现这是极端的，因为他们认为积极表达道德或替代性规范判断，在提供实际利益方面具有重要的作用。另一方面，他们发现即使避开断言的道德废除主义，也多半没有什么威胁。毕竟，一个不使用道德语言的孤独的、相当独立的人，可能不会像一个鼓励我们废除整个说话方式的人那样，扰乱常规的行为。对于隔离主义者来说，如果人们停止断言或准断言道德话语或其他规范性话语，这将是有害的，因为他们认为道德确实能让人们行为规范。但是，如果一个错误论者把他们的元伦理反思当作一种手段，最终从他们自己身上清除任何用伦理或元伦理术语思考或说话的愿望，就很难看出他们还能被指责为极端。隔离主义者可能根本就不会注意到这一特征，而非断言的废除主义者则会彻底退出论辩。这应该会让大家都满意。隔离主义者不必试图说服这个废除主义者不要废除道德，也不必鼓励其他人也这样做，而非断言的废除主义者可以平静地享受他们的虚无主义，享受伦理和元伦理论辩的溃败。

与此同时，隔离主义者可能仍然会感到紧张，尤其是如果非断言的废除主义者能够像《老子》所说的那样影响人们的话。一个清静的废除主义楷模可能会对他人产生微妙的影响，他可能会影响人们清空自己的内心，避免让激动的精神状态驱动道德投射，从而导致人们缩减道德话语。诚然，这将是一件非常罕见的事情，而且道家也完全没有理由期望他们的做法以任何常规或常见的方式起作用。但完全有可能的是，无言可以像断言一样，有效地产生某些行为。然而，道家关注的主要还是那些有毅力废除道德的少数个体。即使有少数其他人也这样做了，游于众人之中的道家圣人的总数也仍然很少。隔离主义者似乎不应该担心，会涌现出一大批清静的道家圣人，并鼓励大家放弃道德说教。

我在这里想说的是，受道家启发的非断言的道德废除主义远没有那么极端，因此对其他竞争性错误论观点的威胁也小得多。通过非断言的态度，道家甚至没有与隔离主义者进行争鸣。事实上，人们也不能指责道家像断言的废除主义者那样有废除道德的道德理由。道家以清静的方式废除道德，是为了自己的精神健康，而不是因为他们特别关心跟道德导致的所谓不公正、精英主义和专制主义作斗争。相反，他们只是简单地远离道德，这样做可以比断言的道德废除主义更有效地化解任何伦理或元伦理的分歧。对于那些试图从道德的病态中解脱出来的人，以及试图找出自己想成为哪种错误论者的当代元伦理学家而言，这就是道家提供的好处。隔离主义者可能仍然希望废除主义者继续使用道德话语或其他规范性话语，但他们不应介意某些清静的废除主义者把他们对道德的废除留给自己。至少清静的废除主义者没有明确地让别人皈依他们的观点。这似乎是克服棘手的伦理和元伦理论辩的唯一真正途径，对于解决"为之奈何"问题，这是最好的非隔离主义方案。

四 保守的道德虚构主义

虽然有证据表明《老子》中确实有一些非断言类型的道德废除主义，但文本中的其他片段听起来更像是虚构主义。这并不是说道家圣人处于完全无知和沉默的隔离状态。相反，当他陷于社交场合，不得不做一些事情或说一些话时，他仍然与他所做所说的一切保持距离，这使他能轻松地行动和说话。《老子》曰："圣人不行而知，不见而明，不为而成。"（第四十七章）《老子》进一步强调，说话和行动时不要带有断言的力量或意图，这就导致了如今广为人知的说法，即圣人"无为而无不为"（第四十八章）。说到"言"，圣人也无言而无不言，体现为"希言自然"（第二十三章）。

这些悖论可以被理解为，圣人就像一个革新的虚构主义者一样，从自己的话语中减掉了断言的力量。二者的主要区别在于，革新的虚构主义者虽然通过伪装使用某种话语，但在革新某种话语的意义上仍很积极。革新的道德虚构主义是指一种反抗（revolt）行为，反抗对待道德的日常态度和实践，因为这些日常态度和信念涉及完全道德信念和断言。[1] 这种反抗对于道家来说太积极了。即使当道家圣人行动和说话时，他也什么都不做，什么也不说，而是在需要的时候假装行动和说话，没有情感和信念，并且只是作为一种响应（reaction），绝非要开始行动和说话。我把这种道家式虚构主义称为保守的道德虚构主义（reactionary moral fictionalism），以区别于革新的道德虚构主义。明确而言，如果保守的道德虚构主义涉及假装相信和准断言，它就可以被视为某种革新的道德虚构主义。然而，如果保守的道德虚构主义不建议我们以虚构的方式对待道德，以此来拯救道德，并使我们隔离于错误论的后果，那么它就不同于革新的道德虚构主义。

革新的道德虚构主义倡导者应该到外面的世界发表道德判断，并参与道

---

① 参见 Joyce, op. cit., p.73。

德分歧，因为据说这种做法应该能促进更大的合作。保守的虚构主义者只在不得已时才会参与虚假的道德话语。道家不会为了其社会效用而去宣传虚构。相反，如果他们发现自己陷入了充斥着道德话语的情境，他们就会假装合作，发出必要的道德异见，同时只是假装真的相信自己在说什么，从而减弱话语中的断言力量。道家假装合作，他们从不开启竞赛，道家总是宁愿保持清静，采取非断言的道德废除主义策略。但由于他们可能会发现，当自己处在一个普遍使用道德话语的社会环境中时，如果不把德的信号传达给群体，那么对个人将是不利的，所以，他们会说出最低限度必要的、听起来像道德的话，以避免别人注意到自己。道家保守的道德虚构主义的主要动机也是尽可能从人们的生活中消除道德的治疗性益处。

我们在《庄子》中看到了更多这种做法的论据。《庄子》关注的是如何确保道家圣人在社会环境中与他人相处，而不会让他人对自己的真诚产生太多的怀疑。最近，梅勒（Moeller）和德安博（D'Ambrosio）称这种庄子式的手法是"真诚的伪装"（genuine pretending）。[①] 要达到的关键平衡是，要表现出对道德话语的承诺，而不要开始任何道德对话，或陷入道德分歧，也不要让自己陷入拥有真诚道德信念的陷阱。《庄子》的忠告是："就不欲入，和不欲出。"（《人间世》）如果不得已，就对道德话语做出响应，不引人注目地进行附和，但即便如此，也只是假装相信或准断言道德命题。这种做法似乎能使自由和幸福最大化："至人之用心若镜，不将不迎，应而不藏，故能胜物而不伤。"（《应帝王》）

> 有人之形，无人之情；有人之形，而群于人；无人之情，故是非不得于身；眇乎小哉，所以属于人也；警乎大哉，独成其天（《德充符》）。

《庄子》塑造了两个最接近保守的道德虚构主义的形象：孟孙才和伪装之树。有个故事讲的是颜回和孔子的一段对话，颜回向孔子询问孟孙才的古怪行为，孟孙才是一位公认的杰出哀悼者，尽管他母亲去世时，他"哭泣无涕，中心

[①] 参见 Hans-Georg Moeller & Paul D'Ambrosio, *Genuine Pretending: On the Philosophy of the Zhuangzi*, Columbia University Press, 2018。

不戚，居丧不哀"（《大宗师》）。孔子解释道，孟孙先生已经看透了这个问题，并按照人们所期望的方式行事，但仍然游离于人们认为的任何社会角色、道德信念或情感之外："特觉人哭亦哭，是自其所以乃。"（《大宗师》）孟孙先生的反应是因为人们对他的期望，如果他拒绝的话，会给他带来麻烦，但他既不真正相信也不觉得适当的哀悼是有价值的或有德的。他甚至没有感到真正的失落。他几乎没有感觉。

　　还有一个故事，匠石和他的弟子路过一棵巨大、粗糙、外形怪异的树，这棵树已经变成了神龛。弟子问匠石，为什么这棵树还没有被砍倒，匠石说这棵树毫无用途和价值。这种树做不出任何优质或耐用的东西。那天晚上，这棵树在梦中告诉匠石，他对自己的判断可能为时过早，因为树已经找到了一种通过如此无用的方式来生存的方法。匠石告诉弟子这个梦后，弟子问，如果这棵树如此无用，为什么它还是一个神龛。匠石指责弟子，解释道，要想让这棵大树免于无用之苦，从而免于被砍伐，唯一的办法就是把它当成一座神龛，这种伪装是一种有效的方式，通过扮演一个特殊的社会角色来隐藏自己释放出来的无价值。假装是神龛，就像假装是一位杰出的哀悼者，从而响应性地体现社会对一个人的期望，而跟虚构没有一点关系，根据《庄子》的观点，这是一种治疗上合理的方式，它享受对客观道德意义的否定。①

　　人们对社会的期望做出响应，从道德虚构中获得愉悦的超脱，这一点体现在道家"游"的概念中。"游"是保守的道德虚构主义的积极方面。《庄子》极度肯定"游"的价值，一个人会把他在自发的、无用的、无意义的、逍遥的生活中遇到的事情都视为"正当的"。"游"是指带着愉悦的弃绝对一切说是。这是一种把一切都视为正当的、正确的和可接受的方式，而不去相信或感受任何事情。"游"是道家超脱泰然目标的极致。《庄子》将"游"称作"因是已"，"已而不知其然，谓之道"（《齐物论》）。"因是已"带来的乐趣在"朝三暮四"的故事中得到了最好的表达：

　　　狙公赋芧，曰："朝三而暮四。"众狙皆怒。曰："然则朝四而暮三。"众狙皆悦。名实未亏而喜怒为用，亦因是也。是以圣人和之以是非而休

---

① 参见 Hans-Georg Moeller & Paul D'Ambrosio, *Genuine Pretending: On the Philosophy of the Zhuangzi*, Columbia University Press, 2018, p.30.

乎天钧，是之谓两行。(《齐物论》)

在别处，这种和解被称为"滑疑之耀"，是"圣人之所图也，为是不用而寓诸庸"(《齐物论》)。这就是敞开心胸接受万物而又不失充实的"乐趣"，

使日夜无郤而与物为春，是接而生时于心者也。是之谓才全。(《德充符》)

那么，隔离主义者会如何回应道家保守的道德虚构主义呢？对革新的道德虚构主义的批评之一是，指望人们始终如一成功地假装相信和准断言道德命题是不可行的，有效地反抗和革新道德话语太难了。由于道家的做法是保守的而非完全革新的，这似乎使成为一个道德虚构主义者更加可行。如果一个人只是在不得已的时候才假装，而且即使不得已，也只是以一种超然冷漠的方式假装，那么假装就变得更容易表现。假装的动机并不是像革新的道德虚构主义那样，旨在用虚假的道德话语来维护社会秩序和激励合作，而是尽可能多地体验一种远离道德信念、情感和关切的愉悦泰然。保守主义者可能仍然希望错误论者能继续相信和断言道德判断，而断言的废除主义者则有可能想要鼓励他人消除道德，但他们不应该觉得道家保守形式的虚构主义就像他们看待革新形式的虚构主义一样，都是信念灾难的原因。道家保守的道德虚构主义会更少地使用道德，力度也会更小，而且只在回应压倒性道德说教的社会环境时才使用。道家的做法更温和，它不太可能导致道德伪装者被抓起来并被指责为不真诚，因为他们的伪装只是一种在我们毫无意义的生活中"游"和适应的有趣方式。

最后，我们可以强调鲁兹提示的观点："为之奈何"问题的各种解决方案可以组合在一起，在不同的情况下都是可行的。道家的观点可以概括为主动沉默和被动伪装。前者是主要的做法，而后者是在没有沉默选项时根据情境做出的反应。这样的组合没有什么不融贯之处。相反，这是将道德错误论的真理融入自己生活的最佳策略。如果道德废除主义者在废除的智慧上缓和他们的断言，道德虚构主义者清空他们旨在革新和保留道德话语的革新热情，或许错误论者可以在他们的道德反实在论中更加统一，并从他们的元伦理反

思中获得更大的个人福祉。由于道家一开始成为错误论者的动机是治疗的，而不仅仅是认知的，因此他们制定出一个非隔离主义方案来解决"为之奈何"问题，使得深层的、棘手的伦理和元伦理分歧得以降级和减少。较之于那些试图将自己隔离于错误论的做法，非断言地废除道德、被动地假装相信并断言道德命题，可能在获得更大的社会秩序和个人乐趣方面更为有效。

德性缺失的时代对德性的迫切呼唤

〔墨西哥〕霍腾莎·居雷/文   张亚萍/译**

摘　要　为什么要在当今德性缺失的时代呼唤德性？因为这种做法既有宇宙论意义，又有本体论意义。当代之所以出现德性缺失，是因为我们忽视了历代圣贤不断告诫我们的关于德性本质的理解以及他们自己的躬身践行。因此，让我们自己成为更具德性的人，唯一途径就是通过不断地践行德性，直到这些良好行为成为一种习惯。最后，作者给出了六点具体如何建设德性社会的建议，如回到价值论领域提供经过时间检验的智慧、提供全面教育、完善公共政策以及倡导核心德性等。

关键词　德性　宇宙论　本体论　智慧　践行

我很荣幸与江畅教授及其他杰出同行一起参与这一专栏讨论，主题引人入胜，即"德性研究的现状和未来"。这一主题具备极大的现实关联性，因为相关讨论涉及不同的立场，也许还涉及多样化的生活方式。但这并不是其具备现实关联性的唯一原因所在，更重要的原因在于我们需要让这一主题与时俱进，在我们当下所处的时代中，探讨其在人文教育和社会形塑方面能够产生的直接影响。难道我们不正是在讨论其在司法应用和创建全世界和平方面的相关性吗？或是与西方基本人权的相关性？或是讨论其与和谐、正义、虔诚及东方国家（尤其是中国）对父母、年长者和老师的尊敬和孝顺的相关性？或是讨论其与拉丁美洲国家（例如墨西哥、秘鲁、阿根廷、哥伦比亚）以及世界许多其他国家对家庭重要性认识的相关性？

这是因为所有这些社会、人民或国家都认识到了，某些高尚而恢宏的行

---

*　霍腾莎·居雷（Hortensia Cuéllar），墨西哥蒙特雷科技大学哲学教授，研究方向：伦理学。
张亚萍，女，浙江东阳人，博士，浙江师范大学外国语学院副教授，研究方向：语用学、伦理学。

为，通过不断的实践，形成良好的习惯①、德性、行为上的"卓越"，与诸如希腊语、拉丁语和基督教等，以及东方的老子、孔子和孟子等不同文化传统，能够在本体论建构以及人类存在的理解上和谐共生，其突出的表现形式之一就是伦理学。

我这么说是什么意思？

我的意思是，其他生物，如野兽，不考虑这个问题，因为它们的行为是本能的，是已经被确定、已经被编程的，因为"它们的行为是物种基因遗传的一部分，就像其任何其他形态的和生理的行为一样"。它们的动机可以是对外部刺激、内部环境的变化，或者这两种因素同时的反应，这就意味着由于它们的动物本性，它们既非自由的，也非理性的。

然而，相反，我们人类拥有智慧和自由意志，我们不仅想知道德性是什么，我们还想获得德性，以便成为善良、公正、和平、坚强、谨慎、快乐、慷慨的人，愿意造福他人（仁爱），以建设一个更美好的世界，而不是成为像孔子在《论语》第4章第11节中所说的"小人"："君子喻于义，小人喻于利。"

由于道德能力是人类独有的特性，因而我们就具备选择的能力，无论是在个人层面还是社区层面，我们都可以选择到底要成为更好的人还是更坏的人。这就是为什么我坚持认为，推动我们伦理生活、道德生活的弹簧，支撑其根基的是苏格拉底（Apology, 28b）②所谓的人们选择善（或非善）的德性③，

---

① 亚里士多德的这一著作（*Nicomachean Ehics*）下文用 NE 表示。Saint Thomas Aquinas 在 *Summa Theologiae*, I-II, p. 55, a 2 and a 3 中探讨了 habitus 这一概念。

② 亚里士多德随后阐明了这一想法："因此，德性是一种经过选择的存在方式，是一个与我们相关的中项，取决于理性以及审慎的人将如何决定。"（NE, 1106b, 36-39）这里我们注意到，良心和自由构成了追求德性的伦理学和人类学的动机所在。仅仅知道什么是德性是不够的：要使德性成为人类行动中的卓越操守，必需要习得和践行德性。

③ 正如我们所知，苏格拉底关心的是自知之明，就像在德尔菲神庙的题词中所精炼表达的那样："了解你自己。"关于这一点，Miguel Pérez de Laborda 写道："在柏拉图和色诺芬的作品中，苏格拉底多次提到这个铭文，很显然，他把这个铭文理解为是一个忠告，要人们了解自己的灵魂及其与之相关的一切。事实上，这正是苏格拉底竭尽其一生致力于从事的事业。"（Pérez de Laborda, 2006）在柏拉图看来，对灵魂的观照，在于培养德性，这是一种可以通向幸福的知识，与由于无知而导致的邪恶和败德相对。这一柏拉图式的理念也包含在了亚里士多德的 NE, 1145b-23-27 中。

或是诸如孔子、老子、孟子、庄子、朱熹、圣雄甘地（2001）[①] 这样的著名东方哲学家，和诸如柏拉图（2003）[②]、亚里士多德 [③]（1985）、芝诺 [*Essential Stoic Philosophy: All in One Stoicism*（2017）]、塞涅卡（2017）、圣奥古斯丁（1958）、托马斯·阿奎那（1986）、康德（2002）、杰里米·边沁（1973），以及当代的伊莉莎白·安斯康姆（1958）、阿拉斯代尔·麦金太尔（2007）、利奥纳多·保罗（2013）等西方哲学家所谓的有德性的（或粗鄙而邪恶的）生活统辖下，人类对自由和实用理性的行使。

因此，我要指出，这些主题绝没有过时，而是永恒经典的，即具有永久的相关性。这就是为什么在北京举办的第二十四届世界哲学大会（2018年）的总主题"学会做人"是如此重要，因为其与众多其他议题和问题一起，提醒了我们关注人之所以为人至关重要的事情：人类具备通过践行德性尝试成为更好的人的能力，无论是在个人层面，还是在家庭、学校、社区和政治层面，或是在我们与外在大自然和环境（与整个宇宙）的关系中——可以称之为"宇宙影响"，因为我们对自己、对他人、对外在自然或宇宙的所作所为，无疑会产生巨大的宇宙论和本体论上的反射。

宇宙论上的影响主要发生在我们置身其中的外在大自然中，在于它"遭受着"我们施加其身上的各种对待：关照、培育及受益于其资源，或是滥用及无情地过度利用我们在其中发现的资源。第一种做法可以称为"政治性对

---

① 在我的另一篇文章《东西智慧和西方文化能否回答：何为人之尊严？》（Hortensia Cuéllar, "Does Wisdom of Eastern and Western Cultures Respond to the Question: What is Human Dignity?", in *International Conference 2015 Asian Values and Human Future*, 2015, pp.43-60, First Edition）中，我写道："圣雄甘地代表的是'非暴力、和平抵抗'领导人的形象。他为正义、反抗压迫和自由斗争，但是并不使用武力，这不仅使他成为印度人民心中的圣人，也让他成为所有人的以'真理、纯洁、人类尊严和民族独立'（Gandhi, M., 2001）为核心的正直典范（甘地，M.，2001）。对他而言，与之相背的行为就是深刻的不公正，也违背了人的尊严。"（Cuéllar, 2016）

② 在他的对话录《美诺篇》中，柏拉图提出了关于德性本质到底是什么这一问题，却并未给出这一问题的答案，然而关于这一问题哲学讨论的兴趣与日俱增。在《申辩篇》中，他罗列了想要领悟德性本质所需的一些其他要素。而最重要的是，柏拉图提出了践行德性的必要性，他也用自己的生活作出了示范。

③ 这位来自斯塔吉拉（Stagira）的哲学家，也把德性定义为两种极端之间的折中点。"这是位于两种恶习之间折中的一点，一种是过度的恶习，另一种是不足的恶习。要找到并选出折中点所不可或缺的激情和行为，不足的恶习是无法企及，而过度的恶习则完全超出了。因此，根据它的实体及其本质的定义，德性是一个折中术语。"（NE, 1107A, 1-5）

待"，是在生态价值观的指引下进行的；我们把第二种做法称为"专制性对待"，这与亚里士多德在《政治学》（1988 年）中使用的术语类似，但是被用于完全不同的语境（1253 b）。

气候变化、全球变暖和温室效应，是这种专制性待遇所导致全球范围内极端气候失衡很好的例子。再随便列举几个，如世界上好几个区域的暴雨如注、极地冰盖融化、土壤退化以及水资源和大气的污染（UN News，2018）。这种不平衡，不仅影响到我们的外在物质世界，而且也影响到人类生活的方方面面，如生存、政治、经济和社会等方面，甚至成为悲剧的诱因。

关于建设美好生活和德性另一个需要考虑的方面是，在道德层面上本体论的影响。这一点我们可以在一个人性格得以塑造过程中，或是世间男女在生活中可以达成的伦理高度中，深刻感受到。

这一切都是因为我们——男人和女人——拥有共同的人性，亚里士多德把人性定义为"使我们之所以成为人，而不是任何其他东西的东西"（*Metaphysics*, Trilingual edition, 1989），这些在本质上让我们区别于其他生物，如野兽和植物，而这也就把我们带向了本体论领域。

人类的另一个共同特征是，人类不是静止的，而始终是动态的 ① 和社会的（Aristotle, *Politics*, 1988），人类在动作、行为、家庭、学校和社会中不断地变化着。我们追求——至少我们尝试——成为更好的男人或女人，如果我们真的想要过得幸福。

真的有人不想幸福吗？ ② 真的有人不想享受今生的美好，并与他人分享吗？真的有人不想作为个人不断成长、发展，并从我们自己的家庭、区域或国家出发，积极地为寻求和建设一个更美好、更舒适、更幸福的社会作出贡献？ ③ 只有当我们行为举止得当，当我们嘉德懿行，当我们实现了希腊—拉

---

① 让我们回顾一下，在第一哲学（Philosophia Prima）中，人类的本质被动态地表达为人性，正如哲学家所定义的"运动原则"。

② 这是我们所有人、所有人类，在我们生命中的某些时刻，必定会面对的关键问题。我们无法回避这一问题。我们所面对的是一种存在主义的审问和欲望，两者都无法被忽视。

③ 中国著名哲学家江畅在《论人类共同价值体系的构建》（《文化发展论丛》2016 年第 3 期）（江，2016，No.3）等许多文章中，都暗示了这一愿望，他提出"人类共同价值体系，应该是以人类普遍幸福为终极目标的世界和谐价值体系"（p.004）。

丁经典中所称的 agere[①] 而非 facere[②]（这两个动词都与人行动层面的实用维度相关[③]）时，我们才能真正做到这一点。

让我解释得更清晰：agere 是指与人类道德状况相关的个人维度，是引导我们自由地努力培育德性而摒弃邪恶，培育正义而反抗不公，追求和热爱真理而非虚伪和谎言，培育和谐而非混乱和分裂，培育爱而非仇恨；尊重和团结他人，而非轻视他们或侵犯他们的尊严。所有这些都是以自由和负责任的方式作出的选择，通过不断地这样践行，引导我们养成良好的习惯或德性，而非坏习惯，即道德或智力上的恶习[④]。在这一层面，第一受益人（或受害者）是行为良好或恶劣、正确或不正确、公正或不公正等的个体本人。

另外，facere 则与"制造"维度相关，即与人工制品[⑤]相关：与人为生

①　这个词在拉丁语中相当于希腊语中的"实践"一词，与人类的伦理活动以及道德德性（包括审慎）相关。

②　这一概念在拉丁语中相当于希腊语中的"诗学"一词，而在生产活动层面上，则还有技艺、技术和艺术。（García Sierra）

③　关于"理论"和"实践"这两个术语的讨论由来已久，它出现在逻辑学、形而上学等不同的科学/哲学领域，亚里士多德在这些领域区分了这两个术语。例如，在"形而上学"中，他谈到了"理论"（Theorein）、"实践"（Praxis）和"诗学"（Poiesis）。理论是指与第一哲学（即形而上学或本体论）以及他所谓的第二哲学（如数学）相对应的推测（或理论）知识。而实践与诗学则指的是用不同方式得以应用的知识：实践活动是指伦理学的活动；诗学活动是指艺术、技术等活动。通过道德（或实践）活动，人类可以由此成为更好或更坏的男人或女人；而通过作为艺术和技术源泉的诗学活动，人类所做的是创造、制造工具，以及在广袤的文化领域中创造有用的东西。

这种区分方法，导致了想要在这两种类型的活动中，进行高低贵贱等级区别的企图。在公元16世纪前，理论活动的分量更大。从15/16世纪开始，随着现代哲学和非哲学科学的兴起，风向发生了转变……谁是谁非？……我认为这个问题无关紧要，因为理论活动和实践活动都是人类必不可少的认识论和伦理学活动，其对所有时代文化所产生的影响也都是显而易见的。就实践而言，现当代哲学对知识和行动理论存在争议。比如益格鲁-撒逊实用主义和功利主义，以威廉·詹姆斯、约翰·杜威和查尔斯·桑德斯·皮尔士为代表，对他们来说，实践高于理论是首要观点。历史、人类学、神学、教育学、经济学和政治学等其他文化领域，也都采纳了这一观点，马克思也不例外。在这一点上，我想引用 Teófilo Urdanoz 的评论："在马克思《关于费尔巴哈的提纲》中，对实践概念进行了更有表现力的分析。这一概念得到了深入解读，这一对实践概念革命性的突破，带来的结果是，不仅颠覆了原有社会和政治秩序，而且改变了所有人类思想和活动的本质。"（Urdanoz，1977）然而，我在这里并非想要卷入这场争论。我只是指出这样一个事实。

④　我们不会在这里讨论这种类型的习惯，这超出了本文讨论范围。

⑤　我在非常宽泛的含义上，使用"人工制品"（artifact 一词由两部分组成：ars 和 factum）一词，意指在艺术、科学、技术、广义文化等领域，人类外部实现的各种类型的创造。然而，其背后有理论支持，至少有一个假想要实现的项目设计。

产的东西，与人为的（即生产性的）维度实用智慧以及在手工、技术或艺术甚至是农业领域中人类双手或利用其创造的工具所生产的东西相关，即与科学、文化、技术、艺术乃至农业领域（如当我使可耕种的土壤结出果实，或使一片贫瘠的土壤肥沃丰产）中通过独创、革新、创造、创新生产的所有产品相关。

这就是 agere 和 facere 之间的区别：前者（agere）表达的是人类的道德维度，后者（facere）则指人类的技术、技艺、艺术维度。

人类德性的培养发生在 agere 层面，是通过我的个人行为，追求善、真理、正义、和谐、团结、和平、爱、自由等，以培养我自己的本性，与之首先休戚相关的是个人，有利于或有损于行为者本人。这就是为什么何塞·路易斯·德尔·巴科（José Luis del Barco）断言："当我们行动时，我们塑造了自己的内在，我们改变了自己。（我的行动）在自己身上留下了印记，我的所作所为造就了我。我内心的形态是我自己的所作所为技艺的体现。"（1996）这就是伦理和道德行为之所以具备相关性的道理所在。

这种追求善的自然愿望或倾向，是任何想要成为一个善良、仁慈的人所共有的，就像孔子所说的，"富与贵，人之所欲也；不以其道，得之不处也。贫与贱，人之所恶也；不以其道得之，不去也"。

为什么我要以《德性缺失的时代对德性的迫切呼唤》为题？正因为尽管拥有如此丰富的遗产，我们却还是忘记了这些关于我们人类的本性，以及通过修炼德性让自己变得更好的途径的洞见①，我们忘记了历史，我们忘记了那些过着模范生活的普通人的美好生活。在他们中间，我们可以找到我们的母亲或父亲，我们的祖父母，我们亲爱的亲戚或朋友。而我们还忘记了伟大的哲学家、智者和圣人（无论是东方的还是西方的）告诉我们的，而且他们自己也践行了的，因为我们已经变得无知了。我们不知道他们的遗产，因而我们不会讨论这些，更别说把这些付诸实践，也就是说，我们根本不践行德性。

那么世界到底发生着什么呢？事实是，我们到处都能发现各种各样的道

---

① 我们把其定义为行为、良好的操守习惯，通过努力、斗争和奉献去获取，有意识地以良善为导向等，尽管在这条道路上可能存在多重干扰障碍。但是，一旦德性被习得，言行得当就并非难事。人类的德性就是"卓越的行为"，如果习惯性地加以践行，这些德性就会成为我们的"第二天性"，使我们变得坚强、审慎、公正、温和、快乐、勤奋、平衡，以及获得许多其他品质——而这些品质是通向幸福（即让人快乐）的存在主义道路的必需品。

德问题，如个人的、家庭的、与社区相关的、政治的、经济的、金融性质的、全球及国家层面的问题，这些问题导致了自私、暴力、谎言、不忠、吸毒、腐败、不公正、很少或根本不关心他人、恐怖主义、战争，以及对人类共同利益的漠不关心等，因为我们甚至都没有注意到这些问题，因为我们所关注的和心心念念的是具体的利益，而许多这样的利益并不是孤立的，而且非常自私。那么，全心全意关心他人的慷慨、宽宏、伟大的精神哪里去了？能够增强人性的共同价值观和德性的追求又在哪里？

此外，我们"发明""经历""践行"的伦理行为，有意识地或无意识地使我们偏离了美好的生活，远离了真正的幸福，也违背了对共同利益的追求。我们陷入了相对主义、享乐主义、消费主义、功利实用主义，迷失在了盲目的物质主义，切断了与人类精神联系的羽翼，无论是在东方还是西方，概莫能外。是什么导致了这些现象呢？因为这些现象在全球都比比皆是，因而难不成它们刚好就代表了我们人类应该经历的自然进化过程？

坦率地说，我认为对最后一个问题的回答，既非合乎情理，也无法在伦理道德中站住脚，因为至少我们可以说，这样的一种决定论视野下的生物学家态度，完全把人类可以行使的自由排除在外了，而人类享有的自由为多种选择的可能性打开了大门，包括成为消费主义者、享乐主义者、相对主义者、唯物主义者、实用主义者或情感主观主义者等各种选择，这都是人类学和伦理学还原论的几种类型，它们缩小了人类追求卓越和幸福可以企及的可能范围，因而——在各种情况下——忽视了对那些优良习惯的良好培养（aretai），这些优良习惯能使人从自身内部转变成为一个有道德、公正、团结、和平与和谐的人，而这并不会妨碍他或她有所节制地享受各种乐趣，或出于某种政治、禁欲或宗教性质的非世俗兴趣或动机，而让他们受到约束。

伟大的艺术家、英雄或圣人正是这样的，他们不会迷失自己所追求的方向或自己生活的目标，尽管他们可能会遇到千百个障碍。他们每一个人所展示的都是：伟大的灵魂、无限的慷慨，以及用明白心中的愿望且不惧困难的那些人所展现的优雅走向某种生存视域。在这些人中，我们可以想到的是，诸如米开朗基罗·布纳罗蒂、路德维希·范·贝多芬、傅抱石、齐白石等这样的大艺术家；也有托马斯·莫尔、米格尔·希达尔戈·科斯蒂利亚、西蒙-玻利瓦尔、圣雄甘地、马丁·路德·金、纳尔逊·曼德拉等这样的政治家；更有圣约翰·保罗二世、加尔各答修女、圣若斯马里亚·埃斯切瓦等这样的圣徒，以及真诚地为自己国家的利益抗争、牺牲自己的生命也毫不在意的民族解放者和真正的社会领袖。在日常生活中，我们不能忘记那些在教育、科学、卫生领域为了自己的理想奋不顾身的人（教师、医生、护士、研究人员和科学家），以及在家庭和家族中，为了子女、孙辈等放弃一切的母亲、父亲或祖父母。

有德性的人能让自己的行为保持平衡与和谐，而不是把享乐看成人生的唯一目标（享乐主义），或一心消费由当前物质丰富时代所提供的一切产品（消费主义），或想不择手段成功成名、一夜暴富（功利主义），而实现这些目标的一些手段可能是非常不道德的（道德利己主义）。这一点在人类历史上已经得到充分体现。

我们的当务之急是必须将我们的视野从家庭、学校、社区、学术和公共政策，转向德性的本质理解和践行，而这正是当今这一世界所忽视的，由于图解主义者（理性主义者、情感主义者或生物主义者）的各种不同偏见，以一种故作轻松的姿态或后现代主义视野，企图通过国际的、间接的、政治的压力，无论如何要将某种模式及应用强加给其他非常多样化的国家等。

然而，值得注意的是，无论是道德上的德性还是智力上的德性，都并非通过协商一致、政令或社会强制，就能让人们获得（尽管环境确实有一定程度影响），而是通过不断践行这些优秀行为，直到这些良好行为成为良好的习惯，才会使我们成为更好的人。因而，这些德性的获得是一种优秀的个人转变，必然会对个人所置身其中的不同社区（家庭、学校、企业、政府等）的社会和政治生活产生影响。

因此，道德上的德性是通过道德行为的不断实践而获得的品质（不仅仅是通过沉思或学术研究就可以获得的）。在这一点上，我们不赞同柏拉图的观点，对他而言，一个有德性的人就仅仅是知道何为德性的人。相反，亚里士多德主张，德性是一种习惯（hexis），也是一种"性格"（民族精神）（ethos）。我们赞同亚里士多德的观点，因为随着德性的获得，人的存在层面就发生了真正的转变，进而人的伦理原则也发生了转变。

主观主义、相对主义、享乐主义、实用主义、消费主义等，就是遗忘了这一智慧的洞见，把自己描绘成几近独一无二的愿景，阻止人类认同还存在其他不同的方式，可以给我们带来真正的幸福，或是还存在大量的可以成为理想或行为范式的普遍的、地方性的价值观（Cuéllar Pérez，2009），能够促使人类变得更好[1]，并竭尽全力创造生命中的所有高尚、美好、美丽和圣洁。

因此，有必要考虑的是，使某个个人、文化或国家变得美好或优秀的东西，是否也适用于所有人类、文化或民族。同样重要的是要意识到这样一个事实：个人层面上的恶习就像寄生虫，即便并没有获得公开认同，也可能会成为导致社会严重退化的根源。例如，这种退化可以带来腐败、有组织犯罪和吸毒成瘾。这些罪恶是许多人的坏习惯或恶德的投射反映，或者在许多情况下是某些群体追求非常精准而不正当务实利益产生的后果，目的就是通过将绝非最佳的时尚和生活方式强加于其他文化或国家，以确保他们能够永远对这些文化或国家享有控制权。

个别西方国家坚持娱乐毒品合法化的真正动机到底是什么呢？是为了宣扬放荡的习俗，使青年和妇女堕落，还是混淆儿童的视听，让他们无法区分善恶？这种做法是不正当的，也是非常不道德的。

那么，我对迫切呼唤德性的德性缺失时代到底有哪些建议呢？

（1）回到价值论领域经过时间检验的智慧[2]并提倡德性，这已被我们的日常生活证明是有效的，并已经在所有人民和民族中造就了无数良善的男男女女。这既得到了其生活堪称模范的普通人的证明，也在不同程度上得到了历史上伟人们生活的印证。

（2）要实现这一理想，就需要实施专注于这一目标的整体教育，同时紧跟一切科学与艺术修养对人类整体及构造方面取得的任何最新进展。另外还需要合宜的文化环境，比如我在华沙的所见所闻，在华沙，随处可以听到肖邦的音乐，甚至在公共场所也不例外。或者在北京，当我参观宏伟的国家级珍宝和纪念品展出地——国家博物馆，或辉煌的国家大剧院（其建筑展现了未来主义概念。令人赞叹不已，而我认为其堪比悉尼歌剧院）时，我不得不赞叹于中国人民对自己国家的艺术、历史和传统所表现出来的浓厚兴趣。

---

① 例如，正直、荣誉和责任这些价值观，如果得到践行，会使人成为一个刚正、有荣誉感和负责任的人。

② 这是一个古典经典的立场，对哲学、科学和文化方面的最新发展和创新持开放的态度，但矢志不渝的目标（telos）始终是为了探索和培养那些能够让我们成为更好的人的、有意义的、明智的德性。

（3）此外，要助力这一工程，迫切需要确立完善的公共政策（正如联合国所提出的），以便证明"回到德性世界这一途径"是成功的，并就建立一个更美好世界的伟大人类理想做出回应。在这一点，英明的统治者的角色是无可替代的。

（4）最后，我们可以倡导哪些德性呢？只要它们是好的习惯，就无一遗漏！不仅局限于某种主要的德性，因为这取决于一个人所采取的视角，或者一个人偏爱某种德性而不是其他德性时能带来的利益。然而，我们应该记住，某些德性是自然层面所不可或缺的。在西方，这些德性被称为"基本德性"[①]，其认识论—道德轴心是实践理性（phronesis），是谨慎。在东方，它们被称为"核心德性"，其核心是和谐。

（5）西方传统的基本德性是谨慎、公正、坚韧和节制，以及大量与之相关的个人层面以及社区和社会政治层面的德性。

例如，在个人层面，诚实、正直、负责、信任、真诚、勤劳（或劳动者的德性）、快乐。

在社区、劳动及社会政治层面，则是社会性德性和那些意味着关爱他人的德性，例如，各个领域的正义、透明、效能、公平、友谊、团结、宽容、热爱与和平等，这些都在伦理学、政治哲学、教育哲学等不同学科的哲学传统中广泛受到了关注。

在心理学、教育学、社会学、经济学、医学、生态学等非哲学科学领域，以及外交活动中等，它们也都是不可或缺的。那么，既然这些德性是个人稳定与平衡，社会和谐、正义与和平，保障可持续、更平静、更幸福生活的必经之路，为什么仍被人们遗忘了呢？或许是因为践行它们，需要我们始终如一，用自律、自制力、乐观、快乐及对他人的信任，与自私以及我们每个人都无法幸免的消极倾向做斗争。

（6）在东方，尤其在中国，"核心德性"与"核心价值观"密切相关。这些"核心价值观"是中国几千年的文化和传统形成的智慧结晶，而孔子、老

[①] 神学德性是那些直接将我们与上帝联系在一起的德性，它们是信仰、希望和慈善，信徒可以通过这些德性表达"永恒的上帝，我的上帝，我信任您，我寄希望于您，我热爱您"，它们是由上帝的恩典和人类的回应共同培养出来的。在非神学、自然的层面，我们也可以培养信心、希望和爱，就像对父母、老师和朋友的信任，或者怀有购买住房、旅行这样的希望，以及热爱自己的爱人及朋友等。这两个层面德性的践行并不会相互排斥，而是相辅相成的。

子和孟子等思想家为我们提供了很好的指引。他们以家庭、社会和国家各层面的仁爱、和谐、信心、博爱、热爱和礼节为核心，尤其突出对父母、老师和老人的尊敬和敬重。

关于这一点，我要引用孔子说过的几句话：

——"弟子入则孝，出则悌，谨而信，泛爱众，而亲仁。"（《论语》，第一章，第六节）

——"苟志于仁矣，无恶也。"（《论语》，第四章，第五节）

——"人而不仁，如礼何？人而不仁，如乐何？"

——"礼之用，和为贵。"（《论语》，第一章，第十二节）

——"德不孤，必有邻。"（《论语》，第四章，第二十五节）

最后，我以《东方哲学》中的优美引文，结束本文，因为其很好地总结了我在本文中想要表达的内容："积思成言，积言成行，积行成习，积习成性，积性成命。"[①]

参考文献

Anscombe, G. E., 1958, "Modern Moral Philosophy", *Philosophy,* 33, 1-19.

Aquino, S. T., 1997, *Suma Teológica I-II*, Madrid, España: BAC.

Aristótles, 1989, *Metafísica-Edición Trilingue*, Madrid, España: Gredos.

Aristóteles, 1985, *Ética Nicomaquea II, 1103a, 15-30*, Madrid, España: Gredos.

Aristóteles, 1985, *Etica Nicomaquea*, Madrid, España: Gredos.

Aristóteles, 1988, *Política*, Madrid: Gredos.

Augustine, S., 1958, *The City of God 1, XV, 22*, New York: Doubleday, Image Books.

Bentham, J., 1973, "The Nature of Virtue", En B. Parekh (ed.), *Bentham's Political Thought*, New York: Barnes & Noble Books.

Confucius, 1986, *The Lun Yü in English.*, E. W. Cheung(ed.), Hong Kong, China: Confucius Publishing Co. Ltd.

CRI-online(s.f.), *Mencio China ABC*, Obtenido de Mencio: espanol.cri.cn/chinaabc/chapter17/chapter170203.htm.

[①] 这段文字来自圣雄甘地。

Cuéllar Pérez, H., 2009, *El ser y la esencia de los valores. Una axiologia para el siglo XXI*, México: Trillas.

Cuéllar, H., 2016, "Does Wisdom of Eastern and Western Cultures Respond to the Question: What is Human Dignity?", in Joy Thomas and Li Jialian (eds.), *Asian Values and Human Future*, Assam Don Bosco University, India & Hubei University, China.

Del Barco, J. L.,1996, "La seriedad de la ética: si Hegel hubiera vivido en Andalucía", *Anuario Filosófico*, 29: 387-395.

De Aquino, S. T. , 1986, *Suma Teológica I-II q. 55-70*, Salamanca: BAC.

Echevarría, M. (s.f.), Virtud y ser según Tomás de Aquino. 1-28.

Gandhi, M., 2001, *Palabras para la paz*, M. Otto(ed.), Santander, España: Sal Terrae.

García Sierra, P. (s.f.), *Diccionario filosófico*, Retrieved from Diccionario de filosofía A-C-Filosofia.org: http://www.filosofia.org/filomat/dfalf.htm.

Infobiología, 2013, *Infobiología-Comportamiento instintivo perteneciente al patrimonio genético*, Retrieved from Infobiología: comportamiento instintivo perteneciente al patrimonio genético: https://www.infobiologia.net/2013/10/comportamiento-instintivo-aprendido.html.

Jaeger, W., 2012, *Paideia: los ideales de la cultura griega*, México, Mexico: Fondo de Cultura Económica.

Jiang, C., 2016, No. 3, "The Construction of Human Common Value Sistem", in *World Culture Development Review* (Vol. 12), Beijing, China: Social Sciences Academic Press.

Kant, I., 2002, *Groundwork for the Metaphysics of Morals,* A. W. Wood (trans), New Haven and London: Yale University Press, USA.

MacIntyre, A., 2007, *After Virtue: A Study in Moral Theory,* NotreDame: University of Notre Dame, Press.

Marcus Aurelius-Zeno Citium, S., 2017, *Essential Stoic Philosophy: All In One Stoicism,* Kindle Edition.

Platón,2003, *Diálogos*, Vol. I: *Apología* ,Madrid: Gredos.

Pérez dc Laborda, M., 2006, *Sócrates,* Retrieved from Philosophica: Enciclopedia filosófica on line: http://www.philosophica.info/archivo/2006/voces/socrates/Socrates.html.

Polo, L., 2013, *Lecciones de ética,* Pamplona: EUNSA.

Tao Te Ching: los libros del Tao, 2006, Madrid: Trotta.

UN News,4 de Mayo de 2018, *Un clima cada vez más extremo.* Retrieved from Un clima cada vez más extremo | Noticias ONU - UN News: https://news.un.org/es/story/2018/05/1432872.

Urdanoz, T., 1977, "Teoría y Praxis en el pensamiento filosófico y en las nuevas teologías socio-políticas", *Dialnet*, 171-213, Retrieved from Teoría y Praxis en el pensamiento filosófico y en las nuevas teologías socio-políticas: https://dialnet.unirioja.es/descarga/articulo/1704311.pd.

主持人语

戴茂堂

　　德治既是中国历史上重要的治国理政范式，也是今日学术界讨论治理现代化的关键语词。如果说戴茂堂、宋子豪的文章《"德治"概念：误解、归正及意义》侧重于从逻辑之维对德治这一语词本身的意涵进行清理，以期还原德治的原初之义，那么魏敦友的文章《德治、法治与中华新文明——对中华文化其命惟新观念的新阐释》和阮航的文章《从国家起源的角度对〈原君〉民本观念的解构与重构》则侧重于从历史之维重新阐释中华文化其命惟新观念，探究作为一种精英政治的民本政治的理想性特质与乌托邦色彩。三篇专题文章从历史与逻辑相统一的维度，共同探寻了中华文化中悠久的德治传统如何在治理现代化以及中国式现代化的新语境中得以焕发新的生命活力这一问题，具有强烈的历史感和现实感。

"德治"概念：误解、归正及意义[*]

戴茂堂　宋子豪[**]

摘　要　"德治"既是中国历史上重要的治国理政范式，也是今日学术界讨论治理现代化绕不开的学术语词。遗憾的是，当今学术界缺少对"德治"概念本身的仔细辨析，对"德治"概念的理解比较随意。这种随意突出表现为将"德治"概念中的"德"随意理解为"道德规范"，进而将"德治"直接解读为"人以道德规范去治理"。用英文表述就是"rule by virtue"。在这里，"德治"变成了人以道德规范去治理的工具或手段，"德治"的主语是"人"，背后其实还是"人治"。如果非要保留"德治"这个概念，那么最好将"德治"理解为"道德自律"。用英文表述就是"rule of virtue"。在这里，"德治"就归正为"道德的自我管理、自我约束"。作出这样的归正，有助于摆脱"德治"陷于"人治"的风险，从而更好地发挥"德治"在治理现代化中的作用。

关键词　德治　道德治理　道德自律　法律之治

"德治"作为一种治理范式在中国历史上有极为丰富的内容。"德治"对于今天的中国学者来讲，更是格外"熟悉"的概念。但是，确如黑格尔所说，熟知非真知。今天的中国学者大多对"德治"概念作出了比较随意的理解，存在一些误解。这带来了许多风险和问题，直接损害了"德治"在治理现代化中作用的发挥。如此一来，对"德治"概念进行一番严格辨析也就显得格外重要。

---

*　本文系国家社会科学基金重点项目"国家治理现代化框架下协同推进德治与法治研究"（17AZX015）的阶段性成果。

**　戴茂堂（1964～），男，湖北江陵人，北京师范大学哲学国际中心教授、博士生导师，研究方向：伦理学。宋子豪（1998～），男，湖北襄阳人，北京师范大学哲学学院伦理学专业博士研究生。

一 对"德治"概念的几种误解及其理论风险

对于"德治"概念的误解，可以清理出前后相随的三种情况。

第一，从字面上，将"德治"理解为"道德治理"。在字面上，"德治"也好，"道德治理"也好，本身看不出什么问题。问题出在怎么理解其中的"德"。学术界普遍将"德治"的"德"理解为"道德"。杨伟清在对"以德治国"的解读中就是将"德"理解为"道德"。他说："所谓以德治国，就是在治理国家时，要充分发挥道德的功用，从国家的层面加强道德建设。"① 与将"德治""以德治国"中的"德"理解为"道德"这种做法特别相似、特别接近的，就是把"德治"直接理解为"道德治理"。戴木才认为："所谓'德治'，简单地说，就是指'道德之治'或'价值之治'。道德是'德治'的核心组成部分，但'德治'不仅仅就是道德。实际上，所谓'德治'，是指一整套以道德为核心的国家政治和社会治理的思想道德教化体系，具体包括道德、信仰、舆论、教育和社会评价等多个方面。"② 何谓"道德治理"？龙静云认为，今天的"道德治理"就是历史上的"德治"。她说："道德治理在古代中国是以'礼治'或'德治'的话语方式出现的。在中国 3000 多年的历史中。'礼治'或'德治'的理论及其实践对中华民族的文化传承，对国家的稳定和人际关系的和谐，发挥了巨大作用。"③ 上述理解可能算是学术圈对于"德治"概念最为流行的理解。

无论是将"德治"理解为"以德治国"，还是将"德治"理解为"道德治理"，共同的特征就是将道德理解为治理的手段，将道德工具化。这一点被韩东屏彻底公开地表达出来。韩东屏认为："人是创造道德、使用道德的主体，道德则是被人创造、供人使用的客体。换言之，人是道德的主人和目的，而道德则是人的仆人与工具"；"道德是满足人需求的工具"。④ 与韩东屏的观点相似，曾钊新等也明确表示："道德始终只是人得以自我实现的一种工具，

---

① 杨伟清：《道德的功用与以德治国》，《中国人民大学学报》2019 年第 2 期。

② 戴木才：《现代政治视域中的"法治"与"德治"》，山东人民出版社，2007，第 107 页。

③ 龙静云：《道德治理：国家治理的重要维度》，《法治文化研究》2017 年第 1 期。

④ 韩东屏：《人本伦理学》，华中科技大学出版社，2012，第 44、90 页。

是人的需要的派生物，道德的发生，源于人类协调社会生活的需要，同时又受制于社会的经济生活。"[①] 看来，把道德理解成人的工具，在中国学术界基本达成共识。然而，这种理解充满了误解和风险。

将道德误解成治国理政的工具，其理论风险在于"催生"了中国当代应用伦理学走向"虚假的繁荣"。中国当代伦理学有一个现象，就是热衷于应用研究，而对于理论研究的兴趣远不如应用研究那么浓烈。比如，在生命领域产生了力图化解生命之深层困境的生命伦理学，在工程领域产生了力图化解工程之深层困境的工程伦理学，在商业领域产生了力图化解商业之深层困境的商业伦理学，等等。这与道德工具化的理解直接相关。本来，伦理学作为实践的学科可以并且应该回应现实生活的问题，走向应用研究。并且，伦理学真的能够以应用研究为契机，重建自己的问题意识，展示自己的实践智慧与行动能力，的确也有巨大的意义。可是，令人失望的是，中国当代伦理学只是把"应用"伦理学变成了伦理学"应用"。在应用的过程中又把理论伦理学与应用伦理学对峙起来，误以为应用伦理学可以"不理论"，结果使得应用伦理学倒是成了"显学"，可是现实生活的问题一点儿也没有得到实质上的消除，甚至问题越来越麻烦。这就是当今现实中见怪不怪的两极现象，现象的一极是道德越来越实用，现象的另一极是问题越来越麻烦。

第二，从对比中，将"德治"理解为"法治"的辅助。这是对"德治"的第二个误解，是第一个误解的进一步延伸。吕培亮、牟成文认为，在新治理型国家中，"法治是前提、核心和主要手段"，"要更加倚重法治、崇尚法治和践行法治"，"社会舆论、风俗习惯和人们的内心信念等道德规范"只能是起"辅助"作用。相对于德治而言，法治有明显的优先性和基础性，是"国家治理的主旋律和压舱石"，而"德治是辅助和配合"。[②] 这种误解是在德治与法治的比照中形成的。法律是一种规范，法治以法律为规范，比照去看，道德似乎也应该是一种规范，德治似乎就应该以道德为规范去治理。曾钊新等认为，"道德是规范的理论体系。……从道德的本质看，它是对含有利益关

---

① 曾钊新、李建华：《道德心理学》，商务印书馆，2017，第 157 页。
② 吕培亮、牟成文：《构建基于发展的新治理型国家论略》，《华中师范大学学报》（人文社会科学版）2021 年第 2 期。

系的行为的规定"，还认为"道德就是一种特殊的社会规范"。^① 显然，这种误解与前一种误解有关。如果先将法律理解为工具，同时又将道德理解为法律的辅助性工具，那么，道德就只能是法律这种工具的工具。

将"德治"理解为"法治"的辅助，其理论风险在于使道德和法律在社会中的价值顺序出现颠倒，导致道德法律化，并加重道德的工具化，弱化道德的目的价值，在很大程度上会支持伦理学走向规范主义，似乎伦理学的使命就是为行为制定规范。罗国杰指出："伦理学作为一门特殊科学，必然要向人们提供道德规范，让人们认识哪些是应当做的，哪些是不应当做的，从而有利于调整人与人之间的关系。从这个意义上可以把伦理学看作是一门规范科学。"^② 韩东屏认为："道德作为行为规范和品质规范的总和，所包含的具体道德规范非常之多，这些规范不是杂乱无章的堆积，而是有序的组合，从而形成一个有机的道德规范系统。"^③ 更有甚者，如曹刚在《伦理学研究》发表《何以载德——公民道德的实践载体》，还在《道德与文明》发表《公民道德建设的法治保障》，陈安金在《浙江学刊》发表《道德法律化：意义及其限度》，王淑芹在《哲学动态》发表《道德法律化正当性的法哲学分析》，纷纷认为法律有立法方面的"选择性"优势、有"更为明确具体的表达形式"和有显著的"国家强制力"。于是，主张通过立法手段将道德规范转化或确认为具有国家效力的、成文的法律，即把道德法律化。这在价值排序上体现出褒法律贬道德、褒法治贬德治的倾向。

第三，从功能上，将"德治"定位为服务于"法治"。这是第三个误解，是第二个误解的进一步延伸。如果说将"德治"定位为辅助于"法治"，强调的是"德治"的辅助性，那么将"德治"定位为服务于"法治"，强调的是"德治"的服务性。倪愫襄明确指出："一个社会的道德总是为其政治和法律服务的，所以道德调节的内容与政治、法律的调节内容是相通的。"^④ 曾钊新等认为，"道德作为一种人类生命的肯定形式"，是"一种为社会终极价值目标服务的次生价值"^⑤。在他们看来，德治的"次生价值"在于通过道德教育

---

① 曾钊新、李建华：《道德心理学》，商务印书馆，2017，第46、81页。
② 罗国杰：《伦理学探索之路》，首都师范大学出版社，2011，第25~26页。
③ 韩东屏：《人本伦理学》，华中科技大学出版社，2012，第68页。
④ 倪愫襄编著《伦理学简论》，武汉大学出版社，2007，第3页。
⑤ 曾钊新、李建华：《道德心理学》，商务印书馆，2017，第150页。

培养人们的法律意识、增强人们的法治观念，扮演好为法治服务的配角，最后为实现社会终极价值目标服务。

将"德治"定位为服务于"法治"，其理论风险在于将法治变成了治理国家的唯一形式乃至最终形式，德治只能是为建设法治社会起次要的、附属的、外围的工具作用。德法兼治也就变成了法律独治、法治独大。法律就是一切，法治就是唯一。这种理解，最终在本质上还是将道德理解为一种只具有次生价值的工具。除此之外，道德没有特别意义、独立价值。从辅助性向服务性的功能延伸将"德治"特有甚至是高阶的价值进一步弱化了。这种弱化进一步使道德不再是人们所追求的崇高精神境界和价值目标。既然道德只能作为法律的辅助性和服务性工具，那么它就渐渐没有作为目的价值的价值。如果说德治还有什么价值，那就是作为手段的价值、工具的价值。在遭遇了这三重误解之后，"德治"的真正意义就被遮蔽和瓦解了。

二 "德治"乃"道德律之治"

综上所述，对"德治"概念不加辨析地滥用导致了很多理论风险。实际上，"德治"不能直接理解为"道德治理"。"道德治理"这个语词本身就似是而非、含糊不清。如果把"道德治理"理解为"人以道德规范去治理"（学术界通常就是这么理解的），至少有两个疑点需要排除。疑点之一是，将"德治"概念中的"德"理解为"道德规范"。这未免太随意了。现当代西方日益盛行的德性伦理认为，伦理学的职责根本就不是制定行为的道德规范，而是享用一种基于行为者的美德的"好生活"。这应当算是对将"德"作出"道德规范"的理解提出了致命性的挑战。疑点之二是，将"德治"本身解读为"人以道德规范去治理"。这未免太草率了。在这种理解中，"人"就成为"德治"的"主语"，作为规范的道德就成为"德治"的工具，而"德治"背后隐藏的是极其危险的"人治"。这个时候的"德治"用英文表述就是"rule by virtue"，而不是"rule of virtue"。历史上，儒家就把德治与人治不恰当地关联在一起，既影响了法治思想的正常建构，也伤害了德治思想的健康成长。难怪曹刚分析说："德治的实质是人治，德治、人治其实相互依存、互为根据，德治的推行依赖于人治，人治的完成则又须德治，它们是儒家的法律思想中不可缺少的逻辑构成。它们根源于中国传统社会的政治经济特性，并深刻地影响着中国传统政治法律制度的形成和发展。"① 其实，"法治"也不能简单地理解为把法律当成工具来治理。真实的法治指的是"rule of law"。在这里，"法"反映和体现的是人民的意志和利益，人民高于政府，政府服务人民。如果"法治"变成了"rule by law"，政府就成为"主语"，法就成为政府用来治理国家、治理百姓的工具和手段。这往往会导致集权和专制统治。可见，"法律之治"不是指政府及其执政者运用法律治理国家，而是指在法律授权的范围内依法治理国家。

如果使用"德治"这个概念已经成了习惯，不愿意放弃"德治"这个概念，那么最好将"德治"理解为"道德自律"。"道德自律"特别强调的是，不同于法律的"他律"，道德从来就是"自律的"，自我管理、自我约束、高度自治。换句话说，道德根本就不需要借助于某种外在的、附加的工具来产生力量。道德的力量来自自身并且因为来自自身，所以没有任何强制和压迫感，还能体现出强大的感召力。与此不同，"法律之治"离不开外在手段即国家力量，具有他律性。这种他律性还表现在，执行法治时，可以不考虑公民对法律的意愿和态度。事实上，很多人接受法律的调控、规制和管理往往是因为法治本身具有威慑力以及违法必须付出代价、接受惩处。守法往往是消极的、被动的，并不一定代表内心愿意和认同。"德治"却通过良心的认同将外在性的规范内化为个人的自觉行为，自己"规范"自己，并且形成稳定的心灵秩序。也正是在这个意义上，我们认为，"德治"是"道德律之治"。"道德律之治"的最显著的特征就是倡导"道德自律"。这是对"德治"的三种误解的一种归正。这种归正既保留了德治的"自"律特征，又呼应了德治的"治"理特性，尤其是还摆脱了"德治"陷于"人治"的风险，从而有助于"德治"在治理现代化中更好地发挥作用。

阐述清楚这种归正的理由还必须还原"德"与"治"本身的词源学含义。何谓"德"？"德"字在甲骨文里左边部分指十字路口，右边部分是一只上面画有睫毛的眼睛。字面意思是一只炯炯有神的眼睛正朝十字路口看，引申为"向着前方行走""追求美好"。许慎《说文解字》有云："德，升也。从彳，

---

① 曹刚：《法律的道德批判》，江西人民出版社，2001，第 208 页。

悳声。"段玉裁注："升当作登，《辵部》曰：'迁，登也'。此当同之。德训登者《公羊传》：'公曷为远而观鱼，登来之也'。"上古时期，"德""登""迁"同义。从"德"字的训诂含义可以看出，"德"本义为"向上移动""攀升"，后引申、衍生为"追求崇高""向往卓越"，且把"德"作为君子应有的崇高精神、道德品质。《书·蔡仲之命》说："皇天无亲，惟德是辅。"《周礼·夏官·司士》说："以德诏爵。"郑玄注："德谓贤者"。品行优良的人可以称为君子，而"德"是君子的标示、善人的品性。"德"完全没有道德规范的含义。何谓"治"？《说文解字》："治，水出东莱曲城阳丘山，南入海。从水、台声。"起初，"治"指的是对河对水的处理，后引申为一般意义的"管理""管治""理顺"。"管理""管治""理顺"指的是通过规则的作用把事务管控得有条有理，使其平安有序、井然有条。所以，"治"就是"理"，"治""理"可以联用，即为"治理"。

如果"法治"可以理解为"法律之治"的话，那么"德治"最好理解为"道德律之治"而不是"道德之治"。只有在"道德之治"的"道德"后面增加一个"律"字，"德治"才可以与"法律之治"相互呼应。结合"德"与"治"的词源学讨论，"道德律之治"可以理解为，崇高的精神、优良的品质自带光芒，所有感受到光芒的人都自动地归于平安有序。这样的理解既放弃了把"德治"的"德"作道德规范来理解，进而把道德当成一种工具来理解的风险，又给道德作为一种美好的情操、卓越的品德来理解留下了最大的空间。因为道德标示着美好的情操、卓越的品质，所以应该成为人们追求的目的本身。道德不能成为达到什么其他目的的工具，尤其不能成为获取利益的工具。有人认为："无利益关系就无道德可言。道德原则是关于利益关系的概括，道德规范只不过是关于利益关系的调整的律令体系而已。因此，道德知觉一定是产生于或是涉及利益关系，或是置身于利益关系，或是谈及利益关系的交往之中。"[1] 这种理解不愿正视道德的崇高性、超越性，将道德工具化，是需要商榷的。

将"德治"理解为"道德律之治"，只是想强化道德的自我完善能力，并不是要将"德治"变成"法律之治"之外的另一种从外在的方面规范人的行

---

① 曾钊新、李建华：《道德心理学》，商务印书馆，2017，第60页。

为的治理方式。如果是这样的话，"德治"是多余的、是没有必要的。因为，对于规范人的行为来说，法律用政府的强制措施作为保证，已经在制止人做出危害社会秩序的行为。当然，法律不是全能的，法治也不是万能的。存在很多法律不起效、法治治不了的情况。这个时候，"道德""德治"就有了出场的机会。在整个社会生活中，存在大量的法律难以清晰规定的领域，这些领域可以发挥道德自律的作用。为什么说在法治无能为力的场合，德治可以产生作用？这可以从"道德律之治"与"法律之治"的差异性分析中进一步寻找答案。

其一，"道德律之治"是柔软性的。道德律虽然对于人的心灵也有规范作用，并通过规范人的心灵影响人的行为，但道德律建基于人的自由意志，所以并不显得特别干硬。康德说过："自由是道德法则的存在理由，道德法则是自由的认识理由。……如果没有自由，那我们就不可能在自身发现道德法则。"① 自由性越强烈，强制性就越稀薄，柔软性就越明显。所以，道德律作为一种治理范式，具有柔软性的特征，更加符合人性，也更容易被人心所接受。柔软性不是说道德律的约束力很弱小、特微弱，而是说它因为奠基于自由意志因而显示出以柔克刚的力量，几乎看不出刚性和强制甚至被迫的力量。就如同自由有力量一样，道德律也有力量，并且很强大，但不是刚性和强制的力量，而是以柔克刚的力量。道德律的"柔软性"指的是道德律是一种软性力量。如李建华指出："道德约束通常需要长时间的德性培育、感化，而且是一种软性力量。"② 要不然，就无法理解习近平总书记关于法治和德治"两手抓、两手都要硬"③ 的论述，也无法理解"道德律之治"与"法律之治"的差异。"法律之治"借助国家力量来执行，由国家的强制性手段来保证，由出台到落实都有国家作为坚实的保障，所以有很刚、很强的约束力和威慑力。哈特说过："法律强制的典型形式的确可以说是由这些威胁构成的。"④ 法律作为一种适用于所有人的普遍强制性约束方式，不容许任何人以任何理由游离于法律之外，非常强硬。法律的命令是绝对有效的，不允许提出分毫疑问和

---

① 〔德〕康德：《实践理性批判》，关文运译，商务印书馆，1960，第1~2页。
② 李建华、姚文佳：《改革开放40年中国伦理学的回顾与前瞻》，《湖北大学学报》2019年第1期。
③ 《习近平谈治国理政》第2卷，人民出版社，2017，第134页。
④ H. L. A. Hart, *The Concept of Law*, Oxford University Press, 1961, p.176.

丁点异议。如果说"法律之治"引出的是"必须"，"道德律之治"引出的是"应该"。"必须"刚强而不柔软，"应该"柔软而又刚强。李兰芬认为，道德律在社会治理中不是软的、没有强制力的，应该具有硬的、更强的约束力，而不应该是"软规范"[①]。让一个人失去道德的尊严远比让一个人受到法律惩处更有威力。一个勇士可以接受送上断头台的法律判决，但不愿上枷示众受辱。亚当·斯密有一段话说出了道德律柔软而又刚强的特点。他说："根据有关尊严的理论，一次笞刑会使人感到耻辱，而一处刺伤就完全不同，其理由不言自明。如果那个认为受辱是最大的不幸的绅士受到那些较轻的惩罚，高尚者就会认为他受到了最可怕的惩罚。因此，通常免除那一阶层的人认为会带来耻辱的刑罚，法律要处死他们时，也要尊重他们的尊严。……被判处死刑的人，由于人们肯定会因看到他那坚定的面容而生敬意，所以他脸上带着那种刚毅的神色；如果罪名没有使他失去别人对他的尊敬，那么惩罚也决不会使他失去这种尊敬。他并不认为自己的处境会遭到任何人的轻视或嘲笑。他不仅能装出一副十分平静的神态，而且还会露出胜利和愉快的样子。"[②] 对于有良心的正常人来讲，道德谴责的力量远胜过法律制裁的力量，因为他更看重内心的安宁、人格的高贵与纯洁的品德。

其二，"道德律之治"是内在性的。如果说，"法律之治"涉及的是外部行为，那么"道德律之治"涉及的是内在心灵和精神世界。罗斯科·庞德说过："法律只与外部行为有关。"[③] 当然，关于外部行为和内在心灵、精神世界之间，没有空间上"大"与"小"、"宽"与"窄"的差异。不可以想当然地以为，法律涉及的是外部世界，要比道德律涉及的内部世界"宽大"一些。王淑芹等认为："法律与道德在调节范围上具有宽窄互补性。"[④] 这显然是误解了道德律与法律的互补问题。如果强调道德律与法律分别指涉的外部行为与内在心灵、精神世界之间有什么差异，那只是想说，如若你的行为违背了法律的规定，你会受到法律的制裁；如若你只是在内心有作恶的念头，法律不能对你进行惩处，法律对你无可奈何。也就是说，法律关联的是外在行为

① 李兰芬：《当代中国德治研究》，人民出版社，2008，第28页。
② 〔英〕亚当·斯密：《道德情操论》，王秀莉等译，上海三联书店，2008，第57~58页。
③ 〔美〕罗斯科·庞德：《法理学》第2卷，封丽霞译，法律出版社，2007，第183页。
④ 王淑芹、武林杰：《法治与德治相结合的正当性证成》，《伦理学研究》2017年第3期。

的合法性，而道德律关联的是内在心灵的纯洁性。换言之，道德律恪守自由的内在规定，法律恪守自由的外部规定。所以康德说："前一种法则所说的自由，仅仅是外在实践的自由；后一种法则所说的自由，指的却是内在的自由。"[①] 道德律从内在深处对人进行约束，使人明辨善恶是非，进而追求崇高境界。在道德律的现代运用形式上，是否遵循道德律的内在化特征是是否能够产生德治效应的重要依据。道德律是生长在内心的崇高原则，可以通过道德律追求道德，但不能以道德为手段规范自己的内心自由。有人认为："对人的行为起调节作用的主要是道德和法律。"[②] 这显然是忽视了关乎"心"的道德律与关乎"行"的法律之间的差异。明白了"心"与"行"的差异，就可以理解：为什么欣赏希腊悲剧时，菲罗克忒忒斯让我们念念不忘的不是他疼痛的双脚，而是他深深的孤独感以及忍受痛苦时伴随的坚毅、宽容和克制的美德。法治可以让那些制造了伤害菲罗克忒忒斯双脚这种行为的人受到惩罚，但不足以抚平他内心的伤痛，包括孤独感。只有从道德之维，才能领会故事中的美德的力量、德治的力量。在《道德情操论》中，亚当·斯密认为："如果一个人受到极其残酷的折磨也毫无软弱的表现，紧咬牙关，一声不吭，没有任何超乎常规的举动，我们会对这样的人产生由衷的钦佩。他的坚强和我们对痛苦的冷漠和无动于衷并无二致。我们钦佩并深深赞许他的坚韧、他的宽容。由于我们对人类天性中的共同弱点深有体会，我们赞许他的行为之余，更对此感到惊奇，难以想象他何以能做出如此令人们深深赞赏的壮举。惊奇和叹服混合激发出来的赞赏，构成了人们称为钦佩的情感。很显然，赞扬是钦佩最自然的表达方式。"[③] 德治治心，法治治行。道理就在其中。道德律与法律的区别与"大""小"、"宽""窄"了无干系。

其三，"道德律之治"是引导性的。如果说"法律之治"着眼于"事后"惩处，时间上是滞后的，那么"道德律之治"着眼于"事前"引导，时间上是超前的。法治有一个特点，这个特点在某种程度上看是一个弱点，那就是只有当违法乱纪的事件已经真实地发生了，公、检、法等机关才能出面对该事件进行介入并加以处理、惩治。法治惩处违法乱纪行为，无论多么及时有

---

① 〔德〕康德：《法的形而上学原理——权利的科学》，沈叔平译，商务印书馆，1991，第 14 页。
② 曾钊新、李建华：《道德心理学》，商务印书馆，2017，第 81 页。
③ 〔英〕亚当·斯密：《道德情操论》，王秀莉等译，上海三联书店，2008，第 29 页。

效，多么认真负责，都会留下遗憾。这是因为违法乱纪的事件毕竟已经"事先"发生了，事件造成的恶果已经产生且无可挽回。而"法律之治"总是对发生了的违法乱纪行为等进行"事后"处理、惩治。也就是说，"法律之治"不能在时间上先于事件发生的逻辑链条，使事件本身暴露出来的问题在"事先"得到彻底解决，只能在事后对肇事者给予惩处。所以法治的惩处在时间上显现为"事后性"。有研究者已经意识到法律在这方面的滞后性："与道德的预防作用相比，法律仅禁于已然之后，法律只对那些已违法的行为进行惩处，即思想层面的不良动机在没有实施行为之前，法律一般无法干涉。"① 与此不同，"道德律之治"的着力点在于事前的动机。道德律总是在规劝人们避开恶念，鼓励人们积极向上、做好事，具有劝导力和引导性。这种劝导和引导总是先于事件的发生。"道德律之治"的优势在于它自始至终都着眼于人的价值引导和灵魂净化，努力把可能产生的问题消灭在萌芽状态。"道德律之治"的重心不在于事后惩处，而在于事先感化。俗话说，人无羞耻，百事可为。人要有羞耻感、廉耻心。"道德律之治"的感化之功效正在于，从内心深处着眼，一开始就培育人的羞耻之心、责任之心和道德义务感，从开端处、从源头上杜绝违法乱纪行为的发生，从而在动机上、在根本上就使人没有犯罪念头，从而彻彻底底地远离犯罪和作恶。惩罚只能在短暂时段内让社会秩序趋于稳定。《汉书·贾谊传》说："秦王置天下于法令刑罚，德泽亡于一有，而怨毒盈于世。"如果不能从根本上消除邪恶的念头，邪念就有可能衍生为对国家、对社会更深层次的报复与怨恨，最终酿成更可怕的后果。从价值立场上看，"道德律之治"强调的正是最初就要在内心深处给行为者提供导向、提供坐标，从而推动行为者自觉行动。羞耻感的背后是自省自讼、自我审判、自我惩治。有了自省自讼、自我审判、自我惩治，就会进行合理的道德判断。"道德判断是个体对自己符合社会道德规范的行为感到欣慰，反之则感到羞耻。它不断引导个体避恶从善，帮助人们在善恶选择、行为取舍方面作出正确的抉择。"② 法律惩处尽管可以让人在行为上循规蹈矩，但不能让人成为一个有德性的人。并且，一旦法律的制度逃避了道德的价值评估，就会出现恶法、出现漏洞，就会有人"乘虚而入"，就会出现知法犯法、执法犯法的现

---

① 王淑芹、武林杰：《法治与德治相结合的正当性证成》，《伦理学研究》2017年第3期。
② 曾钊新、李建华：《道德心理学》，商务印书馆，2017，第173页。

象。因此，"法律之治"的滞后性可以由"道德律之治"的先在性进行补充。

有了关于"道德律之治"的如上讨论与说明，就能在学理上很好地区别"道德律之治"与"法律之治"，知晓它们各自的优势与弱势、各自的"能"与"不能"，更好地发挥"道德律之治"的作用，当然也能更好地凸显"法律之治"的功能。

三　归正"德治"概念的意义

对于"德治"概念的归正如果仅仅停留在抽象的议论和争辩中，本身就是对于这种归正的自我否定。当前，包含学术界在内的各行各业都在积极思索和推进治理现代化。毫无疑问，归正"德治"概念对于推进治理现代化具有关键性意义。其表现在，既可以在理论上重新去定位、排列法治与德治之间的张力关系和价值秩序，为治理现代化找到高阶的价值指引，又可以在实践上实现德治与法治的协同推进与深度融合。

第一，归正"德治"概念的真义，道德就不会再被工具化，道德就能保持住自身作为内在精神原则的"高阶"价值特性。严格说来，在"法律之治"的活动中，法律都不能简单地作为工具发挥作用，道德更是不能作为工具发挥作用。所以，德治不应当理解为"用道德来治理"。李兰芬曾经以西方为例，分析德治的精神功效时指出："德治更多的是一种精神空间的预设"，"对社会的影响主要表现在两方面：一是确立人的终极价值目标，给人以精神上的寄托与自由的空间；二是通过宗教的戒律这一伦理道德要求而提高人的道德水准"[①]。在这个意义上，"德治"只能理解为"道德律之治"。人们为了追求道德境界会遵守一些道德律令。道德律令就是道德律。道德律会对人们的内心起到"规范"的作用。这有点像法律对人们的行为有"规范"作用一样。但是，必须注意的是，道德律所产生的规范是自我规范，因此没有压抑感，并且将人导向积极的方向；而法律所产生的规范是外来规范，因此具有压抑感，并且将人导向消极的方向。具体来说，道德律规范人的内心，目的在于引导人追求德性的生活。在这个意义上，道德就是德治所要实现的目的本身。

---

① 李兰芬：《当代中国德治研究》，人民出版社，2008，第29~30页。

这就完全把道德作为达成其他目的的工具来使用的可能性彻底排除了。法律规范人的外行，目的在于提醒人不要触碰法律的红线。法律只是人们为人处世的最低标准，不能引人向上向善，不能成为追求的目标。在这个意义上，法治只是划出了做人的底线，那就是不要触碰法律，至于人需要不需要把道德当成崇高目标去追寻，已经不是法治所能思考的话题了。显然，相比于法治的底线原则，德治向往的是上线原则，是高阶的。正是这种道德的高阶位置确保了道德根本就不可能成为实现别的什么目的的工具。如果道德成为工具，那就是严重的道德异化。归正"德治"概念的意义之一，即有助于从学理上找出道德工具化的深层原因，从而避开对于道德工具化的理论误解，让人在治理现代化的实践中总能获得高阶的道德的指引。

李兰芬认识到，道德引导人们向上向善，应该成为人们追求的目标。"不能把德治仅仅理解为一种行为规范，道德还是一种价值理念、社会精神和人类的基本生存方式"，甚至还批判有人"在事实上将道德理解为狭义的道德规范，没有认识到道德的多元性"。可惜她又认为，道德的最终目的还是通过善的方式来满足人的生存和发展的目的和需求，可以"将道德作为功利化的统治手段，以追求社会稳定、实现政治统治秩序为要务"①。由于没有在学理上从道德的高阶位置去理解道德，她终究还是陷入了关于道德的两难困境，最终还是把道德本身当成了工具而不是目的，至少在道德究竟是工具还是目的的权衡上表现出某种动摇不定和左右摇摆。"道德工具论"尽管保留了一丝丝道德的价值指向，但把道德从一种"原生价值"降低为一种"次生价值"，使道德从一种具有崇高价值的目标变成了一种为人处世的工具或手段，"德治"也就成为另一种通过规范人的行为治理国家的工具，人也就失去了自身的高阶价值。这是对道德价值的矮化或贬损。其实，道德是最崇高、最可靠的品质与理想。在这个意义上，曾钊新等的观点有合理性："没有理想，就不会有道德追求，没有道德追求，道德生活就会终止。可以说，没有理想就没有道德。……道德理想是对应有价值的反映，是实然、应然、必然的统一，是对应有的人与人、人与社会的关系，以及人的行为品质的集中体现，是对完美的道德境界的理论概括和心理期待。希望人变得更加高尚、完善，更加符合

---

① 李兰芬：《当代中国德治研究》，人民出版社，2008，第43~44页。

人的本性，从而推动人类社会更合理更协调地发展，这是道德的特有功能。没有或无视道德理想，人类的道德活动就失去了纲领和目标，就失去了心理动力，就失去其存在价值。"[1] 道德被工具化后，理想性就会被遮蔽甚至被遗忘。人们只能利用道德在社会中获得生存和发展，不再能够通过道德完成高阶价值的自我实现；人们只能遵从道德给出的行为规范，不再能够得到精神的指引。

第二，归正"德治"概念的真义，可以避免道德被法律所限制，德治也就恢复了自身的优先性和基础性。德治不仅对人的内心有规范作用，而且对法治也有监督和指导作用。法治需要良法，只有合乎道德的法律才是良法，只有符合道德律的法治才能对社会起到正向的、积极的推动作用。所以，不是法律为道德律奠基，而是道德律为法律奠基。道德法律化的必然结局是道德成为法律的"附庸"，只具有辅助性、服务性功能。邓晓芒指出："以道德原则作为法律原则去强制每个人的自由意志，将带来不可估量的恶果，它将使人丧失自己作为道德选择的资格，使道德本身变得虚伪，最重要的是：它彻底否定了人作为一个自由存在者的尊严，因而也否定了一切道德。"[2] 在价值选择的导向性和方向性上，道德法律化将法律与道德的秩序颠倒了，导致了明显错位。正如康德所说："想通过强制来实现一种以伦理目的为准的制度的立法者真是糟透了。"[3] 中国古代强调德治，但因为道德礼制化，既不能坚守道德律的自律，又拒绝了真正的法治。结果是，德治不成其为德治，法治不成其为法治，更谈不上德治与法治协同。可以说是"两头都上不了岸"，留下了很深的教训。

谢岳、程竹汝认为，从"德治走向法治"是"上升"[4]。李建华认为："要消除由德治导致'人治'的可能性的最有力武器是'法治'，法治是现代德治的基础。""法治在现代社会中所处的核心地位是不可否认的，也是我们实现'以德治国'的社会前提，更是国家治理现代化的基础。""在法治社会，一个人要生存和发展，道德必须守法……。只有'合法'的德治，才是有效

---

[1] 曾钊新、李建华：《道德心理学》，商务印书馆，2017，第 150 页。
[2] 邓晓芒：《灵之舞——中西人格的表演性》，东方出版社，1995，第 133 页。
[3] 〔德〕康德：《单纯理性限度内的宗教》，李秋零译，商务印书馆，2012，第 93 页。
[4] 谢岳、程竹汝：《法治与德治：现代国家的治理逻辑》，江西人民出版社，2003，第 21 页。

的德治。"李建华教授认为应该"以法促德"，具体来说就是"引进以法律对道德建设的硬约束机制""建立法律对道德的监督和保障机制""发挥法律对道德的识别——批判功能""加强法律对道德教化的推动作用"[①]等。这里明显地颠倒了道德和法律的价值排序和逻辑关系。其实，从道德走向法律是"下降"，法律应该不断向道德靠近。道德的要求和价值无须也不能通过法律来证成。道德法律化恰恰忽略了法治的前提是法律自身必须是符合道德原则的。只有符合道德原则的法律才不会是恶法，才能起到规范人们的行为和维护社会稳定的作用。没有德治的内在支撑，法治无论拿出多少外在规范，都是无济于事的。归正"德治"概念的真义，可以重新确立和弘扬德治具有价值优先性。

第三，归正"德治"概念的真义，能使"德治"与"法治"构成完美呼应与协同互动，使"德法兼治"真正得以实现。法治从外在层面规范人们的行为，维持社会稳定运行；德治从内在层面引导人们的心灵向上向善。法治关注人的外在行为，德治关注人的内在精神，德治和法治缺一不可。德法兼治国家才能长治久安、持续向好。现代社会不能只有依靠国家强制力实施的法律制度，更需要道德作为国家治理的基石。2001年1月，江泽民在全国宣传部长会议上指出："我们在建设有中国特色社会主义、发展社会主义市场经济的过程中，要坚持不懈地加强社会主义法制建设，依法治国；同时也要坚持不懈地加强社会主义道德建设，以德治国。对一个国家的治理来说，法治和德治，从来都是相辅相成、相互促进的。二者缺一不可，也不可偏废。法治属于政治建设、属于政治文明，德治属于思想建设、属于精神文明。二者范畴不同，但其地位和功能都是非常重要的。我们要把法制建设与道德建设紧密结合起来，把依法治国与以德治国紧密结合起来。"[②]习近平总书记在中共中央政治局第三十七次集体学习时强调："必须坚持依法治国和以德治国相结合，使法治和德治在国家治理中相互补充、相互促进、相得益彰，推进国家治理体系和治理能力现代化。"[③]只有做到了德法兼治，才可以进一步做到"两手抓、两手都要硬"，才不至于将"两手抓、两手都要硬"变成了"一手

① 李建华：《现代德治论：国家治理中的法治与德治关系》，北京大学出版社，2015，第6~9页。
② 《江泽民文选》第3卷，人民出版社，2006，第200页。
③ 《习近平谈治国理政》第2卷，外文出版社，2017，第133页。

抓、一手硬"。

分开而言，德治和法治在治理理念上代表了两种最高层面的治理范式，区别于环境治理、技术治理、产业治理等具体层面的治理举措。也就是说，德治与法治是站在制高点上提出并讨论治理问题。德治与法治并不相同，但都具有规范社会行为、调节社会关系、维护社会秩序的作用，在国家政治治理和社会生活治理中都占据重要地位。具体来说，法律是准绳，法安天下，法治在任何时候都必须遵循；道德是基石，德润人心，德治在任何时候都不可轻慢。进一步讲，法治可以为国家治理现代化提供威慑力，德治可以为国家治理现代化提供内生动力。法治偏于为问题的治理提供最低限度的制度规范，德治偏于为问题的治理提供最高限度的价值引导。综合而言，法律与道德深度交融、息息相关。法律是成文的道德，道德是内心的法律。法律的有效实施有赖于道德默默地支持，道德的有效践行也离不开法律的显性约束。在治理实践中，德治与法治不可分离、不可偏废。国家政治治理和社会生活治理需要把法治的力量与德治的力量有机结合起来，需要德治与法治协同发力、相互补充、相互促进、相得益彰。德治与法治因协同而互鉴，因协同而共生，因协同而发展。事成于协同，力生于团结。只有德治与法治协同发力，才能实现治理效能的最大化、最优化。

德治、法治与中华新文明

——对中华文化其命惟新观念的新阐释

魏敦友 *

摘 要 中华文化具有顽强的生命力，在历史的长河中，它总是在遭遇重重危机的过程中不断焕发出新的生命活力，从而使深蕴在古老中华文化中的其命惟新的观念获得与时俱进的新内容。1840 年以来中华文化的新一轮危机再一次证明了这一点。在中与西的全面交锋中，中华文化进一步传承了自己固有的德治传统，并在德治传统的基础上充分吸纳了西方现代法治精神，从而使中华文化建构为具有深厚的德治传统的法治文明新形态。

关键词 中华文化 其命惟新 德治 法治

引 言

晚清以来，特别是 1840 年鸦片战争以来，欧风美雨，撼动中华，中国与西方相交通，被拖进由西方基督教文明所主宰的现代世界之中，从而开启了中西在经济、军事、政治、外交以及文化心理诸方面全方位的论辩、对抗与争执，华夏民族骤然遭遇"三千年未有之大变局"。于是一系列的问题以非常严峻的面貌呈现出来。首先是，生存还是毁灭？继而是，如何生存？然后是，我们是谁？最后是，这个所谓"三千年未有之大变局"究竟能结出什么样的果实？

转眼之间，近两百年的时间过去了，上面提到的关乎华夏民族根本命运的诸多问题悄然发生了许多变化，然而必须承认，这些涉及政治、军事、经济、文化乃至观念诸多层面的问题至今仍然以或明或暗的方式存在着，值得

---

* 魏敦友（1965～），男，湖北仙桃人，湖北大学哲学学院教授，硕士生导师，研究方向：西方哲学。

有识之士深入思索与认真总结。如果我们将中华文明看成一条奔流不息的大江大河，那么我们知道，这条大江大河已经走过了殷周之变、秦汉之变、唐宋之变不同的河段，而且在不同的河段都绽放出了别样的文化的精彩，那么我们在晚清以来遭遇西方之变也定能绽放出新的文化精彩来。这就要求我们走出中西对抗的泥淖，并建构中国人自己关于世界的思想观念系统。

在近两百年激烈的中西文化论辩之后，我们已然看到中西文化各有其特质，并有信心认为华夏文化在强大的西方文化冲击之后不仅不会毁灭，而且会获得新的生命，进而完成现代性转换。按照德国现代哲学家雅斯贝尔斯在其名著《论历史的起源与目标》中的观点，中华文明是与印度文明、希腊文明在公元前 500 年前后世界史的轴心时代几乎同时诞生的人类文明，但令人惊奇的是，印度文明与希腊文明有古无今，早已消失在历史的沧桑之中，然而中华文明却古今相承，绵延不绝，且屡仆屡起，转进创新。那么，在这一历史的表象背后究竟隐藏着什么样的密码呢？

这当然有非常复杂的原因。事实上，人们已经从地理环境、经济方式及政治制度诸方面进行了多层面的探讨，取得了可观的成果。在这些成果的基础之上，我们更进一步认为，蕴含在中华文化之中的一个基本观念，即其命惟新的观念，对中华文化的悠久传承、屡仆屡起及转进创新起着支撑性的作用，值得我们从历史进程与思想观念双重视角加以认真探究。其命惟新的观念，最早起源于中国最早的诗歌总集《诗经》大雅部分的《文王》中"周虽旧邦，其命惟新"，是周人对商人早期天命观的扬弃，并在中华文化的历史发展进程之中获得了丰富的思想内涵，成为中华文化最基本的观念之一，同时也极大地推动了中华文化的现代生成。

一　日新与生生

（一）从天命到知命

雅斯贝尔斯所谓的"轴心时代"相当于中国的春秋战国这一时期，春秋战国是中国历史上诸子百家如雨后春笋般涌现的时期。按照雅斯贝尔斯的描述，孔子和老子、庄子等思想家就是中国的"轴心时代"的思想家，他们的思想在很大程度上既是对此前思想的突破，同时又极大地规定了此后中华文化的思想结构。著名哲学家牟宗三先生在《中西哲学之会通十四讲》中说："中国文化之开端，哲学观念之呈现，着眼点在生命，故中国文化所关心的是生命，而西方文化的重点，其所关心的是自然或外在的对象。"[1] 外在的对象是死的，而生命是活的。思考生命与思考对象不同，思考对象可以跟思想者无关，但思考生活则思考者即在其中。这就自然而然地引发出天人关系。著名历史学家钱穆先生在《中国思想通俗讲话》中断言说："天与人的问题，是中国思想史上一绝大的问题，我们值得时时注意到。"[2] 天人关系问题在中国思想结构中占据着的核心地位就是中国轴心时代的思想家们确立的。其中对天命思想的神秘主义之突破及转换，为理性主义的宇宙论和历史哲学奠定了牢固的基础。

天命论作为一种社会心理和观念形态有其深厚的认识论和社会根源。人类在其历史的早期，没有能力正确地认识宇宙的奥秘和自身的处境，往往倾向于将世间万物人格化，并将事物发生的原因归诸一种盲目的力量，天命论就是人类早期解释宇宙和人类处境的一种观念形态。比如商人认为自己能得天下，是一种天命，而夏人之所以失天下，也是一种天命。武王伐纣，周人亦宣称受天之命，可见周人所持守的正当性根据也是天命论。孔子思想中理性主义成分浓厚了许多，但是他还是承认天命的存在，他认为他的道之行与不行并不取决于他自己，而是取决于天命。他说："道之将行也与？命也。道之将废也与？命也。"（《论语·宪问》）一直到秦汉之际，天命论也是支配人们的一种根本的思想方式。比如我们在司马迁的《史记》和班固的《汉书》中可以读到，当一代霸王项羽在兵败乌江时说："吾起兵至今八岁矣，身七十余战，所当者破，所击者服，未尝败北，遂伯有天下。然今卒困于此，此天亡我也，非战之罪也。"（《汉书·项籍传》）项羽不将自己的失败归功于自己的种种失误，而委之于天，认为是天要亡他，可见天命论的根深蒂固。

不过，人们很早也开始了对天命论的反思。当商纣王还在固执地认为自己有天命的时候，以武王为代表的周人无情地终结了他的天命。周人比商人有了一个很大的进步，周人并不再像商纣王那样无所反思地看待天命，而是从商周政权的更替中看到了天命是可以改变的，正是在这个基础之上，周公

---

① 牟宗三：《中西哲学之会通十四讲》，上海古籍出版社，1997，第 11 页。
② 钱穆：《中国思想通俗讲话》，生活·读书·新知三联书店，2002，第 21 页。

提出了"惟命不于常"的重要观点。《周书·康诰》记载了周公告诫卫康叔的话："呜呼！肆汝小子封！惟命不于常，汝念哉！"《诗经·大雅·文王》中也说："侯服于周，天命靡常。……宜鉴于殷，骏命不易。"一方面认为"天命靡常"，认为天命可以改变，另一方面认为"骏命不易"，获得天命是不容易的。周公的这一思想对孔子产生了很大的影响，直接推动孔子提出了自己的知命的理论。孔子非常明确地说："不知命，无以为君子也。"（《论语·尧曰》）如果说孔子将君子作为一种独特的人格建构起来，以别于另外一种庸众的小人，那么，君子之所以为君子其中一个重要原因就是君子能够知命，而小人是不可能知命的。另外孔子又说："五十而知天命。"（《论语·为政》）虽然我们可以说孔子还在一定程度上承认天命，但他已经不再在完全盲目性的意义上看待天命了，这就大大地凸显了人的主体性地位。此后的孟子更对天命这个早期困扰人类思想的难题作了理性主义的分疏。孟子说："莫之为而为者，天也。莫之致而致者，命也。"（《孟子·万章上》）天指的是非人力所为而产生的状况，而命是非人所追求而导致的结果。如此一来，天命就成为一种外在的力量了。孟子这种将天命分开讨论的做法将殷周以来的天命观推向了理性化的道路，虽然一直到今天，神秘主义的天命观在社会心理方面依然有其影响力，但是从社会主流观念来看，孟子的影响无疑是巨大的。正是有鉴于此，著名哲学家张岱年先生在《中国古典哲学概念范畴要论》一书中指出："宋代以来的思想家论命，大抵发挥孟子的观点，将命看作客观世界对于主观意志的限制。"这意味着，从思想结构的中心来看，天人关系从原先偏重天的一面，经过轴心时代思想家们的创造性工作，已逐渐过渡到偏重人的一面，从对盲目性的天命的依赖过渡到人的主体性一面，这就为中国思想从知命进一步向立命准备了思想条件。著名哲学家冯友兰先生在《中国哲学简史》中对孔子关于命的思想进行分析后得出结论说："知命也就是承认世界本来存在的必然性，这样，对于外在的成败也就无所萦怀。如果我们做到了这一点，在某种意义上，我们也就永不失败。因为，如果我们尽应尽的义务，那么，通过我们尽义务的这种行动，此项义务也就在道德上算是尽到了，这与我们行动的外在成败并不相干。"①

---

① 冯友兰：《三松堂全集》第 6 卷，河南人民出版社，2000，第 43 页。

（二）修德行以立命

"殷周之变"是历史学家们观察到的重大事件，它塑造了此后中国基本的文化环境，从观念上看，天命论发生了重大的突破。

著名中国法制史家段秋关先生在《中国现代法治及其历史根基》中认为，殷商人的天命思想具有早期宗教的明显特征，主要表现在三个方面：其一，将"天"看成本族的祖先神，天命在我；其二，"天"是一个有意志、能决断的人格神，非常严厉，动辄使用极刑，斩尽杀绝；其三，严厉的天命表现为天罚，天讨有罪，而殷王是天在人世间的代表，代天行罚，惩罚违反殷商统治秩序的人。①

周对殷商的取代，也同时动摇了殷商的天命观。段秋关先生进而指出，天命观念在西周发生了针对殷商的三个方面的重大的变化：其一，"天命靡常"，天命并不会为殷商一族所私有，天命会发生改变；其二，"惟德是辅"，天命只会给予有德行的人，无德之人无天命，且必受天罚；其三，天命与民心相通，"天视自我民视，天听自我民听"，"民之所欲，天必从之"。段秋关先生认为，"天命靡常"说明了天命神权的动摇，"惟德是辅"说明天已改变了过去的严厉、凶残的形象与性格，而"天从民欲"的观念构成了民本思想的源头。

我们可以从殷周之变的天命观之中看到，其中居于核心地位的是"惟德是辅"的观念，特别是此后"以德配天"观念的进一步阐发，渐次凸显出一种强烈的历史主体意识。实际上这就是一种立命的历史主体意识，用自己德行上的修为作为立命的根据，成败不再归诸外在超越的存在，内在德行的修为才是成败的真正根据。这已经有了很浓的德治思想元素。

修德行以立命的思想极大地刺激了对于德性的探究，进而形成了有别于西方政治正义传统的德性传统。陈来在《古代宗教与伦理：儒家思想的根源》一书中指出，在西方政治思想史上，"正义"被所有政治思想家视为良好政治秩序的基石或基本属性，以"正义"涵盖所有的政治美德。而在中国古史时代，则以"德"（以后更以仁）来涵盖中国古文化所肯定的一切政治美德。在

---

① 段秋关：《中国现代法治及其历史根基》，商务印书馆，2018，第270~271页。

西周以来逐步发展了一种思想，即认为在现行的政治秩序之后还有一个道德法，政治运行必须合于某些道德要求，否则就必然导致失败。①道德秩序当然首先根植于君王个人的德行。因此敬德、明德就成为以德代暴之后的历史经验的总结，并形成了博大的德性论体系。陈来在《古代思想文化的世界：春秋时代的宗教、伦理与社会思想》一书中借鉴古希腊哲学家亚里士多德将德性分为理智德性与伦理德性的方法，将中国古代德性区分为四种类型，依次为性情之德、道德之德、伦理之德和理智之德，并特别强调伦理之德是与人际的直接伦理关系的规范相联系的德目，比如孝、慈、悌、敬、爱、友、忠等，而道德之德则是相对来说比较个人化的道德品行，如仁、义、勇、让、固、信、礼等。从中国文化发展的大历史视野角度看，春秋时代最盛行对德行进行探讨，正是在这个意义上，陈来称春秋时代是一个"德行的时代"。的确，中国思想中关于德行及其德目的种类基本上在春秋时代奠定下来了。

（三）借生生以造命

今天人们多倾向于将道德作为一个名词统而称之而不作区别，其实道与德是两个完全不同的范畴，正如汉语中还有许多由道组成的词组，特别重要的如道路、道理，道是本源性存在，而路、理与德乃是派生性的存在，如果我们将道路看成一种历史性存在，那么我们可以将道理看成认识性存在，将道德看成制度性存在。

将道从道路、道理及道德中厘析出来，对于中国文化的自我认知具有重大的文化意义。在百多年来的中西文化论争中，钱穆、金岳霖等重要学者认识到，中国文化的根本特征在于道论，钱穆先生在《湖上闲思录》一书中甚至说："中国思想不妨称为唯道论。把这个道切断分开看，便有时代，有万物。这些万物处在这些时代，从其自身内部，各有他们的性。从其外面四围说，各有他们的命。要性命合看，如是他当下应处之道。从个别的一物看，可以失其性命，可以不合道。从道的全体看，将没有一物不得其性命与不合道。只有人类，尤其是人类中最聪明的圣人，明白得这道理，所以说君子无人而不自得。自诚明，自明诚，成己成人成物而赞天地之化育。"②

---

① 参见陈来《古代宗教与伦理：儒家思想的根源》，北京大学出版社，2017，第347页。
② 钱穆：《湖上闲思录》，生活·读书·新知三联书店，2000，第35页。

　　一般流俗的观点多将道诠解为必然性，其实此种理解乃是深受宋明理学特别是朱熹理学以理释道的诠释学之影响，对此洞若观火的是钱穆先生。钱穆先生在《中国思想通俗讲话》一书中创造性地将道理一词作了分梳性理解，将道与理理解为两个不同的范畴，道是创生性范畴，而理是必然性范畴。此种理解为我们走出宋明理学的阴影，在中国文化道论的延长线上创造现代中国新文化提供了思想基础。

　　在现代中国文化创生的历史性当下，从本源性、历史性及创造性之视角诠释道，乃是回向中国思想之根本。根据钱穆先生的看法，先秦诸子多论道，少谈理，而宋明理学兴起则反是，多谈理，少谈道。其中因缘，乃是中国思想一转进，即将唐宋之变在思想观念上固定下来，于是道隐而理显。然而当理的世界作为一种人文建构已经失去其合理性时，此时则必理隐而道显。

　　何为道？钱穆先生在《中国思想通俗讲话》一书中引庄子的话"道行之而成"来解说道之义，我认为是把握到了道的根本。道最本源性的意义就是行动，就是创造，就是做事性，而不是静止不动，无所事事。于是有天道，于是有人道，于是有天人合一之道。《周易·系辞》中说："天地之大德曰生。"钱穆先生说："生生不已，便是道。这一个生，有时也称之曰仁。仁是说他的德，生是说他的性。……从整体看，还只是一动，还只是一道。从道的观念上早已消融了物我死生之别，因此也便无所谓冲突、克伐、灾祸、死亡。这些只是从条理上应有的一些断制。也是所谓义。因此义与命常常合说，便是从外面分理上该有的断制。所以义还是成就了仁，命也还是成就了性。"[1] 这意味着，天地人在共生中不断地成己成人成物，而这就是造命。

　　作为中国文化轴心时代最重要的儒家经典著作之一的《中庸》对此作了深刻的总结，凝练成思想深邃的"三句教"："天命之谓性，率性之谓道，修道之谓教。"陈赟在《中庸的思想》一书中批判了《中庸》诠释学中在中国思想界长期占统治地位的朱熹传统，朱熹对命、性、道、教进行分别的诠释，陈赟力图发掘中国思想中一种被压制的通达的诠释传统，认为由命、性、道、教的相互通达而开启的"命—性—道—教"，通而为一，构成了作为彼此相互指引之整体的"境域"。[2] 性、道、教在彼此的通达中开启自身，且性、道、

① 钱穆:《湖上闲思录》，生活·读书·新知三联书店，2000，第34页。
② 参见陈赟《中庸的思想》，浙江大学出版社，2017，第75~76页。

教又是"命"的打开方式，"命"也只有在性、道、教中开启自身，"性、道、教的自身显示本身同时也是天命之流行，悉必顺天而体命"①。"在天命之谓性中，传达的乃是更为深远的关联。性不仅仅是个人的作品，而时也是天之所命。个人在遭遇到天命的过程中成其本性，而道与教在某种意义上就是这样一种天命，尽管道与教并不是天命的全部，但是通过道与教，个人却可以通达更为广大、深厚而悠久的天命。"②

二 从个人自新到社会更新

（一）君子与小人

在中国传统文化中，所谓三教各有其至高的人格理想，儒家成圣，道家成仙，佛家成佛。理想人格本质上乃是德性的肉身化呈现。其中圣人当然是儒家的最高人格理想，这和人们从儒家文献中触目即见的君子人格有联系但似有一定区别。圣人是与凡俗相对立的，是对凡俗的超越，而君子是与小人相对立的，是对小人的超越。君子与小人之辨是以孔子为代表的早期儒家思想中的一个大关节。

钱穆先生指出："孔子以前，中国文化已经历二千年以上之积累，孔子亦由中国文化所孕育。孔子仅乃发扬光大了中国文化。换言之，因其在中国社会中，才始有孔子，孔子绝不能产生于古代之印度、犹太、阿拉伯，而释迦、耶稣、谟罕默德亦决不会产生于中国。孔子生当春秋时代，其时也，臣弑其君，子弑其父，为中国一大乱世。但即在春秋时代，中国社会上之道德观念与夫道德精神，已极普遍存在，并极洋溢活跃，有其生命充沛之显现。孔子正诞生于此种极富道德精神之社会中。"③ 孔子所处的春秋时代，礼崩乐坏，封建贵族礼制秩序趋于解体，社会迫切需要重建新的人文秩序，正是在这样的历史时刻，孔子吁求新的历史主体人格出场，于是一种基于此前长期文化观念积累的理想人格君子的观念就应运而生了。也正是在这个意义上，陈来的观点即"儒家的君子论在历史上和理论上都是继承了春秋时代的士君子人

---

① 陈赟：《中庸的思想》，浙江大学出版社，2017，第 76 页。
② 陈赟：《中庸的思想》，浙江大学出版社，2017，第 75 页。
③ 钱穆：《中国学术思想史论丛》卷一，安徽教育出版社，2004，第 176 页。

格理想的"是正确的。

现在一般认为，君子和小人两个名目最初乃是社会身份，在社会变迁中完成了一个价值论的转折。毫无疑问，孔子是完成这一转变的核心人物，在孔子那里，正是通过君子与小人之间一系列的论辩，最终使得君子成为一种道德的理想，孔子对于"君子"的境界规定得非常高，仅次于可望而不可即的"圣人"。《论语·述而》中记载孔子的话："子曰：'圣人，吾不得而见之矣；得见君子者，斯可矣。'"

在孔子看来，君子的本质是"仁"，故"君子之道"在根本上是"仁道"。孔子说："君子而不仁者有矣夫，未有小人而仁者也。"（《论语·宪问》）这里所称君子与小人显然是从德性方面而言的，非指社会地位，而且话语上似乎君子也不必然时时臻于仁之境。对此王弼解释说："假君子以甚小人之辞，君子无不仁也。"意思是君子以仁者为追求，小人则非是。君子既是仁者，则君子必修养自己内在的仁德。故孔子又说："君子求诸己，小人求诸人。"（《论语·卫灵公》）君子在道德修养方面不断地反求诸己，层层内转。仁者必须内在地将智慧与勇气包含在自身之内，这就是孔子所充分赞美的君子之道："君子道者三，我无能焉：仁者不忧，知者不惑，勇者不惧。"这构成了后世《中庸》所谓的"智、仁、勇三达德"，亦即儒家君子理想的三要素，对中国文化产生了强烈影响，激励着一代代志士仁人前仆后继，不断开辟中国文化的新命。

（二）修身以俟命

君子之道作为儒家对始于春秋时代的社会大变迁的思想建构，确立起了历史的主体性意识。作为一种理想的道德人格，君子之道有着津桥的功能，它沟通着从士至圣人的转化。清代著名学者王先谦在其《荀子集解》一书中对荀子《劝学》篇里的"终乎为圣人"有一个注解，认为"荀书以士、君子、圣人为三等"。

在周代封建制度中，"士"本来是贵族阶级中最低的一层，士的上面是大夫，士的下面是庶人。《说文解字》训"士"为"事"，明末清初大思想家顾炎武断定古代的"士""大抵皆有职之人"。其职责就是传承文化、传颂仁德。随着春秋以来的社会变迁，"士"从贵族体系中游离出来，造成王官之学散为百家的局面。孔子反复强调士与道的关联。"士志于道，而耻恶衣恶食者，未足与议也。"（《论语·里仁》）"君子谋道不谋食。耕也，馁在其中矣，学也，禄在其中矣。君子忧道不忧贫。"（《论语·卫灵公》）"士而怀居，不足以为士矣。"（《论语·宪问》）他的学生曾参更说道："士不可以不弘毅，任重而道远。仁以为己任，不亦重乎？死而后已，不亦远乎？"（《论语·泰伯》）儒家的理想主义到了孟子更进一步，他把士与道的关系理解得更为紧密。他说："天下有道，以道殉身。天下无道，以身殉道。未闻以道殉乎人者也。"（《孟子·尽心上》）

儒家因这种士道合一的信念，在中国文化传统中深植了一种因应世事变迁的兼具现实主义与理想主义的精神，立足于修养身心，执着于君子之道，以圣人为最高之理想。孟子说："士穷不失义，达不离道。穷不失义，故士得己焉。达不离道，故民不失望焉。古之人，得志，泽加于民，不得志，修身见于世。穷则独善其身，达则兼善天下。"（《孟子·尽心上》）这种进退有据的处世之道被孟子升发为一种修身以俟命的人生哲学方法论。孟子说："尽其心者，知其性也。知其性，则知天矣。存其心，养其性，所以事天也。夭寿不二，修身以俟之，所以立命也。……莫非命也，顺受其正，是故知命者不立乎危墙之下。尽其道而死者，正命也；桎梏死者，非正命也。"（《孟子·尽心上》）通过心性的修为，可以知天事天，可以超越于各种变幻莫测的偶然性，从而获知内心的自由，这就是正道，就是知命，就是立命，就是正命。有一种观点认为命是一种必然性，例如新儒家代表人物冯友兰就继承朱熹的理学传统，认为"某一类中之事物所必依照于其理者，自其必依照而不可逃言，则谓之命"（《新理学》）。此种以必然性之理释命失却了生活的多姿多彩。这不是立命，反而是被命所立。李泽厚反是，他在《论语今读》一书中将命解释为偶然性，他认为孟子这里所说的立命、正命才算是知命，"这也才显示出人的主体性的崇高强大。因为在建立自己的命运时，总有基本原则，这原则不是动物性的自然性欲，而是人类性的宗教性道德"①。

一个儒家意义上的君子，内心坦坦荡荡，他可以通过内心的必然性战胜外在的偶然性，到达了这样一种境界，我们庶几可以说他臻于圣人之境了。正是在这个意义上，我们可以理解一生致力于致良知事业的明代大儒王阳明

---

① 李泽厚：《论语今读》，世界图书出版公司，2018，第359~360页。

在临死前留给这个世界的话——"我心光明，夫复何求？"这时，我们可以说，王阳明通过心性的修为，已经达至了从士到君子再到圣人的境界了。

（三）旧邦新命

近三千年前，时在西周中期，礼乐文明极盛，周人举行周文王祭祀大典，其词记载在《诗经·大雅·文王》之中，今天人们十分熟悉的"周虽旧邦，其命惟新"就是其中最著名的两句。可以说，它最早提出了旧邦新命的历史哲学思想。

根据李山教授的研究，《文王》是在周文王祭祀大典上所作的诗篇，其陈诚所针对的对象，一是文王子孙，一是殷商遗民。[1] 诗篇突出文王的崇高地位及文王之德对周人子孙的福荫，继而表彰殷人曾经的辉煌，但殷人因为失德而丧失了天命，不过，殷人仍然可以在文王之德的照耀之下获得新生。李山指出："在隆重祭祀文王的典礼上，在《周颂》献给神听的诗篇之外，还有庄严的告诫，在告诫中高扬天命，向先王子孙高张'鉴殷'意识，且奉劝殷遗民自新其命，都表达的是西周特有的新式思想和观念。古老的祭典，正因为加入了这样的新的因素而做到了'旧邦新命'，或者说由古老的祭礼升进为新的礼乐。"[2] 这种强调德性的修为并在其基础之上使人类共同体不断获得新生的历史意识沉淀为华夏民族的内在心理结构。从公元前 21 世纪至今已有 4000 多年的历史。尽管世界上有些国家的历史比我们长得多，如埃及、巴比伦，但是，我们从夏、商、周开始到现在，历史是没有中断的。现在阿拉伯文化，从人到文化，到观念，完全都改变了，而且今天埃及也不能说把古埃及历史传下来。中国可以说是文明古国当中唯一一个从古到今一以贯之而延续至今的国家。

冯友兰先生在晚年自述平生的《三松堂自序》一书中回忆，抗战胜利后的 1946 年上半年，原先由北京大学、清华大学及南开大学三校组建而成的西南联合大学正式解散，准备北归时，梅贻琦校长提议留下一个纪念品，后决定筹建一座纪念碑，并由冯友兰先生拟定碑文。碑文特别提到抗战之苦辛与三校合作之协和可纪念者盖有四焉，"我国家以世界之古国，居东亚之天

---

① 参见李山《诗经析读》（下），中华书局，2018，第 625 页。
② 李山：《诗经析读》（下），中华书局，2018，第 625 页。

府，本应绍汉唐之遗烈，作并世之先进。将来建国完成，必于世界历史，居独特之地位。盖并世列强，虽新而不古；希腊、罗马，有古而无今。惟我国家，亘古亘今，亦新亦旧，斯所谓'周虽旧邦，其命惟新'者也。旷代之伟业，八年之抗战已开其规模，立其基础。今日之胜利，于我国家有旋乾转坤之功，而联合大学之使命，与抗战相终始。此其可纪念者一也"。又说："联大纪念碑碑文所说的要纪念的四点，有三点已经事过境迁，成为历史的陈迹了。只有'旧邦新命'这一点不但没有成为历史的陈迹，而且还是一个新时代的开端。对日抗战的胜利仅只是奠定了'旧邦新命'的基础。在这个基础之上，还有空前伟大的建筑物建立起来。""所谓'旧邦'就是祖国，就是中华民族。所谓'新命'，就是建设社会主义。现在我们常说的社会主义祖国，就是'旧邦新命'的意义。""中华民族的古老文化虽然已经过去了，但它也是将来中国新文化的一个来源，它不仅是过去的终结，也是将来的起点。将来中国的现代化成功，它将成为世界上最古也是最新的国家。这就增强了我的'旧邦新命'的信心。新旧结合，旧的就有了生命力，就不是博物馆中陈列的样品了；新的也就具有了中国自己的民族特色。新旧相续，源远流长，使古老的中华民族文化放出新的光彩。"①

三　改革开放创新

（一）贞下起元

20世纪40年代，在抗战时期，中华民族遭遇到了空前的民族危机，许多人悲观失望，认为中华民族已走到了万劫不复的边缘，但作为哲学家的冯友兰却对中华民族葆有一阳来复的坚定信念，认为中国必将取得抗战的胜利，中华民族定能战胜困难复兴起来。他相继写成了《新理学》《新事论》《新世训》《新原人》《新原道》《新知言》六部著作，构成了一个系统的新理学体系。他当时在《新原人》的自序中称其为"贞元之际所著书"。后来他又在《三松堂自序》中解释说："所谓'贞元之际'，就是说，抗战时期是中华民族复兴的时期。当时我想，日本帝国主义侵略了中国大部分领土，把当时的中

---

① 冯友兰:《三松堂自序》，生活·读书·新知三联书店，2009，第397、405、415页。

国政府和文化机关都赶到西南角上。历史上有过晋、宋、明三朝的南渡。南渡的人都没有能活着回来的。可是这次抗日战争，中国一定要胜利，中华民族一定要复兴，这次南渡的人一定要活着回来。这就叫'贞下起元'。这个时期就叫'贞元之际'。"①

贞下起元的观念，最早源于《易经》。《易经》共有六十四卦，首卦是乾："乾：元，亨，利，贞。"关于"元亨利贞"有许多种解释，唐代孔颖达《周易正义》记载了《子夏传》中的一种解释："元，始也；亨，通也；利，和也；贞，正也。"这是将元亨利贞解释为"四德"，四德说是一种比较通行的解释，《易经》的《象传》和《文言》也主张四德说。"文言曰：元者，善之长也；亨者，嘉之会也；利者，义之和也；贞者，事之干也。君子体仁足以长人，嘉会足以合礼，利物足以合义，贞固足以干事。君子行此四德者故曰乾，元亨利贞。"《周易·乾·文言》因此我们可以将事物的发展过程看成一个整体，并将之区划了依次展开的四个环节，我们可以将事物的开端称为元，进一步的发展称为亨，利则为事物到达一个高峰状态，贞则为事物在成熟之后走下坡路直到结束。所以元亨利贞可以视为一个事物发展过程的四个环节。但是是不是一个事物到了贞这个环节就完结了呢？从某种意义上是这样，因为一个事物具有相对的稳定性，然而另一方面又不是这样，因为一个事物终结了，会有另外一个更高的事物重新开始一个新的元亨利贞的过程，而且这是一个不断进展没有穷尽的过程。这就是贞下起元，重新从贞回到元。

但是重新回到元，并不是一件轻松的事情，甚至可以说，贞元之际是一个非常痛苦的过程，如冯友兰先生这一辈人所遭逢的抗日战争，需要许许多多人付出生命的代价。而且并不是所有的人都能走出贞元之际并能看到元亨之际的曙光。冯友兰先生是独具慧眼的哲人，在抗战最艰难的时刻，他已然领悟到当时的中国处在贞元之际，而他所建构起来的新理学体系正是为中华民族走出痛苦的贞元之际做的智识努力。

距冯友兰先生所处的那个艰困时代转眼过去近八十年了，中华民族今天正处在全面复兴的路途上，可以说我们当下正处于元亨之际，我们要为中华民族的元亨之际作出我们的智识贡献，但我们回首八十年前，我们不能不深

---

① 冯友兰：《三松堂自序》，生活·读书·新知三联书店，2009，第309页。

为冯友兰先生的智慧所折服。我们越是深入地理解冯友兰先生的"贞元之际所著书"，我们就越能自觉地在思想上超越冯友兰先生立足于贞下起元的历史境遇而建构的新理学，迎来中国历史上的新的元亨之际，建构属于元亨之际的思想体系。

（二）革故鼎新

能否顺利走出贞元之际的困局，真正做到贞下起元，这是对每一个人的艰巨考验，对于一个民族来讲，更是一个巨大的难题。迎接这个考验，解答这个难题，我们可以从中国古老的易学智慧革故鼎新中获得答案。

革故鼎新，来源于《易经》中的革卦和鼎卦。革卦为《易经》第四十九卦，宋理学家朱熹认为，"革，是更革之谓，到这里须尽翻转更变一番"，"须彻底重新铸造一番，非止补苴罅漏而已"（《朱子语类》）。革卦《象传》中称"汤武革命，顺乎天而应乎人"，这意味着变革的彻底性与激烈性。鼎卦为随之而来的第五十卦，表明革故之后的新局面。"鼎：元吉，亨。"《正义》："鼎者，器之名也。自火化之后，铸金而为此器，以供亨饪之用，谓之为鼎。""然则鼎之为器，且有二义：一有亨饪之用，二有物象之法。""此卦明圣人革命，示物法象，惟新其制，有鼎之义。"《杂卦传》中说："革，去故也；鼎，取新也。"马振彪在《周易学说》中指出："革之大者，无过于迁九鼎之重器，以新一世之耳目；而鼎之为用，又无过于变革其旧者，咸与维新，而成调剂之功。故鼎成革卦，以相为用。"[1]

另外，革故鼎新，需要顺天应人，掌握时机，这期待着一种独特人格君子的出现。革卦《象》曰："君子豹变，其文蔚也；小人革面，顺以从君也。"鼎卦《象》曰："木上有火，鼎；君子以正位凝命。"革故之时，需要君子以巨大的勇气破除陈规陋习，而鼎新之时，更需要君子端居正位、严守使命。

在中国几千年的历史长河之中，革故鼎新的事例不胜枚举，殷周之变时有周公旦，秦汉之变时有商鞅、秦孝公，唐宋之变时有韩愈、柳宗元、王安石等，而今天在我们所面临的晚清以来三千年未有之大变局中，更有无数的仁人志士前赴后继、呕心沥血、殚精竭虑，为一个传统中国向现代中国的转

---

[1] 马振彪：《周易学说》，花城出版社，2002，第 490 页。

进生成作出了可贵的贡献。

（三）开物成务

今天，如果我们回顾一下中国在晚清开始遭遇西方冲击以来的近两百年，虽然我们耳边依然听得见隆隆的炮声，虽然我们眼中依然看得见血流成河，虽然我们依然觉得心中焦虑不安，但是不可否认的是，一个现代中国正在成形中。

与近两百年前的农业社会相比，如今社会在器物、制度及文化观念诸方面早已今非昔比了。首先，器物层面，农业社会已转进为工业社会，正在向信息社会过渡。中国人再也不用在西方列强的船坚炮利面前自惭形秽了。其次，制度层面，帝国制度已转进为人民代表大会制度，建立在宪法基础之上的中国特色社会主义法律制度已基本建成。最后，文化观念方面，始于100多年前的新文化运动正在开花结果，随着社会主义市场经济的建立，在尊重人权基础上的公共理性正在逐渐内化为人们的观念结构。试设想张之洞、李鸿章、曾国藩、康有为、梁启超等人能够穿越历史的时空来到我们当下，他们一定会"当惊世界殊"了。

中华民族能够在与西方的冲突中取得骄人的成就，其中所蕴含的中国智慧值得我们今天总结。《易经》中记载孔子的话说："夫易何为者也？夫易开物成务，冒天下之道，如斯而已者也。"易学智慧就是告诉人们开物成务。何为开物成务？朱熹在《朱子语类》中说："盖上古之时，民淳俗朴，风气未开，于天下事全未知识，故圣人立龟以与之卜，作易以与之筮，使人趋利避害，以成天下之事，故曰'开物成务'。"我们进一步抽绎朱子的思想，我们可以把开物成务理解为，我们通过对事物的深入理解，进而开出新的人文世界。就我们这里的问题意识而言，在中西全方位的争执过程中，中国宜采取何种立场运用何种方法，才能开出中华文化之新境？

在近两百年中西冲突的时间里，各种思潮次第出现，与改革开放创新的时代大潮相辉映。洋务派代表人物张之洞著《劝学篇》，提倡"中体西用"，梁启超称之"挟朝廷之力以行之，不胫而遍于海内"，其影响巨大。《劝学篇》宣称，他们并不反对变法，甚至说"虽孔孟复生，岂有议变法之非者哉"，并提出了一系列废科举、改学制、开矿藏、修铁路、讲求农工商学、发展近代工业等主张，但是反对开议院和改革政治法律制度。李泽厚指出"这种理论的实质就只是在变法高潮中缓和人们的情绪，用不变根本的变法方案来抵制真正的变法要求"。梁启超当时就愤怒地称其书"不十年将化为灰烬……闻者犹将掩鼻而过"。

与中体西用论针锋相对的观点，是以胡适为代表的全盘西化论。胡适因为受赫胥黎和杜威影响，其思想是不可知论和实用主义。这是他评价传统中国伦理的主要方法。他创造了"孔家店"这个侮辱性的词，并掀起"打倒孔家店"的狂潮。胡适提倡自由主义、个人主义、科学与民主，主张中国社会完全西方化，再造文明。

到20世纪80年代，李泽厚全面总结了中西之争的内在逻辑，提出了他的"西体中用论"。与一般人们的用法不同，他强调"体"包括了物质生产和精神生产，"体"就是社会存在。"我讲的体与张之洞讲的体正好对立。一个是以观念形态、政治体制、三纲五伦为体，一个是以社会生产力和生产方式为体。"①现代大工业和科技作为现代社会存在的本体和实质，以及生长在这个"体"上的自我意识或本体意识的理论形态，即产生、维系、推动这个"体"存在的"学"，当然是近现代的"西学"而非传统的"中学"。中国要走向现代化，必须以之为体。另外，中国的现代化不可能一蹴而就，在判断、选择、吸收"西体"的过程中会产生"中用"问题，即如何适应、运用到中国的各种实际情况和实践活动之中。李泽厚主张用现代化的"西体"——从科技、生产力、经营管理制度到本体意识来努力改造"中学"，转换中国传统的文化心理结构，并在运用之中实现转化的创造性，达到取径西方超越西方的目的，以获得中华文化的新生命。

四 为民族谋复兴

（一）启蒙与救亡

在20世纪80年代新一轮"文化热"中，在反思五四新文化运动的发展脉络时，著名学者李泽厚发表了《启蒙与救亡的双重变奏》，提出了救亡压倒

① 李泽厚:《中国现代思想史论》，生活·读书·新知三联书店，2008，第356页。

启蒙的著名论断，引起了人们的广泛关注与讨论。

李泽厚认为，五四运动包含两个性质完全不同的运动，一个是新文化运动，另一个是学生爱国反帝运动。这两个运动之间既有相互促进的一面，同时也有相互矛盾的一面。新文化运动并非政治而在文化，它主张打倒旧道德提倡新道德，与儒家三纲之说的传统观念进行彻底决裂，转而接受西方的"自由、平等、独立之说"，以实现陈独秀所说的"最后觉悟之觉悟"。但是启蒙的主题、科学民主的主题又与爱国、救亡的主题相碰撞、相纠缠。当五四学生爱国反帝运动在政治上取得胜利时，青年们的思想和行为大为解放，他们得到空前鼓舞，于是努力冲决各种传统网罗，介绍西洋文化，攻击封建思想，以取得自己个体的自由、独立与平等。这是启蒙运动与爱国运动相互促进的一面。但是，当个体的反抗没有出路，群体理想的现实建构复遭失败，那些以宣传西方民主自由、以启蒙民众为要务的新文化运动的领导者陈独秀、李大钊等人迅速接受马克思列宁主义，走上了救亡与革命这条道路，虽然仍有从事教育、科学文化等工作的知识分子继续担负着启蒙的使命，但毕竟已不是主流，于是新文化运动始于启蒙，终于政治革命。李泽厚深刻地刻画出一出"现代中国的历史讽刺剧"："封建主义加上危亡局势不可能给自由主义以平和渐进的稳步发展，解决社会问题，需要'根本解决'的革命战争。革命战争却又挤压了启蒙运动和自由理想，而使封建主义乘机复活，这使许多根本问题并未解决，却笼盖在'根本解决'了的帷幕下被视而不见。启蒙与救亡（革命）的双重主题的关系在五四以后并没有得到合理的解决，甚至在理论上也没有予以真正的探讨和足够的重视。"[1]

李泽厚关于启蒙与救亡的论述在学术界引起了广泛的响应，但也有人批判之，如刘小枫在《现代性社会理论绪论——现代性与现代中国》一书中指出，所谓中国现代化过程中救亡压倒启蒙的观点是对启蒙的错误认识，"这种论点忽视了启蒙的两种不同类型：近代自由民主的启蒙观和人民民主的启蒙观。马克思主义是现代启蒙思想的转向，主张科学式社会主义启蒙，以启发阶级觉悟、民族觉悟和新道德为取向。中国的民族主义（救亡）与社会主义的亲和推进了社会主义式的启蒙，自由主义的启蒙反倒被视为蒙蔽"[2]。此种论辩可

---

① 李泽厚：《中国现代思想史论》，生活·读书·新知三联书店，2008，第39页。

② 刘小枫：《现代性社会理论绪论——现代性与现代中国》，上海三联书店，1998，第388页。

加深人们对启蒙的认知，同时也使得对启蒙的讨论复杂起来。但不管怎么样，李泽厚率先提出了启蒙与救亡的关系问题，在启蒙与救亡的关系背后隐藏着一个现代中国能否建立以及建立一个什么样的现代中国的问题。从李泽厚的观念看，对启蒙与救亡的深入研究，一个现代中国应当在政治社会体制与文化心理结构方面从传统中国的转换性的创造中而来，他特别反对以道德说教解决思想问题来替代政法体制上的进步。"重要的是在树立现代个体人格的前提下，不是以理（社会）压情，也不是一味纵情破理，而是使理融化在情感中。"[1] "现代社会不能靠道德而只有靠法律来要求和规范个体的行为。"[2]

（二）多元一体新中华

1949 年以后，冯友兰先生将"贞下起元"这一信念发展为"旧邦新命"的提法。"贞下起元"着重于民族生命一阳来复的转折，强调的是对民族生命的信心，而"旧邦新命"脱胎于"周虽旧邦，其命惟新"，充满了通观古今的历史意识。1980 年，冯先生在其《中国哲学史新编》自序中说："在世界上中国是文明古国之一，其他古国现在大部分都衰微了，中国还继续存在。不断继续存在，而且还进入了社会主义社会。中国是古而又新的国家。《诗经》上有句诗说：'周虽旧邦，其命惟新'，旧邦新命，是现代中国的特点。"[3]

冯友兰先生念兹在兹的旧邦新命是中国深沉的历史意识的一部分。周人在殷周之变时所领悟到的旧邦新命在 3000 多年的历史长河中不断得到发展，同时也不断得到证实。

在我们今天的用语中，中国、华夏、中华、中华民族往往混而不加区分，然究其实，各词无不是历史过程的生成物，而其中亦有深意，值得我们深入挖掘。就名相而言，在春秋时期，中国、华夏等词语已被人们广泛使用，至于中华一词，根据王树民先生的研究，起源于魏晋时期，是从中国与华夏两个名称各取一字复合而成。"中华民族"更是一个晚近的建构，它是 19 世纪与 20 世纪之交，作为表达稳定的民族共同体的民族概念从日本引进后，再结合"中华"一词而构成"中华民族"这一新名词。

---

① 李泽厚：《中国现代思想史论》，生活·读书·新知三联书店，2008，第 46 页。
② 李泽厚：《中国现代思想史论》，生活·读书·新知三联书店，2008，第 44 页。
③ 冯友兰：《中国哲学史新编》（上），人民出版社，2007，第 1 页。

问题的关键不在这些名相或名词的表层含义，而是深植在它们背后的历史与心态。著名人类学家王明珂在《华夏边缘：历史记忆与族群认同》一书中提出："不仅对于许多研究者而言，华夏是个难以理解的民族，对于现代许多自称或被称为中国人的华夏而言，究竟什么是中国人（或华夏）也经常是个困惑或有争论的问题。"[①] 在这种问题意识的支配下，王明珂阐述了一种华夏边缘模式，他通过族群边缘的形成与历史记忆的重构来阐明华夏如何由一个小小的共同体成为人口庞大、文化多元、历史久远的民族。他引用法国思想家欧内斯特·雷南对民族的看法，认为民族是共同拥有荣耀的历史记忆，也因此希望共享现在与未来的一群人。曾经的华夏民族是这样一群人，今天的中华民族更应该是这样一群人，但究竟是不是这样一群人，这是对我们当下中华儿女的考验。

与王明珂的华夏边缘模式不同，哲学家赵汀阳在《天下的当代性：世界秩序的实践与想象》一书中建立了一个阐释中国历史的"旋涡模式"[②]。他认为中国是一个内含在下结构的国家，因此中国从古代以来就是"一个未完成的概念，也是一个始终具有开放性的实体存在"。周朝的天下体系衰于春秋而亡于秦，先秦属于前中国的天下时代，秦汉以来的中国不再经营世界，却试图把中国经营为一个天下的缩版。赵汀阳特别强调，使中国区别于民族国家的性质必是中国的政治概念或原则，即作为中国政治起始基因的天下概念及其"无外"和"协和"原则。赵汀阳从孔子所谓"近者悦，远者来"的话语中提炼出"聚点模式"，认为必定存在着某种吸引力使中国成为一个共同选择。他发现中国历史上有一个一以贯之的聚点，即中原为核心的"天下逐鹿"博弈游戏，其动力结构是一个有着强大向心力的旋涡模式，众多相关者抵抗不住旋涡的诱惑而前赴后继地主动卷入其中，旋涡逐步扩大，终于达到稳定而形成了一个广域的中国。

费孝通先生着眼于中国的历史与现实，提出了中华民族多元一体格局的理论。费先生认为，中国在古代已有 2000 多年形成统一多民族国家的历史，其内在联系不断得到发展，一体性不断得以加强。只是由于当时没有一个真正足以威胁各民族共同利益的外部世界的力量，中华各民族尚不能自觉认识

---

① 王明珂：《华夏边缘：历史记忆与族群认同》，上海人民出版社，2020，第 457 页。
② 赵汀阳：《天下的当代性：世界秩序的实践与想象》，中信出版社，2016。

这种内在联系与一体性。随着中国各民族在反帝反封建斗争中日益自觉地结成整体，中华民族实际上包括中国各民族的内在联系，逐渐被揭示出来。孙中山先生在辛亥革命以后，创建中华民国，实行"五族共和"，彻底终结了王朝时代，使主权归于中国各民族。中国共产党进一步领导中国各族人民打败了帝国主义，建立了中华人民共和国，并确认中国 56 个民族平等、团结、互助友爱、互相支援、共同发展，完美地实现了中华民族的多元一体格局，为中华民族的复兴奠定了坚实的基础。

结　语

我们当下仍然处在中华民族巨变的历史时期，正如著名学者钱穆先生在《师友杂忆》中所说："家庭变，学校变，社会一切无不相与变。学术思想，人物风气，无不变。"的确，"无不变"成为中国社会近两百年来的典型特征。对于我们这些后学而言，如何在前人的基础之上，进一步洞察中国社会的变道，深入认识之，切实遵循之，并开启现代中国人文的新命，乃是对我们的巨大考验。

探讨中国近两百年来社会的变道，乃是一个重大的思想任务。许多先辈学者念兹在兹，贡献心智，泽惠后学。如著名历史学家唐德刚先生著《晚清七十年》一书，在发掘中国现代社会变道方面就有重要的参考价值。唐德刚先生在该书中提出了走出"历史三峡"的重要思想，他认为在西方文明挑战之下，中国的传统政治制度面临第二次大转型，正好与两千多年前的中国政治社会制度的第一次大转型——从封建制转到郡县制相对应。与第一次大转型一样，这次也是一次惊涛骇浪的大转型。唐先生说："我们要通过这个可怕的三峡，大致也要历时两百年。自 1840 年开始，我们能在 2040 年通过三峡，享受点风平浪静的清福，就算是很幸运的了。如果历史出了差错，政治军事走火入魔，则这条'历史三峡'还会无限期地延长下去。那我民族的苦日子就过不尽了。"[1] 但唐先生对未来中国满怀信心，他说："不论时间长短，'历史三峡'终必有通过之一日。这是个历史的必然。到那时'晴川历历汉阳树，

---

[1]　唐德刚：《晚清七十年》，岳麓书社，1999，第 7 页。

芳草萋萋鹦鹉洲'，我们在喝彩中，就要扬帆直下，随大江东去，进入海阔天空的太平之洋了。"①

　　近两百年来，在中华文明的第二次大转型之中，仁人志士，筚路蓝缕，薪火相传，屡仆屡起。在中华现代人文的建构中，我们见证了从天下到万国，从洋务运动到戊戌变法，从梁启超的新民说到鲁迅的国民性批判，都可以说是对现代中国变道的奋力探索。我们相信，只要我们踵武前贤，志存高远，持守好德治与法治的张力，我们就一定能够在参与现代中华文明的创建中淬炼成新的人格，并与中华文化一起获得新生命。

---

　　① 唐德刚：《晚清七十年》，岳麓书社，1999，第 7 页。

从国家起源的角度对《原君》民本观念的解构与重构[*]

阮　航^{**}

摘　要　黄宗羲在其《明夷待访录》首篇《原君》中从国家起源的角度将理想的政治推想为德治。这种德治是一种"民本"的政治，是理想的"公天下"的、为天下人的政治。就其组织及其运作方式来说，它是由人君作为精神领袖来主导并领导少数道德先觉者而有效运作的精英政治，也是一种精神高尚的政治。这种德治理想富有吸引力，充分表达了儒家民本的精神，蕴含着一种积极的自由观以及崇高的道德理想，并且其理论思路富有原创性，提示出一种运用非形而上的方式来解释德治的理路。但它仍带有相当的乌托邦色彩，有一些理论上需要解释和重构的问题，其中的关键在于两点：一是如何为作为道德领袖的人君之出现及其发挥的作用提供证成，二是如何解决稳定性问题，也就是由这种观念生发出来的社会制度能否为良序社会提供稳固的基础。

关键词　国家起源　民本　德治　《原君》　黄宗羲

从当代思想的角度看，儒家的"德治"以及其中蕴含的"民本"都是关涉公共哲学的观念，要让儒家的相关观念焕发活力，首先要解决的一个问题在于，能否基于中国传统观念来解释某种政治社会的合理性，或为之提供公共哲学的根据。就笔者的理解，这里所谓"公共"，可以有三层意思：一是为公众所接受，而不能是单单为少数人或精英所接受；二是由此发展出来的法律观念和制度是用来规范和调节公共生活，而不是私人生活；三是这种作为根据的观念必须呈现为"公共的"形式，不能采取宗教或独断性的形而上学等封闭的形式，而必须采取开放的形式，是面向大众来说的，是公众可以讨

---

　*　本文取自国家社科基金一般项目《大学》中的政治伦理及其当代考量"（12BZX063）结项成果，并在此基础上修改而成。

**　阮航（1971～），男，湖北黄陂人，哲学博士，湖北大学哲学学院副教授，博士生导师，研究方向：中国哲学、伦理学。

论的对象，也是容错且可修正的。中国思想传统以儒家为主流，近年来一些作者认为，儒家的民本与现代民主"虽不中亦不远"，而民本观念最鲜明的表达可见于黄宗羲的《原君》。有鉴于此，本文力图从国家起源的角度考察《原君》中的民本观念及其潜力，为此先运用分析的思路来解构相关论述，然后提出重构的思路，最后得出一些可能并不确定的结论。

一　为什么要选取国家起源的角度

为什么政治生活要以民为本？这可能要思考政治社会的缘起问题，然而人类社会政治生活到底是怎样开始的？这是一个无法通过历史经验来追溯的过程，在传统思想中这种追溯往往陷入某种形而上学的独断论。但是，这种追溯确实是必要的，否则我们很难为政治的合法性提供有说服力的解释。在西方近现代政治思想中是以社会契约论的方法建立某种理论模型，虽然似乎也难免有某种形而上的色彩，却是以合理推想而不是独断的方式呈现的。换言之，它只是提供一种可能的理论解释，并不自认是确实如此的真理，而是可错的某种可能性。在中国儒家传统政治思想中，这样的解释虽说极少但绝非完全没有，如荀子在《礼论》中就以经验推论的方式提出了一种关于"礼"之起源的解释。而关于政治社会的起源问题，明末清初思想家黄宗羲在其《原君》中也提出了一种推想，其中蕴含着某种儒家德治的思路，而且他虽然是著名的心学大师，在这个问题上却没有运用形而上的价值预设或关于人性的善恶判断。

二　对《原君》相关论述的解构

在《原君》中，黄宗羲首先推想了一种儒家式的政治起源：

> 有生之初，人各自私也，人各自利也；天下有公利而莫或兴之，有公害而莫或除之。有人者出，不以一己之利为利，而使天下受其利；不以一己之害为害，而使天下释其害，此其人之勤劳，必千万于天下之人。夫以千万倍之勤劳，而己又不享其利，必非天下之人情所欲居也。故古

之人君，量而不欲入者，许由、务光是也；入而又去之者，尧、舜是也；初不欲入而不得去者，禹是也。岂古之人有所异哉？好逸恶劳，亦犹夫人之情也。

这段论述是要推究君主及其权力、职责的由来，而在传统思想中政治生活正是由君主发端的，在此意义上，也可将君主认作政治生活的起源。由此可分析出如下几点。其一，关于前政治状态（"有生之初"）的描述。在这种状态中，人们都仅仅关心自己的生存问题和利益满足，对他人的生存状况则是漠不关心的（"人各自私，人各自利"）。可以说，前政治状态下的人普遍缺乏道德感，道德并非前政治状态的特征。其二，人们为什么要进入政治状态。这里的解释是"有待兴之公利，待除之公害"，也就是说，这是一种生存状况普遍不佳的状态，每个人的生存即使不是没有保障，也是不便利的。其三，正是人君的出现使进入政治状态成为可能。这一人君带领人们进入政治状态的过程，蕴含着（或者说按照黄宗羲的理路可推出）如下几点。①政治状态对于（或许是除人君之外的）绝大多数人都是有利的，因而也是可欲的。②由人君领导的这种政治是公天下的、造福天下苍生的，其目的是改善天下人的生存状况。这是一种以人君自觉牺牲自我利益为代价而建立的政治。③可以推想的是，政治组织是在人君的号召下建立的。为什么有人愿意参与这种政治组织而做出程度不同的牺牲？按照儒家的思路，合理的推想是由于人君这种自觉牺牲的高尚精神以及由此产生的人格魅力。推而广之，道德虽然是后起的，并且是由于某种无法明确的原因而产生，其本身却是具有精神感染力的。那么这种由圣君启动的政治可能就是这样的：这是由少数人不同程度上地自觉牺牲其物质利益而惠及绝大多数的政治，同时从道德上说又是一种"先知觉后知、先觉觉后觉"的精英政治。④这种政治是有合法根据的，也必然是得民心的，因为民众是普遍受惠者。⑤按照这种方式让人君领导的政治阶层治理的天下也必然是稳定的，因为政治阶层是自觉让渡其利益，民众虽然是被动的接受者却是受惠者，因而不可能有任何不满。⑥这种政治的建立可能也是最有效率的，因为利益牺牲者是自愿的。

其中有几个问题是不清楚的。其一，这样的人君是如何出现的？既然在前政治状态，每个人都是自私自利的，为何会出现后来成为人君的某个人会反其道而行之？如果排除儒家所提供的那种关于天子"作之君，作之师"的形而上解释，那可能只能诉诸各种偶然的因素。或许可以诉诸概率：在人类数量足够多的情况下，总有可能出现道德的性格类型。或许可以诉诸运气等偶然因素让人产生的心理变化：某人由于运气足够好，得到了大量甚至过剩的生活资源，因而有资源可以分给他人，在这一过程中获得了某种精神上的满足，从而逐步养成高尚的道德人格，进而这种人格对他人产生精神感召的力量。但无论如何，黄宗羲在此诉诸的是历史传说，是尧、舜、禹这些圣君主持天下的政治黄金时代。其二，这种以少数人自觉牺牲其物质利益为代价，让绝大多数人获利的政治是否公平合理？是否可行？按照儒家孟子一系的道德解释，精神层次的满足远远高于物质生活的满足，进而似乎还可以满足"不朽"的宗教追求。春秋时代流行的"三不朽"，以"立德"为首。

黄宗羲推想的是政治的起源，结合这种政治的性质来说也是德治的起源。这是一种"民本"的政治，亦即是为民众着想、为生民立命的政治，是理想的"公天下"的、为天下人的政治。就其组织及其运作方式来说，它并非"民主"的政治，而是"君主"的政治，是由人君作为精神领袖来主导并领导少数道德先觉者而有效运作的精英（但绝非专制）政治，也是一种精神高尚的政治。

这样的政治显然是可欲的，却带有乌托邦的色彩。进一步的问题在于，这样的政治能否持续稳定地延续下去？就黄宗羲接下来的叙述来看，其持续性是成问题的，因为后世的人君已失责，反而把君权用作谋自己一家一姓私利的资具。在黄宗羲看来，传统政治已腐化堕落，丧失其原初的道德合法性。

三 《原君》相关论述的问题及其理论潜力

以上的分析和解构似乎表明，黄宗羲对于德治之政治起源的解释是问题重重的，因而在理论上应予放弃，但实际上并非如此。其一，其所表达的理念是富有吸引力的，充分表达了儒家"民本"的精神，从现在的眼光看似乎意味着一种积极的自由观念。它蕴含着崇高的道德理想，可说是人类可欲的政治，并且其批判也切中了传统政治现实的症结。其二，其理论思路是富有原创性的，提示出一种运用非形而上的方式来解释德治的理路。包括传统儒学在内的各种传统哲学提出的理论，往往看上去很有吸引力，而且也顺理成章，但大多是以一些自认不言而喻的价值预设为前提，并且以此来填补理路的"断裂"之处。这是传统思想的特点，从当代的眼光看由此只能产生封闭型的理论和观点，蕴含着一种拒绝与异质价值观对话的态度。而黄宗羲的理路却是开放式的，在此意义上是突破了传统的论说立场和方法。其三，富有原创性的思路在其初期往往是粗糙的，经过分析会发现诸多漏洞。如作为启蒙哲学的集大成者，康德的伦理学极富原创性，但并非完善的，相反，其中存在诸多讲不通之处。但这并不能否定其原创意义，从当代开放的分析讨论来看，问题不在于其中存在多少漏洞，而在于是否还"有救"，是否具有修正或重构的可能，通过这样那样的修正，我们就可能取得理论上的进展。[①]而如果能够取得这样的进展，那么首先就应归功于原创思路的奠基意义。

四　重构的可能性

按照黄宗羲提示的思路，儒家德治的合理性似乎可以由"民本"来解释。虽然这种解释带有较浓厚的乌托邦色彩，在理路上也需要进一步的疏导，但我们如果能够基于道德直觉或心理学等非形而上的思路来修正，或许就有提出某种证成德治根据的可能性。这个问题显然需要较深入的理论思考和设计。这里只能基于前文的论述作个简单的说明：它或许在理论上需要法治的观念来补充，需要两者相辅相成才能予以完善，进而还必须有相应的有约束力的制度安排，才可能落实为不仅可欲而且可稳定持续的政治社会秩序。

结合《原君》的文本来说，重构的关键在于：一是对于作为道德领袖的人君之出现及其发挥的作用，我们必须给予某种合理的解释；二是对于第一点提出的解释，我们必须提供某种检验方法，这既是为了避免如简单认之为绝对真理一般的独断性或理论的封闭性，也是为了提供某种纠错的合理方法；三是要解决稳定性问题，也就是由这种观念生发出来的社会制度能否为良序社会提供稳固的基础。

---

① 〔英〕德里克·帕菲特：《论重要之事》，阮航、葛四友译，北京时代华文书局，2015，序言及第 234 页。

"不平等"与亚当·斯密道德哲学中的心智秩序[*]

张江伟[**]

摘 要 亚当·斯密意识到尽管存在普遍丰裕以及法律和权利上的平等，社会经济意义上的不平等仍然是商业社会的固有特征。这一不平等的固有结构与寻求优越性的人性相结合，对个体的内心施加极大影响，酝酿着巨大的心理和道德危机。面对这一情形，亚当·斯密不是从制度，而是从构建心智秩序的角度予以应对。他的努力分为三重。首先，发展和调整其理论，将他人作为平等者的神圣地位建立在人心之上。其次，通过主体的自我调适和内心秩序的主动应对，削弱不平等的社会结构对相应个体在道德心理上的负面影响，并且在沟通不同群体的基础上，使得经过自我调适后的主体可以良好地承担不同层次的社会任务。最后，亚当·斯密提出了审慎之人这一典型人格类型，给出了商业社会所能普遍承诺的一种寻求优越性的方式。总体而言，亚当·斯密关于平等和不平等的问题意识塑造了其关于人的心智秩序的设想。

关键词 优越性 不平等 亚当·斯密 道德哲学 心智秩序

引 言

在传统上，亚当·斯密（以下简称斯密）常常是以自由放任资本主义或者自由市场倡导者的形象出现。相对于其同时代人卢梭，斯密主要被定位在自由与平等这一光谱的左边。斯密被看成一个主要从自由、从交换正义而非分配正义的角度思考世界的思想家，除了自由放任和基本的法律、权利平等之外，他对平等或者不平等并没什么特别的论说。一直到今天，无论是在学界还是在一般舆论界，这一形象仍然是斯密的主流形象。然而，最近二三十

* 本文系国家社科基金后期资助项目"欲望、利益与商业社会"（18FSH009）的阶段性成果。

** 张江伟（1980 ~ ），男，湖北天门人，浙江大学经济学博士，浙江外国语学院副教授，2019~2020 剑桥大学历史系访问学者，研究方向：苏格兰启蒙运动政治经济思想。

年来，学界开始倾向于从平等问题而非自由问题的角度发掘斯密的伦理、经济和政治等方面的思想。

有的观点认为斯密是道德意义上的平等主义者，因为他强调道德无偏性以及人的尊严上的平等。[①] 其他一些观点则更为具体地从经济和政治理论出发，试图弄清楚在斯密的体系中，他对经济或者政治平等以及分配正义的强调到达何种程度，或者他强调何种具体类型的经济、政治意义上的平等。[②] 总而言之，这些观点试图弄清楚在什么维度上斯密是一个平等主义者，或者不是一个平等主义者。随着这些研究的推进，斯密作为一个并非只关注自由，而且也关注平等的思想者的形象被树立起来。比如 Samuel Fleischacker 认为，斯密部分地是一个规范的平等主义者和事实上的平等主义者，而在此之外斯密还在某些方面支持社会政治方面的平等主义。[③] 他甚至认为虽然斯密在《国富论》中只是支持有限程度的再分配政策，但是与当时的主流观点对比，这一政策并不是支持力度最小的；相反，在平等主义的思想史上，斯密贡献甚大。[④]

关于斯密平等思想的其他研究则不试图确定斯密在何种意义上是一个平等主义者，而只是从类似社会科学的角度观察斯密对与不平等有关的影响机制的思考。比如 Rasmussen 试图发掘斯密关于极端不平等对道德和幸福的不良影响方面的思考。[⑤]

这两种研究路径只是修正，而没有颠覆斯密作为自由主义者的传统形象，但是从平等角度观察斯密，无疑使得斯密的形象变得更为丰满。在上述研究的基础之上，本文试图做一些推进。不过，本文并不试图弄清楚在政治经济的意义上，斯密支持什么样的平等或者不平等。实际上，这方面并不存在特别大的论述空间，毕竟和当今时代的平等理论家们相比，斯密并没有承诺太

① Stephen Darwall, "Equal Dignity in Adam Smith", in Vivienne Brown(ed.), *The Adam Smith Review*, Volume 1, Routledge Press, 2004, pp. 141-146.

② Samuel Fleischacker, *A Third Concept of Liberty: Judgment and Freedom in Kant and Adam Smith*, Princeton University Press, 1999. David Levy, *The Economic Ideas of Ordinary People: From Preferences to Trade*, Routledge, 2012.

③ Samuel Fleischacker, "Adam Smith on Equality", in Christopher J. Berry, Maria Pia Paganelli and Craig Smith(eds.), *The Oxford Handbook of Adam Smith*, Oxford University Press, 2013.

④ Samuel Fleischacker, *A Short History of Distributive Justice*, Harvard University Press, 2009.

⑤ Dennis C. Rasmussen, "Adam Smith on What is Wrong with Economic Inequality", *American Political Science Review*, Vol.110, No.2, 2016, pp. 342-352.

多需要用制度设计来提供的平等。然而，不能因此而说对平等和不平等的意识对斯密而言是不重要的。恰恰相反，斯密对平等和不平等的意识渗透在其对人类生存处境的思考中，这一思考的变化和发展也塑造了他的道德和社会理论。正如罗伯森所指出的，斯密的《道德情感论》（下文代之以 TMS）是在假设社会已经进展到了不平等状态的前提下进行解释的工作。① 在笔者看来，斯密的道德理论尤其是经过第六版 TMS 增补后所呈现出来的面貌有两个关键方面。首先，体现了斯密意识到商业社会的不平等结构，以及这一结构与人性、人的具体社会位置结合起来对人类道德和社会心理所形成的影响和挑战。其次，也反映了斯密在道德理论和人类心智秩序的建构层面的有意应对。虽然不同于现代平等主义者更倾向于通过制度建设来调整社会结构，但是斯密从心智秩序角度进行的回应仍然是任何一个面对不平等的现代方案中不可缺少的组成部分。

一 商业社会的不平等结构与道德心理危机

斯密关于商业社会中的平等问题有着丰富的意识。首先，从某种意义上说，斯密在人类自然禀赋这一点上坚持平等主义立场。在《国富论》开篇论述劳动分工的场合时，斯密就指出人与人之间天赋才能上的差别比我们注意到的要小多了，不同行业的专业人士才能上的差别与其说是分工的原因，而不如说是分工的结果。这一观点，使斯密与强调天赋才能构成分工基础的柏拉图无疑有天壤之别。其次，也和其同时代的主流观点，比如曼德维尔所主张的观点大相径庭。曼氏认为为了国家的经济繁荣和提升竞争力，社会永远需要一个庞大的穷人阶层的存在。与之相反，斯密不仅认为社会的底层人民享受经济增长的果实是起码的公平所在，而且认为社会繁荣不需要以牺牲穷人的福祉为代价。无疑，斯密反对极端的不平等。不仅如此，斯密对社会底层人民教育的关注，对必需品和奢侈品税收的区分，甚至对上层人物所体现的道德标准的讽刺都反映了斯密具有相当的平等意识。

然而，尽管存在上述事实上和规范上的平等立场，斯密清醒地认识到商

---

① John Robertson, *The Enlightenment: A Very Short Introduction*, Oxford University Press, 2015.

业社会必然是一个仍然存在相当程度不平等的社会。他对商业社会必然蕴含着某种不平等的具有现实感的意识渗透在其主要著作之中。在《国富论》第一卷第一章最后一个段落的结尾处，斯密比较了商业社会相对于其他社会形式为人类所带来的生存条件的改善。他指出，依赖于劳动分工和合作，商业社会中个体的处境得到了整体性的改善，哪怕是最为"卑贱"的工人也得到了他原本不可能得到的简单生活用品。以至于在欧洲这样的文明社会，一个普通农民的生活水平也要大大地高于作为"数以万计的赤裸野蛮人生命与自由的绝对主宰"[①]的非洲君主的生活水平。但是尽管如此，斯密清楚地注意到，在商业社会通过市场竞争和资源配置整体性地提升了其社会成员的生活水平的时候，商业社会并没有同等地改善所有人的生活条件，因此并没有取消社会等级的差别。同样是在《国富论》第一卷第一章的结尾处，斯密注意到在文明社会中，"同富贵人家的极度豪华奢侈相比，他（指最"卑贱"的人——引者注）的生活用品看来无疑是极其简单而又平常的"[②]。商业社会这一既总体性地提升所有社会成员的生活水平，但是也并未完全取消社会等级差别的特征也为著名学者洪特所注意到。洪特认为，斯密的上述观察是用市场的语言对古老的法理学传统中穷人的需要与富人的权利如何兼容的问题所进行的回答。洪特指出，斯密的论证意在表明可以创建一种富裕的经济，超越上述二律背反；而且，斯密的论证构成对商业社会的一种关键的证成，虽然现代商业社会既不平等也不具备德性，但不算是不正义的。[③] 在这里，洪特指出了斯密体系中的一个关键事实，即在商业社会中仍然存在一定的不平等，虽然这种不平等主要是社会等级差别和财富差别意义上的不平等，但不意味着个体在基本权利和享受法律之下的自由上存在差异。如果使用平等的语言重新表述斯密的立场，那么这无非意味着斯密认为商业社会中仍然存在社会经济意义上的不平等，尽管不存在法律和某些公民权利意义上的不平等。

实际上更为直接地考虑到斯密对自由、财产权以及市场竞争的强调，便会认为斯密试图削弱不平等的商业社会结构的负面影响是顺理成章之事。虽

---

① 〔英〕亚当·斯密：《国富论》，杨敬年译，陕西人民出版社，2011，第13页。
② 〔英〕亚当·斯密：《国富论》，杨敬年译，陕西人民出版社，2011，第12页。
③ 参见〔英〕伊斯特凡·洪特《贸易的猜忌》，霍伟岸、迟洪涛、徐至德译，译林出版社，2016。

然，斯密并不支持极端的不平等，但是斯密确实认为一定程度的不平等是内在于商业社会的。

然而，商业社会的这一根本结构，与人性的基本特征结合在一起，将会导致巨大的心理冲突，因为人民不满足于洪特所说的那种普遍丰裕。如果一个社会除了基本权利和自由的普遍性之外还存在等级差别，其成员能够大体上接受相对地位的不平等这一局面，这个社会也仍然将是比较稳定的，其内部不会蕴含着太大规模的心理冲突。但问题恰恰就在于，在商业社会中，人们不会满足于在受良好的法律保护的意义上拥有相同的基本权利和自由。即使是社会最底层的人士也不满足于获得生活必需品，也不会满足于随着时间的推移，在仍然保持相同社会地位的同时享受质量越来越高的生活必需品。人们普遍追求的是在当下就能享有体现相对和比较价值的奢侈品以及社会地位。正如斯密所指出，就人的心理而言，由于更为倾向于同情快乐而不是痛苦，人们普遍具有一种将幸福等同于更多的财富与更高的地位的倾向或者幻觉。这一倾向使人追求优胜、追求超过其他人，构成了商业社会发展的动力，但也使得人们钦佩富贵、鄙视贫穷。正如斯密所指出的："这世上所有熙熙攘攘的辛劳忙碌，所为何来？所有贪婪与雄心，所有财富、权力和地位的追逐，目的何在？难道是为了供给我们以生活必需品？只要有最卑贱的劳动者那样的工资，便可以供给那些东西。"[1] 这意味着在一个商业社会中，每一个人改善自身状况的欲望并不限于获得生活必需品，而是要寻求相对的优越地位。然而，正如上文所指出的，商业社会的成功之处主要体现在必需品提供方面的改进上，处在历史进程中的商业社会可以不断地使之前为少数人享用的奢侈品变成普通人消费的必需品。无论如何，商业社会也是社会，仍然受制于社会本身必然会存在地位差别这一逻辑。而这并非"看不见的手"这一机制所能协调的。

商业社会的上述特征，使商业社会在某些情况下将演变为一个充满巨大心理动荡的体系。这一体系既蕴含着推动发展的巨大能量，也蕴含着紧张和冲突的巨大能量。正如中国目前的状况所显示的，一个人人追求卓越，人人都力争上游、唯恐落后的社会必然是一个高速发展但同时也高度紧张的社会。

---

① 〔英〕亚当·斯密：《道德情操论》，谢宗林译，中央编译出版社，2010，第58页。

需要指出的是，斯密并不认为在商业社会之前的社会中就不存在地位差别以及人普遍追求地位的心理。不过，由于商业社会的特殊条件和状况，在商业社会中这一问题显然尤为严重。因为商业社会具有一种与之前的社会不同，但在更大程度上能够释放上述心理能量的社会结构。正如斯密所注意到，商业的恢复和商人阶级的成长首先在欧洲的城市，之后在欧洲的农村使得广大的市民和农民脱离了封建土地贵族或者领土的淫威，摆脱了人身依附关系，进而建立了秩序和良好的政府。其结果是享有法治和安全的现代意义上的自由个体的出现。而在此之前，封建的农业社会之中的人们，处在依附或者缺乏政治和经济自由的状态之中。其政治权利和经济自由的阙如，使得这些人们缺乏改善自身状况的机会，满足于得到必要的生活资料。然而"当人们确实能享受自己的劳动果实时，他们当然会用来改善自己的状况，不仅要获得生活必需品，而且要获得生活便利品和娱乐品"①。商业社会的结构性转变，释放了人性中原本蕴含着的心理动能。虽然存在地位差别，但是不再存在相对固定、很难通过努力改变的地位差别，这诱导着每一个人竭尽全力地改善自身的处境。而在之前的社会中，个人尚未从等级制和依附性的社会结构中脱落出来，其心理能量缺乏释放的机会。实际上，斯密早于托克维尔看到了上述心理的转变。正如托克维尔所指出的："当出身和财产的特权一旦取消，各种职业对一切人平等开放，谁都可以依靠自己的能力登上本行的高峰时，则有雄心壮志的人们都以为自己有无限光明的前程，觉得自己命中注定要干出一番大事。"②然而，这终究不过是一种幻觉而已。如前文所述，虽然商业社会可以提升所有人的生活水平，但所有人同时实现向上的社会流动是商业社会体系内部所蕴含着的一种不可能。还是托克维尔言简意赅："平等使人产生了追求享受的欲念，但它没有向人提供满足欲念的方法，所以这两者之间的永远相背，经常使人感受苦恼和受尽折磨。——人绝不会获得使他感到满足的平等。"③

而这一对优越性的追逐，给商业社会带来严重的心理和道德危机。在寻求优越性和不平等而与他人竞争的过程中，配合我们自身的相对位置，蕴含着多重危险。首先，蕴含着在我们自己的想象中，他人的形象可能会遭受扭

---

① 〔英〕亚当·斯密：《国富论》，杨敬年译，陕西人民出版社，2011，第 342 页。
② 〔法〕托克维尔：《论美国的民主》，董果良译，商务印书馆，2014，第 727 页。
③ 〔法〕托克维尔：《论美国的民主》，董果良译，商务印书馆，2014，第 728 页。

曲。他人可能不再被看成我们的平等竞争者，而是被看成我们必须打垮或者压倒的敌人。而这种看法无疑将会使人与人之间重新陷入霍布斯意义上的为了荣耀而斗争的战争状态，尽管这种战争状态不再是政治性的战争状态，而带有更多的经济和社会含义。其次，在这一始终存在社会等级的体系中，我们的既定位置与我们寻求优越性的心理结合起来可能成为我们道德情感和内心宁静的腐蚀剂。由于重要的是我们自己相对于他人的位置，无论是我们不接受这一点还是自满于这一点，都会造成我们以扭曲的方式看待自己和看待他人的危险。一言以蔽之，斯密清楚地意识到不平等的实际社会状况，与人寻求优越性、不希望与他人平等的心理两者相结合，对商业社会中个体与自身、与他人的关系构成了严重的挑战。

斯密的道德理论，尤其是 TMS 第六版中的增补，在相当的程度上正是为了应对上述不平等问题的挑战。面对这一挑战，斯密没有直接给出政治制度层面上的解决方法，而是试图确立一种理想的道德和心智秩序来安顿必然与他人共存于一个不平等社会中的个体，以及维系由这样的个体所组成的社会。这一心智秩序包含两个方面，首先是在心理上我们将彼此视为具有某种神圣意味的人格上的平等者。这是面对不平等世界的一种心理上的平等。其次是面对不平等的现实，我们如何安顿自己的身心以抵消这一现实的影响，以及带着什么样的姿态或者内心秩序去确定我们的地位。

二 作为平等者的他人

斯密所建立的心智秩序的第一个方面体现他试图借助人性的道德情感资源将他人作为平等者的身份建立在我们的内心之上。"无偏观察者"这一我们自己的道德想象或者道德资源，被斯密用来确立他人作为我们平等者的神圣身份。

正如 Samuel Fleischacker 所指出，斯密使用无偏观察者的恰当的道德判断来保障对人类平等的承诺。[①] 在斯密笔下，无偏观察者是我们为了应对社会中的人际互动所发展出来的一种处理我们与受到我们行为影响的他人之关

---

① Samuel Fleischacker, "Adam Smith on Equality", in Christopher J. Berry, Maria Pia Paganelli and Craig Smith(eds.), *The Oxford Handbook of Adam Smith*, Oxford University Press, 2013.

系的一种协调者或者法官。这一想象中的协调者是人类面对社会互动和道德压力，而自我设想出来的一种协调机制。如菲利普森所指出的，斯密的无偏观察者不是哈奇森的人性中先天的道德感，而是想象和语言的一个产物，是我们为了应付日常的道德需要和压力而虚构出的资源。[①] 它虽然是我们自己想象出来的，基于我们的某些情感禀赋和情感过程，但是并不受到我们自己的偏见以及人格的影响，并且同样地疏远于我们和其他人，其立场是中立的。无偏观察者的这一中立性在斯密 TMS 的第一版中就蕴含着。在第一版中第一次出现这个概念的场合，斯密将无偏观察者的情感称为"更为公平的情感"（more equitable sentiment）。

无偏观察者概念的上述内涵在 TMS 第二版的修正中变得更为清楚。斯密在第二版的修正中如此描述无偏观察者：这是一个相当坦荡和公正（candid and equitable）的人，"他与我们自己没有特殊关系，与利益受到我们行为影响的人也没有任何特殊关系，他既不是我们也不是他们的父亲，兄弟或者朋友，而只是一个一般的人，一个以我们看待他人行为的同样冷漠看待我们的行为的无偏观察者"[②]。无偏观察者显然具有某种公正法官的形象，这是一个协调我们与他人关系的虚拟的裁判者。

无疑，无偏观察者的中立性以及公平的情感旨在保障我们与他人之间的平等性。不因为我们而牺牲他人，也不因为他人而牺牲我们。这两点具有对称的含义，也是无论哪一种平等概念的基本意涵。但是在理论上对称的结构，在斯密体系的发展中却未必表现为对称。相反，在第二版 TMS 对无偏观察者概念的阐释中，斯密相对来说强调的是后者。斯密认为无偏观察者的行为起源于我们进入社会。当我们刚进入社会的时候，我们想要取悦社会中的每一个人，观察什么是他们所喜悦的。但是经验马上告诉我们，他人普遍的认可是不能获得的，尤其是当我们与他人面临更为实质性的利益冲突的时候。"只要当我们开始有更重要的利益去管理，我们发现，取悦一个人，我们几乎肯定会得罪另一个人，并且取乐一个人，我们常常激怒所有人。最公正和公平的行为必定常常阻碍利益，或者挫败特定人群的意图，这些人很少具有足够的正直接纳我们动机的合宜，或者看到我们的行为不管对他们是多么不利，

---

① 参见〔英〕尼古拉斯·菲利普森《亚当·斯密的思想之旅》，于海生译，华夏出版社，2019。

② Adam Smith, *The Theory of Moral Sentiments*, Liberty Fund, 1982, p.375.

但是完美地匹配我们的处境。"① 正是在这一情境下，我们在自己心中设置了一个处于我们和他人之间的法官。因此，在第二版 TMS 中斯密更为强调的是无偏观察者的产生源于在道德和利益冲突的场景下，对我们自身的尊严和利益的保护，使得我们可以得到自己的公正和平等对待。斯密赋予无偏观察者保护我们自己免遭社会不公的判断的功能。而无偏观察者概念作为对他人的保护，使得他人成为我们的平等者的这一面在第二版中虽然始终蕴含着，但是相对于第六版 TMS 来说，并没有得到特别的强调。

这一点和斯密的第二版 TMS 修正的理论意图以及其认识有关。就前者来看，斯密第二版 TMS 对无偏观察者概念的修正，旨在应对爱略特关于离开了外部评价的内部评价是否可能的质疑。斯密试图说明，内心中的无偏观察者也就是良心的判断虽然起源于人在经验世界中的生存处境，但是可以获得一定独立性和自足性。虽然无偏观察者需要参照其他人的情感，但是并不是社会舆论的奴隶。在这个时候，斯密所关注的是无偏观察者是否可以独立于社会舆论的问题。就认识而言，斯密此时还没有充分注意到上文所呈现的寻求优越性对人类道德情感造成腐蚀的问题。然而，随着商业社会的发展，斯密无疑认识到因为对优越性的激烈竞争，为了自利或者自尊而牺牲他人显然成为一个更为严重的问题。而这意味着，在我们的道德视野中他人作为平等者的地位变得岌岌可危。此时的问题不再是在一个道德意见纷繁复杂的社会中我们何以自处，而是面对寻求优越性以及他人承认的诱惑，如何在我们的道德视野中保障他人作为平等者的道德地位。

在斯密看来，人性中存在一些重要的道德心理资源，这些心理资源使得个体在一定程度上获得独立于社会舆论的定力，而不再完全成为寻求优越性的囚徒。这种心理资源有助于在竞争中保障他人作为我们的平等者。

而这就是，斯密在"对值得称赞的爱"和"对称赞的爱"这一区分中发现的人所具有的对自身品格的珍视和敬畏。就理论发展而言，斯密第二版 TMS 的修改之中已经蕴含着这一区分。在第二版 TMS 的修改中，斯密已经意识到并非所有人都是世界的奴隶，有一些人总是求助于内心的无偏观察者这一更为高级的法庭，他们更多的不是考虑这个世界赞许什么和不赞许什么，

---

① Adam Smith, *The Theory of Moral Sentiments*, Liberty Fund, 1982, p.375.

而是考虑内心中的无偏观察者赞许什么和不赞许什么。相对于后者的最终判断，现实中其他人的情感虽然不是完全无关的，但是不是多么重要。这里，实际上已经区分了人对社会舆论和对无偏观察者的两种不同的内心态度。然而，在这个时候，斯密没有从更具有动力性、更为积极的情感原则"爱"的角度去区分这两者。而在第六版 TMS 中斯密如此描述："人，天生不仅希望被爱，而且也希望自己可爱，或者说，希望自己是一个天然适宜被爱的家伙。他天生不仅害怕被人怨恨，而且也害怕自己可恨，或者说，害怕自己是一个天然适宜被人怨恨的家伙。他不仅希望自己受到赞美，而且也希望自己值得赞美，或者说，希望自己是一个天然适宜受到赞美的家伙，即使这家伙没受到任何赞美。他不仅害怕自己受到谴责，而且也害怕自己应该受到谴责，或者说，害怕自己是一个天然适宜受到谴责的家伙，即使这家伙没受到任何人谴责。"[1] 从而，不同于某些传统观点将德性意识与理性联系在一起，斯密认为情感与德性意识并不冲突。相反，人的德性和成长是以"爱值得称赞"这种具有德性色彩的激情为前提的。斯密认为，人因为在他人身上观察到真善美而产生好胜之心，希望自己也成为具备真善美之人。"好胜仿效的心理，即热切希望我们自己胜过别人的心理，根本的来源就在于我们对他人的卓越感到钦佩。但是，我们不会仅满足于我们像别人那样受到钦佩。我们至少必须相信我们自己像别人那样值得钦佩。"[2] 斯密这里论述的对德性的爱明显和亚里士多德《尼各马可伦理学》第九卷中所论述的那种指向高贵对象的高级自爱以及之后的西塞罗、斯多葛传统中类似的心理特征是极为相似的，并且极有可能受到了后者的影响。但是无论这一概念的思想来源是什么，重要的是，这一在德性层面上的好胜之心改变了人与他人竞争的游戏层次，也改变了人的行动策略。人固然寻求优越性，追求其他人的认可，但是他没有将此建立在他人实际认可的基础之上，相反他要求自己真正地成为卓越之人。他并不满足于表面上得到其他人的称赞，而是进一步地寻求自己内心中的无偏观察者的肯定，以确认自己是否实至名归。正是心灵中的这一等级体系，使得他人在与我们的竞争中仍然是我们的平等者，而不是敌人。因为此时，我们不再只是社会舆论的囚徒，从而抛弃以成功来掩盖自己道德瑕疵的做法。

---

① 〔英〕亚当·斯密：《道德情操论》，谢宗林译，中央编译出版社，2010，第 138 页。
② 〔英〕亚当·斯密：《道德情操论》，谢宗林译，中央编译出版社，2010，第 138 页。

在斯密看来，虽然这个内心的旁观者在某些极端特殊的场合下，并不足以坚强到应对社会舆论的不公非议而支撑软弱者的信心，但是他的影响和权威在所有场合都是很大的。在斯密看来，尤其是在我们不是作为受害者而是作为受益者而涉及他人的场合，内心中的无偏观察者也就是我们的良心具有相当的权威和影响。"在所有场合，良心的影响与权威仍然是很大的，而且也唯有向住在心里面的这位判官请教，我们才可能适当地看清与我们有关的一切事物的形状与大小；或者说，我们才可能在我们自己的利益与别人的利益之间做出适当的比较判断。"①

在斯密看来，我们原始的自私激情会夸大我们自己的重要性。"对人性中原始自私的热情来说，我们自己的一个极其微小的利益得失，其重要性会显得大大超过某个与我们没有特殊关系的他人的最大的关切，并且会在我们身上引起远比后者所引起的更为强烈的喜悦或悲伤，以及更为热烈的渴望或憎恶。"② 因此为了对这些相反的利益做出比较，我们绝对不可以站在我们自己的立场或者他的立场，也绝不可以用我们自己的眼睛或者用他的眼睛，而必须站在一个第三者的立场上，使用这个第三者的眼睛。"这个第三者，不管是和我们或是和他，都没有特殊的关系，因此可以不偏不倚地在我们和他之间做出公正无私的评判。"③ 正是这个内心中的无偏观察者克制了在涉及他人场合时我们原本无比强大的自爱冲动，使得我们可以公正地处理我们与他人之间的关系。"正是他，每当我们即将做出影响他人幸福的举动时，以一种能够使我们最放肆冒失的激情吃惊的声音，向我们呼叫，要我们注意我们自己只不过是芸芸众生中的一员，在任何方面都不比芸芸众生中的其他任何一员重要。"④ 在斯密看来，是我们对无偏观察者的肯定的更为强烈的爱，对值得尊敬和高贵的爱，而不是我们对邻居和人类的爱，保障了他人作为平等者在我们道德视野中的出现。在这一甚至似乎带有"神性"色彩的法官面前，我们没有任何特殊性，而是被降到了和他人一样的位置。斯密认为在不涉及他人利益的场合，我们没有必要克制自己对他人的冷漠，我们可以奋力奔跑，为

---

① Adam Smith, *The Theory of Moral Sentiments*, Liberty Fund, 1982, p.165.
② Adam Smith, *The Theory of Moral Sentiments*, Liberty Fund, 1982, p.165.
③ Adam Smith, *The Theory of Moral Sentiments*, Liberty Fund, 1982, p.165.
④ Adam Smith, *The Theory of Moral Sentiments*, Liberty Fund, 1982, p.166.

了寻求优越性将他人抛在脑后。但是在涉及他人的场合，"我们不敢像自爱也许会暗示我们去做的那样，把自己个人的利益置于众人的利益之上。我们心里面的那个人会立即发出呼叫，说我们太过重视我们自己而太过轻视别人，说我们这么做会使我们自己变成我们的同胞们藐视与愤慨的适当对象"①。在这里，无疑蕴含着对现代社会中某种平等和公平竞争原则的保障。不仅如此，这种保障显然不是他律，而近似为一种自律。它不是外来的道德命令，而是我们内在的道德情感的要求，是我们的心灵秩序的一部分。

而上述相对于前五版 TMS，显然更具有道德热情的教诲，无疑显示出斯密对商业社会最新进展的深刻觉察。斯密清楚地意识到，为了优越性的竞争，我们对社会认可的重视，使得我们在与他人为了利益和地位的竞争中，极有可能不是将他人当成平等者，而要将他人当成我们的敌人或者挡路石，其利益也被我们自动地缩小或者忽视。不过，斯密不像曼德维尔和卢梭那样将个体对优越性和社会经济地位的不平等的寻求看成虚荣或者骄傲，也不认为这是文明社会导致的异化结果，相反，他认为这是人性的必然，是人与生俱来的天性。这一天性也必然反映在社会结构中，也不是卢梭式的政治设计所能完全削弱的。因此，斯密不是要否定个体对不平等和优越性的寻求和竞争，而是在这种寻求和竞争中，在我们的内心的堡垒上保障他人作为我们的平等者。

三 不平等状态下的自我调适

如果说在上文中，斯密的主要理论意图表现为试图在一个注定存在不平等的世界，从每个自律主体出发确立一个稳定的内心秩序，以保障他人作为我们的平等者。这一心灵的秩序的另外一个不可缺少的部分则指向我们与自己的关系。斯密当然知道道德与社会化之间存在密切的关系，但是斯密不相信人完全是社会因素的产物。在他看来，人的心灵秩序具有一定的独立空间去应对现实秩序。因此，面对包含了不平等的现实，心灵秩序上的自我调适和应对不仅必要而且可能。在斯密看来，在商业社会中，几乎所有的人都需

① Adam Smith, *The Theory of Moral Sentiments*, Liberty Fund, 1982, p.167.

要建立内心的堡垒去进行某种程度的心理调适和应对。因为，在商业社会中，由于我们不能不处在某个特定的位置，社会的不平等结构与对优越性的寻求这两大因素的勾连对我们的道德心理和自我定位必定会造成巨大冲击。

斯密从社会中的精英群体以及社会中的中下层普通人这两个层面展开讨论。前者因为自身具有的相对于社会其他群体的优越地位，眼光向下看而在道德心理上遭受损害；而后者则因为自己不能获得理想中的社会经济地位，也就是眼光向上看而受到不平等的损害。

所谓的精英群体是那些因为财富或者权力而在社会等级中占据优越地位的人。斯密不否定这些人在才能或者品格方面都可能具有相当的过人之处。但遗憾的是这些人仍然受到环境和自身处境的过度影响，正因为其过人之处和相对地位，而变成对社会、对自身都相当不利的狂妄之人。在斯密看来，"在评估我们自己的优点、判断我们自己的品行时，有两种不同的标准是我们自然会拿来和我们作比较的。其中一种是丝毫不差的合宜与完美的理想，这当然是就我们每个人都能够领悟到的那个理想而言。另一种是在这世上通常可以被达到的，而且我们大部分的朋友和同伴，以及我们大部分的对手和竞争者，也很可能已经实际达到的那个多少有些近似该理想的层次"[1]。真正智慧和有德之人总是将自己的注意力指向第一种标准，也就是完全合宜和完美的标准。然而，这是一项极为艰苦的工作，因为这意味着要接受和忍受自己的不完美，永远意识到自己相对不如自己的人没有多少优越性，并且不断地付出艰苦的努力改善自己的品格，以趋近理想的标准。正是因为这一痛苦的存在，精英分子本身相对于普通人所具有的优越地位，以及群众的盲目崇拜这三重因素，现实中大多数精英分子很容易获得一种相对于其他人的自满和狂妄的感觉。如斯密指出，他们往往极为崇拜自己而鄙视别人。

然而这种感觉对社会、对其自身来说都是相当危险的。由于其狂妄，他们丧失了自我改进的空间，他们听不进逆耳忠言。他们本可以获得的真正友情，因为持有者表达的冷淡敬意达不到他们的自负所要求的程度而被摒弃，他们陶醉在无知群众和别有意图的随从的呼声之中。他们疯狂愚蠢的自负状态，使得他们不惜进行极度鲁莽、极度颠覆正义，并最终导致自己覆亡的冒

---

① Adam Smith, *The Theory of Moral Sentiments*, Liberty Fund, 1982, p.254.

险行动。在斯密看来，从古至今这种例子都不罕见。从古代的亚历山大、苏格拉底、恺撒到近代的普鲁士国王，概莫能外。斯密 TMS 第六版所增加的第六卷"论审慎"部分所提到的那个视人命如草芥，听不到人民的呼声和诉求，而只是醉心于自己宏伟政治计划的体系之人，正是这样的精英分子在政治领域的例证。

因此，在斯密看来，因为本身所处的优越地位而鄙视群众的自负的社会精英，无论对自身的幸福而言，还是对社会而言都是一种祸患。然而斯密并没有对社会精英完全失望，而是希望转化他们。斯密相信权力分立，相信法治，也相信政治经济体系的构建是为了最广大人民的福祉，但是他的学说仍然带有一些精英主义的色彩。正如下文中将会进一步揭示的那样，斯密对社会中下层群体的期待不过是希望他们成为低级审慎之人。这一人格是非政治性的。斯密并不指望社会的中下层进入政治领域，也不相信他们在复杂的商业社会中有从事政治活动的时间和能力。相较之下，斯密对精英群体的期待更高。他希望他们可以在看不见的手之外，推动社会进步。然而，这首先需要这些精英群体摆脱不平等的社会结构对其造成的伤害，摆脱对自身优越性的过度感觉和自命不凡。斯密希望他们成为按照合宜而完美的理想来要求自己，永远保持谦卑态度的个人。正如 Samuel Fleischacker 所指出，后者不是亚里士多德笔下意识到自己的优越性的慷慨大度之士，而是意识到自己不足、不认为自己是优越者的实际上的优越者。① 这种谦卑的自我意识不仅有助于精英群体的自我改进，使得他们在才能和德性上精益求精，而且具有重大的社会意义。因为这种谦卑，自认为和民众平等的意识是他们尊重民意、不蛮干地发动政治经济上狂热计划的前提。斯密"论审慎"部分所描述的那个体察民情、尊重民意、不使用粗暴方式实现自身政治理想、具有审慎之德的政治家的形象就是对这一社会意义的说明。

在斯密看来，只有眼光向上按照第一种理想的评价标准看待自己，而不是往下按照普通的标准来看待自己的精英才可以成功地克服不平等的社会状况对他的不良影响，在"看不见的手"之外成为社会进步的担纲者。

斯密对普通的社会成员没有如此高的期待，但是斯密同样注意到他们可

① Samuel Fleischacker, "Adam Smith on Equality", in Christopher J. Berry, Maria Pia Paganelli and Craig Smith(eds.), *The Oxford Handbook of Adam Smith*, Oxford University Press, 2013.

能在心理上受害于社会的不平等。不过与社会精英不同，社会的普通成员受困于得不到自己所想要的社会地位。不同于精英分子眼光往下看而产生自负的感觉，他们的眼光往上看，而更多地产生挫败感。斯密将之分为两种基本的理想类型，骄傲之人与虚荣之人，虽然在现实中这两种特征常常叠加在同一个人身上。

面对不平等的社会结构以及自身不完全理想的位置，虚荣之人和骄傲之人发展出了同中有异、异中有同的心理和行动策略。两者都倾向于以过高评价自己这一虚假意识来应对自己在社会中的相对不利地位。不过，两者关于过高自我评价这一点的信心有所不同。自傲之人是认真的（sincere），在心底里，他真的确信自己比别人优越。他期待旁人的，不过是他认为他自己站在旁人的位置将会给予自己的客观评价。他并不要求更多，而且认为自己的要求是公正的。他不屑于博取旁人的尊敬。与之不同，虚荣之人并不那么认真。在他的心里，他很少确信他希望旁人赋予他的那种优越性。他希望旁人看待他比他实际上看起来的要更加优越和光彩夺目。

正是因为在信心上的这一差异，两者发展出了不同的消费和行动策略。虚荣之人倾向于超出自己支撑能力的过度消费，以假装自己的优越性，而骄傲之人则不屑于这种操作；虚荣之人倾向于讨好其他人，喜欢巴结权贵，而骄傲之人则在比自己地位更高的人面前感到局促不安，更愿意与自己实际上瞧不起的人交往；虚荣之人总的来说是惹人喜欢的，因为他不太得罪人，但是骄傲之人则由于自命不凡、怀才不遇的情怀，而对其他人的幸运充满了嫉妒，他总是倾向于认为其他人的地位是不义的或者不配的。两者在道德改进上和自我调适的可能性上也不一样。虚荣之人不过是在自己不配之前想获得某种值得赞赏的东西，这一心理倾向可以被教育引向恰当的目标。然而，骄傲之人则由于自满和固执，其道德改进的可能性则小很多。

在斯密笔下，无论是骄傲和虚荣都不过是社会中普通人士的心理特征。他们对自己所处的既定位置不满，而想获得更高的社会地位。由于这并不能轻易地实现，他们发展出了某种自我欺骗的策略。他们与世界、与自己都处在某种紧张的状态中。他们不接受真实的自己，并且以复杂的方式欺骗自己和世界。他们并非大奸大恶，但是内心充满紧张，不真诚也不幸福。斯密也希望他们进行心理上的自我调适，接受自己的处境。"最有助于当事人自己的幸福与满足的那种程度的自我评价，似乎也是公正的旁观者最乐于赞许的那种程度。一个照他应该的程度而且绝不超出他应该的程度尊重他自己的人，很少不能从他人那里获得他自认为该得的一切尊重。他不过是希望获得他该得的尊重，而且也完全心满意足于这种尊重。"①

综上所述，斯密清楚地注意到社会不平等对社会特定群体在道德心理上的不同影响，以及可能给社会和个体所造成的伤害。但是商业社会不是自动运行的机器，其给人类带来的福祉不可能完全依赖于非人格性的市场竞争力量，商业社会本身的健康发展需要得到社会各个阶层的心灵秩序的支持。不同的社会群体根据自己的处境，找到恰当的自我评价，这是必要的。

四 "穷人的儿子"与"审慎之人"

然而，在斯密的体系中，寻求优越性毕竟是商业社会繁荣背后最为重要的动力机制。尽管有的时候斯密会说财富和地位对我们的幸福完全不重要，但是总的来说斯密并没有彻底坚持这一将幸福完全建立在与他人无关的内在主观感受之上的说法。毕竟，这一伦理学上的立场与自然人性直接冲突，根本不是现代商业社会中的个体所能做到的。完全无视富贵，无视他人的眼光，只满足于获得基本的生活必需品，不求提升社会地位，在斯密看来不是可以对商业社会中的一般个体所期待的德性标准。然而，斯密认为即使在一个不平等的社会中，对大多数人来说，对优越性和向上流动性的寻求也可以采取更为稳妥、与我们自身的处境更为匹配的方式，而这也是具有健康的流动性秩序的商业社会对大多数人所能承诺的方式。

斯密通过对比穷人的儿子与审慎之人这两种典型，而给出其相应分析。穷人的儿子和审慎之人，在斯密的论述中代表了在商业社会中追求幸福的两种不同的方式，或者应对商业社会之不平等结构的两种整体性人格类型。

穷人的儿子羡慕权贵之人，认为权贵之人的那种处境才是幸福的所在。他认为后者拥有的宅邸、马车以及仆人是高级的享受，可以为自己免去很多的麻烦。他所寻求的并不是一般地改善自己的地位和处境，而是成为显贵之

---

① Adam Smith, *The Theory of Moral Sentiments*, Liberty Fund, 1982, p.265.

人。他是目标远大，被"老天爷在动怒时赋予了野心"①的人。由于志向远大，穷人的儿子甘心忍受身体上的疲累和心灵折腾，极为勤勉，夜以继日地工作。为了使得自己的才干能够有发挥的机会，他同样勤勉地巴结奉承所有人，甚至服务自己所憎恨的人，逢迎献媚自己所鄙视的人。因此，为了获得成功，穷人的儿子在身体和精神上都付出了极大的代价，道德上的越轨乃至对自身情感和尊严的践踏都是他所接受的。而敌人的不义，朋友的背信弃义，他自己所遭遇的数以千次的伤害与失望，也是他在寻求地位和成功的道路上所必然承受的。然而，在斯密看来这不过是一场黄粱美梦。就算穷人的儿子最终获得了自己梦寐以求的富贵，回首往事时他也终将发现富贵只不过是没啥效用的小玩意儿，并不比玩具爱好者的收纳箱更适合用来取得身体的安逸或心灵的平静；而且富贵也像是那些收纳箱那样，对随身携带它们四处走动的那个人来说，所造成的麻烦胜过它们可能带来的一切方便。不仅如此，他所获得的富贵也并不保险。它们是庞大无比的造物，需要耗费一生的心血去建造，却随时有崩塌的危险。而且，"当它们还没崩塌时，虽然可以使他免于一些小小的不方便，却不能保护他免于任何比较恶劣的风雪侵袭。它们挡得住夏天的阵雨，却挡不住冬天的暴风雪，并且让他始终像以前那样，有时候甚至比以前更严重地，暴露在焦虑、恐惧、悲伤，以及疾病、危险和死亡等等的不幸之中"②。穷人的儿子所营造的幸福具有极为复杂但也极为脆弱的结构，相当程度上依赖于外部的环境，从而也暴露在极大的风险之中。

不同于穷人的儿子，审慎之人选取了更为平凡的人生目标。同样寻求优越性，但是他的野心比穷人的儿子小得多，他的方式也更为稳妥。他脚踏实地，从自己所处的位置出发，选择了更为安全、心理代价更小的追求幸福的道路。审慎之人也寻求提升自己的地位和名望，也将之看成自己幸福中的一个虽非唯一但也必要的因素。因为"渴望成为我们同辈尊敬的适当对象，或者说，渴望在我们同辈中值得并享有一定的名望和地位，也许是我们所有欲望中最为强烈的那一种"。审慎之人自然也不例外。审慎之人也知道"我们在社会中的名望和地位，大大依赖于我们拥有，或者被认为拥有，多少身外

---

① 〔英〕亚当·斯密:《道德情操论》，谢宗林译，中央编译出版社，2010，第222页。

② 〔英〕亚当·斯密:《道德情操论》，谢宗林译，中央编译出版社，2010，第225页。

的财富"。① 然而，相对于穷人的儿子，审慎之人比较少受到幸福幻觉的影响，他并不忽视自己的品德和行为，因为他知道我们在我们同辈中的地位和名望大大依赖于我们的品行，或者说，依赖于我们的品行在与我们生活在一起的人们心中自然会唤起的信任、尊敬与善意。② 正因为如此，不同于穷人的儿子经常做出冒险的、非此即彼的选择，审慎之人将自己在此生的舒适和幸福综合性地放在个人的健康、财富、地位和名望之上。他选择德性和事业双修的道路来获得更高的社会地位。不同于穷人的儿子的好高骛远，或者为了寻求富贵而放弃自己的尊严甚至做出不道德的事情，审慎之人选择以更为稳妥的方式，小心地从多个方面经营自己的幸福。"安全是审慎的首要目标。审慎的美德，反对暴露我们的健康、我们的财富、我们的地位或者名誉于任何危险之中。它比较倾向于小心守成，而不是冒险进取，比较处心积虑想要保全我们已经拥有的好处，而不是大胆敦促我们猎取更多财富。在增进我们的财富方面，它向我们推荐的，主要是一些不会遭受任何损失或危险的方法，包括：在我们的本行或专业上，努力学得真正的知识与技巧，勤勉刻苦地运用那些知识与技巧，在我们的一切开销方面厉行节俭，乃至一定程度的吝啬。"③ 和穷人的儿子将幸福与富贵画等号，为了富贵这一单一的目标，可以牺牲任何其他目标不同，审慎之人更为均衡地守护生命中有价值的几个基本目标，他小心地平衡身体健康、财富以及自己的声誉和地位。审慎之人也勤于磨炼自己的技艺。不过，虽然他也想依靠自己的知识和本领在自己的行业中闯出名号，但他不会想要巴结某些小联谊会或者小社会中的人，以博取他们的好感和上升的捷径。因此，相较于穷人的儿子，审慎之人更多地保存了自己真正的尊严，没有付出心理上纠结的代价。审慎之人并不寻求大富大贵，也有充分的耐心逐渐地改善自身的处境和提升自己的地位。由于审慎之人所寻求的目标是温和的，并且具有诸多维度，他能够在变化的世界中保持内在的相对平衡，与其他个体之间的零和博弈色彩也大为减弱。因此，审慎之人能够承诺他人作为自己的平等者。审慎之人也并不将幸福孤注一掷地放在优越性这一单一的维度上。也正是因为如此，商业社会在相当程度上能够满足审慎之

---

① 〔英〕亚当·斯密：《道德情操论》，谢宗林译，中央编译出版社，2010，第 265 页。
② 〔英〕亚当·斯密：《道德情操论》，谢宗林译，中央编译出版社，2010，第 265 页。
③ 〔英〕亚当·斯密：《道德情操论》，谢宗林译，中央编译出版社，2010，第 265 页。

人的需求。以审慎之人为主体的社会也将是允许社会阶层流动，但是心理冲突、人际冲突不那么严重的社会。因此，审慎之人是斯密想要作为商业社会中下层人民之表率的一种人格类型。在斯密看来，审慎之人是适合于商业社会中大多数人的处境，比较好地平衡了财富之路和德性之路的一种人格类型或者心灵秩序，他在纷乱的商业社会中保持了相当程度的整全性，没有完全陷入内心分裂的危险境况。实际上，以审慎之人为主体的社会将类似于当今时代一个有着稳定且庞大的中产阶级群体以及相应价值观的体面社会。

综上所述，斯密笔下健康的商业社会是一个不平等但具有流动性的社会。斯密希望商业社会的主体由具有低级审慎之德的个体所构成。他们同样寻求优越性和向上流动性，但是他们不像穷人的儿子那样野心勃勃，并且进行某些冒险；他们综合平衡各方面的考虑，将自己的事业与德性结合起来。这是斯密对在不平等的社会中想要获得更为优越地位的个体的期待，也是他理想中的心灵秩序的组成部分。

结 论

斯密深刻地意识到商业社会虽然在权利和法律层面上提供了普遍的平等，也提供了遍及社会各个群体的物质繁荣，但是它仍然是一个存在实质性的经济和社会地位不平等的社会。然而，这一社会结构与人性中不想与他人平等、追求优越性的固有倾向结合在一起，产生了深刻的道德和社会问题。这一问题既造成了个体内部的分裂，也造成了社会本身的分裂。基于此，斯密试图在其道德哲学中提供一种心灵秩序予以应对。首先，在 TMS 第二版和第六版的修改中，斯密试图利用"无偏观察者"的道德情感资源，保障竞争中的他人作为我们的平等者的神圣地位。其次，斯密注意到由于不同阶层在社会中的相对位置，商业社会的不平等结构可能对其道德心理和生活造成不同的负面影响。但是商业社会毕竟不是也不可能是机器，因此某种普遍的内心秩序对于削弱商业社会的不平等结构对个体心理的不良影响，以及缓解不平等所造成的痛苦或者解决焦虑问题，必不可少。这是斯密分别对社会精英和普通人进行"自我评价"的教诲的意义所在。最后，斯密通过低级审慎之人的例子给出了商业社会所能普遍承诺的一种寻求优越性的方式，以保障健康的竞争秩序。总而言之，作为平等者的他人，对自身地位予以觉察和反思的德性意识，以及追求社会地位方面的审慎之德，构成斯密在 TMS 第六版所最终呈现的应对不平等的心灵秩序的三个组成部分。

斯密无疑在某些方面是一个平等主义者。但是在斯密的体系中，社会经济意义上的平等并不是最重要的诉求。斯密所列举的正义、政策、收入和军备这四大政府目标中并不包含平等，这一点与当今社会无疑相当不同，当今社会中任何一个关注平等的人所承诺的可能都比斯密要多。斯密所处时代的平等和不平等问题无论是在范围还是复杂程度上远远不如当今社会的，但是其关于平等和不平等的思考，仍然可供当今社会借鉴。绝对平等是不可取的，任何一个现代社会都必将蕴含着一定程度的不平等，但是不平等的现实所造成的问题显然也不是单纯依靠制度就足以应对的，它必然作用于我们的内心，也必然需要我们在心灵秩序上做出反应。正因如此，斯密的思考仍然对我们具有启发意义。

焦循"能知故善"思想研究[*]

张业康[**]

摘　要　在程朱理学的先验视角下，焦循的人性论似乎面临着较大的理论困境，其实不然，其人性论不但能够回应这一诘难，而且开拓出了不同于宋明理学的思想路径，这表现为：将具有"实体性"的天理转化成了具有"建构性"的分理。焦循"能知故善"中的"知"是一种自然禀赋，是具有"建构性"的知觉能力，因此，伦理秩序是在"知"的分类和统合作用中建构起来的，这就将伦理秩序奠基于经验世界，而不是奠基于作为先验实体的"天理"。

关键词　焦循　能知故善　实体性　建构性　理学

焦循性善论中的"能知故善"思想，在程朱理学以"天理"为先验实体的思想的观照下，似乎存在较大的理论漏洞，即"能知故善"以"知"言善，落入了朱子所批评的以"知觉运动"言性、遗落道德理性的窠臼。但是，本文所要论证的是，焦循的"能知故善"思想，可以在回应上述批评的基础上，开拓出不同的思想路径，这体现在焦循将作为先验实体的"天理"转换为具有建构性的"分理"上。

一　"能知故善"所触及的理论难题

《说文解字》认为，"善，吉也，从言从羊，此与义、美同意"。"善""义（義）""美"都与"羊"有关。《庄子》中梁惠王以"善哉"称赞庖丁的技艺

---

　*　本文系云南省哲学社会科学规划项目"焦循哲学思想研究"（QN202107）的阶段性成果。

**　张业康（1990～　），男，河北巨鹿人，哲学博士，昆明理工大学马克思主义学院讲师，硕士生导师，研究方向：中国哲学。

好，又如颜元认为人的眼睛能够看东西就说明了人"性善"①，这里的"善"即感官功能的良好运用。在上述理解中，"善"的含义是"好"，与"道德规范"并不直接等同。《孟子正义》中，焦循引用高诱的注，"善，好也"。焦循在解读《周易·说卦》的"良马"时说，"良，善也"②，并认为，"好，善也"③"美，谓善也"④。焦循"能知故善"的命题，是说"知"作为人性中的一种特质，是好的。"知"并不直接与道德规范相关。因此，如何在"知"和道德之间建立联系，就是一个值得探讨的问题。

焦循说："性何以善？能知故善。"⑤将"知"与"善"联系起来，就不能回避"虚灵知觉"与道德理性的关系问题。朱熹曾批评告子"生之谓性"近于佛氏"作用是性"，认为告子所言之"生"乃是指"人物之所以知觉运动者而言"⑥，其原因就在于告子的思想中没有肯定道德理性。明代罗钦顺批评杨简只知"虚灵知觉"而不知"性理"，认为杨氏思想近于禅宗，这和朱熹批评告子的角度是一样的。是不是因为人具有"知""神明""性灵"等，就说明了人性是善的呢？这无论在朱熹还是王阳明那里都是不成立的，朱熹强调虚灵知觉之心是形而下的、实体性的理是形而上的，王阳明强调良知是天理之昭明灵觉，二人都是在道德理性的统摄下讲知觉、明觉的，而不是单独指认知觉、明觉为善。将这种明觉看作"性"是佛学的思路。在朱熹那里，明觉属于心的层面，不属于性的层面，将道德理性与虚灵知觉结合起来是其旨归。那么，焦循对"知"的强调是不是遗落了道德理性呢？这是第一个理论困境。

焦循"能知故善"命题所面临的第二个理论困境在于，此处的"知"体现了主客二分思维还是主客合一的思维呢？主客合一是中国哲学史上主流的思维方式，而"能知故善"对人的认知能力的强调，有落入主客二分思维的倾向。在宋明理学中，关注的重点在道德领域，其理想是成就圣贤人格。其所言的"知"是一种道德的觉悟，而不是对客观对象的认知。因此，"知识"问题在宋明理学那里是从属于道德的。牟宗三先生高扬道德主体性，他明确

---

① （清）颜元著，王星贤、张芥尘、郭征点校《颜元集》，中华书局，1987，第1页。
② （清）焦循著，陈居渊校点《雕菰楼易学五种》（上），凤凰出版社，2012，第213页。
③ （清）焦循著，陈居渊校点《雕菰楼易学五种》（上），凤凰出版社，2012，第88页。
④ （清）焦循著，陈居渊校点《雕菰楼易学五种》（上），凤凰出版社，2012，第215页。
⑤ （清）焦循著，刘建臻整理《焦循全集》，广陵书社，2016，第5791页。
⑥ （宋）朱熹撰《四书章句集注》，中华书局，1983，第326页。

地提出："纵贯系统是相对于认知系统而说，认知系统是横摄的。这两个系统相对时，认知系统是低层的……认知系统是低层的、非究竟的，不是最后的指向。"[1] 牟宗三在这里讲的纵贯系统是就道德主体的展开而言的，横摄系统是就对道德知识的认识。即便是在道德领域，他也认为认知是形而下的。牟宗三提出"良知坎陷"，认为道德主体是无限的、无对待的，但主体可以通过坎陷来进入主客对待，从"无执"走向"执"，这就开拓出了"科学"活动。"知体明觉之自我坎陷即是其自觉地从无执转为执。自我坎陷就是执。坎陷者下落而陷于执也。不这样地坎陷，则永无执，亦不能成为知性（认知的主体）。"[2] 在他看来，"知识"永远比"道德"低一个层次，认知活动本身属于主客对立的领域，不具有道德领域所体现的主客合一的特质。从这个意义上，焦循将"知"纳入善，有可能破坏了"善"所具有的主客合一的意蕴，从而偏离中国哲学思维方式的主流。

那么，焦循的思想体系有没有解决上述两个问题呢？笔者认为，答案是肯定的。

二 "能知故善"命题对上述理论困境的突破

焦循思想中，应对第一个理论困境的关键在于对"性"的不同阐发。

焦循说："善之言灵也，性善犹言性灵，惟灵则能通，通则变，能变，故习相远。"[3] 此处有一值得关注的地方，那就是他对"性相近也，习相远也"（《论语·阳货》）的理解。孔子的这句话一般会被理解为：人性是相近的，只不过因后天的习气不同，而有或善或恶的差别。程朱理学对此做出了具有典型性的阐发，朱熹说："此所谓性，兼气质而言者也。气质之性，固有美恶之不同矣。然以其初而言，则皆不甚相远也。但习于善则善，习于恶则恶，于是始相远耳。程子曰：'此言气质之性。非言性之本也。若言其本，则性即是理，理无不善，孟子之言性善是也。何相近之有哉？'"[4] 程子和朱子的解读思

---

[1] 牟宗三撰《中国哲学十九讲》，上海古籍出版社，2005，第327页。

[2] 《牟宗三先生全集》第21卷，台湾联经出版事业股份有限公司，2003，第127页。

[3] （清）焦循著，刘建臻整理《焦循全集》，广陵书社，2016，第5792页。

[4] （宋）朱熹撰《四书章句集注》，中华书局，1983，第175~176页。

路一脉相承，他们都是从天命之性和气质之性相区分的角度来解读这句话的。从程子的话来看，这种解读模式与孔子的论述有内在的冲突，以至于程子认为孔子所说的"性"是气质之性，而人之本性是善的，不能言其"相近"。但我们仔细考察焦循的论述就会发现，他是从一个新的角度来理解孔子的这一论述的。我们再看焦循的这几句论述：

> 孔子曰："性相近也，习相远也。"孟子曰："物之不齐，物之情也。"惟其不齐，则不得执己之性情例诸天下人之性情，即不得执己之所习所学例诸天下人之所习所学也。①

在这里，焦循将孔子的话和孟子的话放到一起，又在后面的解读中说不能执着于己之性情、所习、所学并强求他人也应该这样。在这里，"习相远"和"物之不齐"是一致的，指的是差别性，即每个人都有其特殊性。这样的解读，开拓出了一条新的思路，即孔子的论述是在阐述一个关于普遍与特殊、同一与差异的问题。人之"才"不同，各有其长处。人之才在不同方面的发挥在总体上展示了人性的潜能。焦循对人性的探讨，已经不仅仅局限于伦理道德的视域了，他是从实践的无限可能性的角度着眼的。其中，"性相近"是从人性的普遍性、蕴含无限可能的角度来讲的，而这里的普遍性正是在差异性中逐渐地呈现出来的。需要注意的是，这里的普遍性并非抹杀差异性的存在，它是一种整体性的视角。人是一类，牛是一类，马是一类，人在与其他动物的区分中，作为一个"类"聚集在一起。因此，"性相近"是从人作为一类与其他类相区分的角度着眼的。而"习相远"是从人这一类的内部着眼的，人作为一类、一个整体，由众多的个体组成，人之才也体现在不同的方面，因此，"习相远"即人的差异性在实践中的展开和实现。正是在实践中，人性的无限可能性才能够得以释放。人性是一个丰富的概念，并不局限于道德领域。

"赞《易》始伏羲，人道自伏羲始定也。有夫妇然后有父子，有父子然后有君臣。伏羲设卦观象，定嫁娶以别男女，始有夫妇、有父子、有君

---

① （清）焦循著，刘建臻整理《焦循全集》，广陵书社，2016，第2476页。

臣，然则君臣自伏羲始定。故伏羲为首出之君，前此无夫妇、父子，即无君臣。"① "盖伏羲、神农以前，民苦于不知，伏羲定人道，而民知男女之有别；神农教未耜，而民知饮食之有道。"② 人类的伦理关系是历史性地建构起来的。这也是人以"类"相聚的过程。焦循说："黄帝、尧、舜承伏羲、神农之后，以通变神化为治，所谓'民可使由之，不可使知之'。"③ 民不可知之，那么，知之的主体则是伏羲等圣人，因此，"知"在伏羲、神农、尧、舜等那里，其实是一种具有"建构性"的知觉能力，这时的"知"并不仅仅是一种主观化的虚灵知觉，它是与社会实践的结构联系起来的。焦循说："性之神明，性之善也。"④ 因此，在焦循这里，"知""性灵""神明"是一致的。在宋明理学那里，虚灵知觉和道德理性的结合固然是一个很正确的方向，但二者应如何结合，却并没有进一步的理论阐发，这就留下了一个问题需要解决，即这种结合是二元论的，是拼合在一起而不是贯通着的。在结合二者的路径中，朱熹将虚灵知觉划为形而下的存在，将道德理性划为形而上的存在，前者需要觉知后者并去实践它。在王阳明的心学视域中，二者都是形而上的，是同时发用的，但他并没有详细阐发二者的关系。在朱熹和王阳明那里，总的倾向是以道德理性统摄虚灵知觉。而焦循的论述中包含着以虚灵知觉或"神明"来统摄道德理性的倾向。在焦循这里，"知""神明"是与社会的实践结构联系起来的，人类社会是从最原始的混沌状态逐渐通过对外物的区分和利用、对伦理的区分而逐渐形成一定的秩序的。人之"神明"就体现在"类"的这种区分和统合作用上，它不仅仅能在认识到外物的差异性的基础上将之统合、利用，还能够能动地建构起一定的人伦秩序，这时候的"神明"已经不仅仅是对外物的照镜子式的反映了，它本身就已经进入一定秩序的建构中了。并且，"神明"是一种整体的视野，因为也只有在整体中，才能确定个体事物的位置。在焦循这里，伦理秩序是在能动性的知觉能力中建构出来的，一方面，伦理秩序的整体统合在"神明"（或"知"）之中，另一方面，"神明"（或"知"）在自身中包含着差异性的环节，这些环节就体现为伦理秩序。因为焦

---

① （清）焦循著，陈居渊校点《雕菰楼易学五种》（下），凤凰出版社，2012，第1014页。
② （清）焦循著，陈居渊校点《雕菰楼易学五种》（下），凤凰出版社，2015，第666页。
③ （清）焦循著，陈居渊校点《雕菰楼易学五种》（下），凤凰出版社，2015，第666页。
④ （清）焦循撰，孙德彩整理《孟子正义》，凤凰出版社，2015，第1656页。

循不是将"性"看作实体性的，而是看作关系性的，所以整体的"神明"就标志伦理秩序完全实现的理想状态。当主观的"神明"与"类"相联系时，它就进入客观化的伦理秩序的建构过程中。因此，焦循"能知故善"的思想不仅没有遗落道德理性，而且将道德理性融入社会实践的能动过程之中。

焦循思想中，应对第二个理论困境的关键在于对"一贯之道"的阐发。

> 一阴一阳之谓道，分于道之谓命，形于一之谓性，分道之一，以成一人之性，合万物之性，以为一贯之道。①

焦循在《孟子正义》中引用了戴震关于"分理"的阐发②，并在《论语通释》序言中称赞戴震的《孟子字义疏证》对孟子思想的阐发"揭而明之如天日"③，并说"性由于命，即分于道。性之犹理，亦犹其分也"④。在这里，理不是悬在事物之上的实体性存在，而是"分"。一事物有某种本质，则被限定在一定的界限里，就界限而言，称之为"命"，但一事物之所以成为一事物，也正在于它的本质，"性"是就其本质而言的。"性由于命"，即事物的本质是在一个总的普遍性中分化出来的，"道"是从普遍性而言的。因此，这里的"性""理"从静态上是指事物的本质、本性，从动态上是指事物从普遍性中分化出来的过程。焦循对"分于道""形于一"的论述也继承了戴震的观点。这一论述是对天命之性与气质之性划分的超越。在这种划分中，天命之性是实体性的存在，而在焦循的论述中，"性"无分于"天命"与"气质"，并且，这比明中叶以降的气一元论思想中将"理""性"看作气的"条理"的思想也更进一步。因为"条理"这样的表达，还未能凸显出"道"与"理"所展现出的普遍与特殊的辩证关系。在气一元论思想的历史演进中，一直到戴震才明确提出"以气类别之"，将"气"的条理以"类"来表述。这也说明思想的历史进展，在一定程度上体现在概念的提炼上，一定的"概念"的提出标志着思想进入了新境界。焦循比戴震更进一步的地方在于，将道德领域的"分

----

① （清）焦循著，刘建臻整理《焦循全集》，广陵书社，2016，第 2477 页。
② （清）焦循撰，孙德彩整理《孟子正义》，凤凰出版社，2015，第 1554 页。
③ （清）焦循著，刘建臻整理《焦循全集》，广陵书社，2016，第 2476 页。
④ （清）焦循撰，孙德彩整理《孟子正义》，凤凰出版社，2015，第 1652 页。

理"作为一种能动的建构活动，这种建构活动，是主客合一的动态整体。焦循对"道""命""性"的论述包含着"一"与"多"、普遍与特殊、同一与差异的辩证关系。"道"是最高的普遍性，这个普遍性并非抽象的、静态的，它是各种可能性的总体，在这个总体中，各种特殊性从这一总体中发散出来，"分于道"的"分"就表明这是一个动态的过程，即特殊性在过程中从普遍性的"道"中分化出来。一方面，道的普遍性品格能把各种事物统合进自身，这是集中的一面，另一方面，道又在统合的基础上，将各种事物从自身发散出来。这样，道即统合不同事物，同时又体现在不同事物上。因此，在焦循这里，"知"有自身的展开结构，连接着普遍和特殊两端。因此，"虚灵知觉"也是与社会的"整体性"有关的，人的知觉如果只是局限于一定的范围，就只是处于主客对待的状态中，而一旦此知觉从其局限中向上、向周围"旁通"，达到对事物整体的知觉，那么，在此整体性的视域中，"知觉"才会变得"虚灵"起来，人的"知觉"在进入整体性之际，就超出了主客、物我的对待。"知"有自身的运行逻辑，这种逻辑的展开本身就体现着明觉性。"明觉"并不是道德哲学的专利，它也渗透在认知活动中。因此，焦循"能知故善"中的"知"是普遍性与特殊性、整体与个体相统一的，体现了主客合一的思维方式。

基于"能知故善"思想，焦循对孔子的"知之""由之"进行了新的阐发。

三　焦循对"知之""由之"的新阐发

焦循实际上是在两个层面阐发"知"字的。一个是圣人层面的开创性的"知"，这种"知"能将社会实践中的规则创造性地建构出来。一个是常人层面的学习性的"知"，能够通过学习去实践这些规则。只有将两方面的"知"结合起来，才能使社会臻于善境。总的来说，焦循所说的"知"是与人类实践相联系的。当伏羲制定嫁娶之礼之后，普通人能够区分夫妇父子等角色就体现了性善，当神农发明了稼穑的方法之后，普通人都知道食用五谷的益处。这种"知"是在一定的社会实践中习得的。对伏羲、神农来说，他们是人类社会中的先知先觉者，他们能够通过一种开创性的"知"，对生产生活做出整体性的设计。伏羲能够在较为混乱的状态中，通过理性的区分建构出较有秩序的伦理。神农能将五谷从一般的草木中区分出来，也体现了"知"的能动作用。当然，焦循将伦理秩序的建构和五谷的培育分别归于伏羲和神农，这不一定符合历史的事实。但"伏羲"和"神农"可以作为一种象征，象征着历史上作出开创性贡献的人物。无论是伦理秩序的形成还是五谷的培育，都不可能是一个人就能完成的，这应该是在历史的长期演进中，一大批具有创造能力的人共同造就的。在生产生活的历史实践中，不同的人在不同方面做出了各种各样的创造，这些创造在人类实践中被继承下来。无论是生产实践中的规则还是伦理道德上的规则，都会在历史进程中一代一代地积淀下来。每个人一出生，都处在一定的社会结构之中，具有从社会中认知并实践这些规则的能力。因此，焦循所说的"能知故善"揭示了一个重要的侧面，他并没有将这些伦理规则看作先验的、天赋的，而是从社会实践的角度，历史地看待人类的生产经验和伦理规则的形成。"能知故善"的"知"，一方面体现了人的创造力，即对自然和社会中的事物进行理性的、能动的区分、整合、建构的能力，一方面体现了人的"学"的能力，人可以在既定的社会结构中，通过"学"来融入社会实践。如果说人具有天赋的能力的话，那这种能力是通过"学"来充实和实现出来的。子曰："吾尝终日不食，终夜不寝，以思，无益，不如学也。"（《论语·卫灵公》）开创一件事情需要长时间的探索，但学习和实践这些已有的成果，一般来说则会节省很多时间。因此，人的认知能力在很大程度上体现在对原有知识的继承上。

> 伏羲之前，人不知有夫妻父子，自伏羲作八卦而人尽知之。孔子之前，人不知弑父与君之为乱臣贼子，自孔子作《春秋》而人尽知之。谓"乱臣贼子，夫人能书之，何待孔子"，得毋曰"夫妻父子，夫人能定之，何待伏羲"？譬如五谷，神农未教之前，人不能知，既有神农教之，无论智愚，无不知五谷，岂曰五谷夫人能辨之，何待神农乎？伏羲定人道之后，不能无淫奔，然人人知其为淫奔也而贱之。孔子作《春秋》之后，不能无乱贼，然人人知其为乱贼也而诛之。①

---

① （清）焦循撰，孙德彩整理《孟子正义》，凤凰出版社，2015，第 1277 页。

盖伏羲、神农以前，民苦于不知，伏羲定人道，而民知男女之有别；神农教耒耜，而民知饮食之有道。[1]

黄帝、尧、舜承伏羲、神农之后，以通变神化为治，所谓"民可使由之，不可使知之"。[2]

行、习即由之也。著、察即知之也。圣人知人性之善，而尽其心以教之，岂不欲天下之人皆知道乎？所以可使由之、不可使知之者，则以行而能著、习而能察者，君子也。行而不着、习而不察者，众庶也。则以能知道者，君子也。终身由之而不知其道者，众庶也。众庶但可使由，不可使知，故必尽其心，通其变，使之不倦，神而化之，使民宜之也。[3]

焦循的思想有一定的局限性，他依然有圣人与常人的区分。焦循认为，伏羲是人伦规范的制定者，神农是五谷的最初发现者，只有像伏羲和神农这样的圣人出现，才会从根本上推动社会的进步。因此，在焦循的思想中，常人处于被"教化"的地位。在常人的世界中，"能知故善"主要体现在对既有生产经验的继承和伦理规范的实践上。

焦循认为，伏羲这样的圣人，其"知"具有开创作用，比如伏羲定人伦的活动，君子能够做到"知之"与"由之"的合一，常人只能做到"由之"，难以达到"知之"。在圣人和君子那里，都是合一的，圣人之"知"具有能动的建构性，伏羲对人伦秩序的擘画就体现了这一点，君子既能明澈人伦秩序的所以然并践行人伦秩序的所当然，"知之"和"由之"合一。对于人伦秩序，常人虽能够实践它，但难以"知之"，即不具有开创性或知其所以然。

焦循认为圣人才可以"知之"，常人只能"由之"，这时候所言的"知"，就是一种创造性的知，而"由之"，则是指百姓日用而不知，即常人处于一定的社会实践的结构之中，并不知道此结构之所以然。"民可使由之"是说民可以在一定的社会实践情境中，自然而然地做着符合规范的事，而"不可使知之"中的"知之"是知其所以然的意思，"不可使"并不是说不应该让百姓知之，而是说不能强求每个人都知之。孔子说："十室之邑，必有忠信如丘者

---

[1] （清）焦循著，陈居渊校点《雕菰楼易学五种》（下），凤凰出版社，2015，第 666 页。

[2] （清）焦循著，陈居渊校点《雕菰楼易学五种》（下），凤凰出版社，2015，第 666 页。

[3] （清）焦循撰，孙德彩整理《孟子正义》，凤凰出版社，2015，第 1824 页。

焉，不如丘之好学也。"（《论语·公冶长》）孔子认为，在一个小邑，肯定有像他一样遵守社会制度和习俗的忠信之人，但他又认为这些忠信之人不如他"好学"，这里的"学"，是指对社会制度等的了解和反思，从根源上探究社会生活之所以然，它有着超越的意义，即从对社会的整体性的反思中，理解社会制度与习俗的超越性根源。圣人的境界是知其所当然又知其所以然，并能够切实地实践它。而常人能够知其所当然，但不一定能够知其所以然。所以，民可使"由之"，即民可以由其所当然，这既包含了对所当然之则的认识，也包含了对它的实践。而"知之"则是就所当然之则出发，反思其所以然，这种具有超越性、整体性的反思，有其哲理上的价值，但它并不能离开"由之"，知其所以然并不能仅仅停留于此，而是从所以然出发，更加真切地体会并实践所当然。孔子既说"下学而上达"，又说"学而时习之"，这里的学，即学习所当然，从所当然出发，向上反思到所当然的超越性，同时，又能够从此超越性出发，在日用中实践它。因此，在孔子那里，超越性的"知之"在自身中就包含着"行"的维度。

总之，"知"作为一种分类、统合、建构的理性能力，在生产规则和伦理秩序的建构中起到了重要作用，"知"即"善"、即"灵"、即"神明"，它即是"所以然"，是整体；同时也是"所当然"，体现在整体的环节中。这两方面的"知"，前者体现在开创和建构上，后者体现在后天的学习和实践上。这两方面的结合，使得"类"的整体和环节相贯通，而这时的"知"就从主观性深入了社会实践的结构中，具有统合主客的能动品质了。

"价值"的批判与重构：在鲁迅和尼采之间
——兼论中西现代美学的奠基与转向

摘 要 价值和价值论，是鲁迅与尼采思想的重心。他们围绕传统价值所坚持的原则与立场，选择的行动与方法，有着惊人的相似之处。在此基础上，他们对中西历史文化、传统道德、社会人性所进行的拷问与对话，深刻揭示了人类文明大变局来临之际新旧历史转折、现代价值重构、审美方向转轨的内在根源，从而为人们准确把握中西现代变革的深层脉动、迎接新时代曙光、翻开人类文明新篇章、踏上现代征程奠定了坚实的基础。

关键词 鲁迅 尼采 价值 美学

在中西现代思想史上，鲁迅与尼采的命运是极其不寻常的。反对的人，骂他们刻薄极端，视其为洪水猛兽；推崇的人，则敬他们为现代思想先驱和文化开路先锋。他们以其非凡的勇气和洞见力，在文化、道德、人性和审美这四个领域，对中西价值体系进行了深刻的反思和激烈的批判，并由此成为中西社会变革的核心和聚焦点，积淀为现代以来中西文化的深层结构，产生了前所未有的阈值效应。他们的价值思想贯穿于现代社会的方方面面，不仅对人们的哲学、美学、政治、宗教、文化、教育、科学等产生重大影响，而且直接促进了中西现代历史发展与社会实践变革。在现实生活中，人们的思想、行为和情感等各种活动，也莫不受其影响。他们在价值领域的思想共鸣，主要通过文化的反思与批判、人性的拷问与呼唤、未来超人与新士的设计、现代美学的奠基与转向等四个方面得以体现，并由此开启了中西现代美学发展的方向和道路的讨论。

---

[*] 徐良（1963～），男，陕西榆林人，青岛大学文学院教授，研究方向：审美文化和哲学美学。

一 起点——文化的反思与批判

尼采说：

> 过去，人类郑重称道的东西，都是不真实的，纯粹的臆想，确切地说，是出自病态的、有害的、天性的恶劣本能——诸如"上帝"、"灵魂"、"美德"、"彼岸"、"罪恶"、"真理"、"永恒的生命"等等，所有这些概念……但是人们却在这些概念中寻求人性的伟大，人性的"神性"……这样一来，一切政治问题，社会制度问题，一切教育问题，都从根本上弄错了，以致人们误将害群之马当成了伟人——我要当他们的敌人。[1]
>
> 我相信，一切的价值都必须重新评估。[2]
>
> 我冒然允诺的最后一件大事就是"改良"人类。[3]

鲁迅说：

> 中国大约太老了，社会上事无大小，都恶劣不堪，像一只黑色的染缸，无论加进什么新东西去，都变成漆黑，可是除了再想法子来改革之外，也再没有别的路。[4]
>
> 最要紧的是改革国民性，否则，无论是专制是共和，是什么什么，招牌虽换，货色照旧，全不行的。[5]
>
> 中国的文化，都是侍奉主子的文化，是用很多的人的痛苦换来的。保存旧文化，是要中国人永远做侍奉主子的材料，苦下去，苦下去。[6]

---

[1] 〔德〕弗里德里希·尼采：《权力意志——重估一切价值的尝试》，张念东、凌素心译，商务印书馆，1991，第39页。

[2] 〔德〕尼采：《快乐的科学》，余鸿荣译，中国和平出版社，1986，第180页。

[3] 〔德〕弗里德里希·尼采：《权力意志——重估一切价值的尝试》，张念东、凌素心译，商务印书馆，1991，第5页。

[4] 《鲁迅全集》第11卷，人民文学出版社，2005，第20页。

[5] 《鲁迅全集》第11卷，人民文学出版社，2005，第34页。

[6] 《鲁迅全集》第11卷，人民文学出版社，2005，第326页。

这里，尼采和鲁迅表达出共同的心愿：其一，否定传统；其二，重构价值；其三，改良人性。区别在于尼采"改良"的是人类，鲁迅"改革"的是中国人的"国民性"。尼采要对过去的政治、社会、道德、教育、哲学、宗教等"一切"传统"动手术"，予以全面颠覆，目标是促进人性的升华，重估人类价值并拯救人类文明。所以他给自己做了这样的评价："我不是人，我是炸药。"[①]"我是有史以来最可怕的人"！[②]

鲁迅则集中对根深蒂固的旧文明、灭绝人性的旧文化、枭蛇鬼怪的旧传统、堕落罪恶的旧制度、沉渣烂泥的旧官僚、腐蚀丑恶的旧思想等施以全面深刻的揭露，其目的在于砸碎旧世界、打破旧染缸，粉碎旧铁笼、迎来新时代，寻找到"对于'不长进的民族'的疗救方法"[③]。因此，鲁迅总是被"怨恨"、被"谩骂"、被"攻击"。他这样评价自己，"我自己知道，我并不大度，那些东西因我的文字而呕吐，我也很高兴的"[④]。

由此可以看出，鲁迅和尼采在面向旧制度、旧文化、旧传统、旧思想时，他们坚守着共同的原则与立场，那就是否定与批判！在面向新时代、新方向、新世界时，他们也拥有共同的信仰与一致的追求，那就是战斗与重构！那么，他们是如何实践、如何起步、如何展开自己的工作的呢？或者说，他们将如何达成自己的心愿，实现自己的目的呢？

文化的反思与批判是鲁迅和尼采的共同起点。他们从文化起步，把视野聚焦于文化领域，从文化的反思与批判入手展开自己的工作。尼采把思想的重心放在基督教文化和基督教道德批判，并由此推及西方哲学、宗教、政治与社会的各个方面，最后落脚于文明的进步与人类的"改良"；而鲁迅，则把思想的重心放在中国传统文化领域，通过对传统文化的全面反思与批判，落实于国民劣根性和民族劣根性的"改造"。二者共同的奋斗目标是，建设一个新世界，迎接一个新时代。

尼采认为，西方文明颓废和人性堕落的根源就在于基督教，世界的病根

---

① 〔德〕弗里德里希·尼采：《权力意志——重估一切价值的尝试》，张念东、凌素心译，商务印书馆，1991，第99页。

② 〔德〕弗里德里希·尼采：《权力意志——重估一切价值的尝试》，张念东、凌素心译，商务印书馆，1991，第100页。

③ 《鲁迅全集》第1卷，人民文学出版社，2005，第330页。

④ 《鲁迅全集》第11卷，人民文学出版社，2005，第302页。

就在于上帝，近代以来人类的一切不幸都是由基督教造成的，整个人类的悲剧就在于上帝的塑造。因为，基督教从它诞生之日起，就与生命为敌，就以剥夺生命快乐为目的，人在基督教世界没有任何地位，人在上帝那里没有任何价值，不仅毫无尊严，而且必须匍匐在地、跪求生命。而上帝，一开始就控制了人的自由和生命意志，总是把人当作罪犯而严加看管审判，人丝毫没有幸福可言。基督教文化和上帝本质上就是"与人为敌"，否则上帝就无事可干。在尼采看来，基督教是人类有史以来最大的谎言，上帝是虚构的，这一骗术已经把人类折磨了千百年，再也不能继续下去了，必须予以扭转，否则人类就没有出路，只会继续堕落，走向死亡。今天，西方文明必须像基督教仇恨人类一样"仇恨"上帝，必须像上帝"审判"人类一样审判它自己。基督教和上帝所掌握的一切价值必须予以"重估"！

正因为这样，尼采强烈地呼吁"让我们把价值颠倒过来吧！"

请看尼采对上帝和基督教道德的评价：

上帝的概念是一个过于极端的假说。①

上帝不是别的，只是对我们一种粗劣的命令：那就是你别思想。②

道德很不道德。③

道德乃是骗术。④

道德本能否定生命。为了解放生命，就要消灭道德。⑤

因此，推翻上帝、揭穿基督教、消灭道德，已经迫在眉睫，不能再有丝毫的耽搁。不仅如此，尼采认为基督教文化也把西方文明引入了一条颓废的

---

① 〔德〕弗里德里希·尼采：《权力意志——重估一切价值的尝试》，张念东、凌素心译，商务印书馆，1991，第697页。

② 〔德〕弗里德里希·尼采：《权力意志——重估一切价值的尝试》，张念东、凌素心译，商务印书馆，1991，第626页。

③ 〔德〕弗里德里希·尼采：《权力意志——重估一切价值的尝试》，张念东、凌素心译，商务印书馆，1991，第22页。

④ 〔德〕弗里德里希·尼采：《权力意志——重估一切价值的尝试》，张念东、凌素心译，商务印书馆，1991，第246页。

⑤ 〔德〕弗里德里希·尼采：《权力意志——重估一切价值的尝试》，张念东、凌素心译，商务印书馆，1991，第242页。

道路。颓废的标志就是上帝和道德让人性失去了光芒、生命失去了力量、价值丧失了杠杆作用，世界逐渐变得越来越晦暗、虚伪、冷酷。哲学越来越麻木，宗教越来越虚伪，科学越来越无情，艺术越来越荒唐，教育越来越机械，政治越来越黑暗……，人类文明只剩下一条道路，那就是重新开始，重新开启新的征程！

面对这样的文化场景和时代环境，作为怀抱世界和人类伟大目标的思想家，尼采感到他不能不斗争，不能不呐喊，不能不奋进，不能不贡献他的智慧。尼采手握火炬，高举旗帜，在人类历史由近代向现代转折的地平线上，以其非凡的创造力和驱动力，像一道霹雳的闪电，开始了他划时代的工作。他的任务就是"升华人性""改良人类""重估一切价值"。他以此肩负起了世纪的重任，也以此拉开了自己的思想序幕，并推动人类历史豪迈地走进了现代进程。

鲁迅对文化的反思与批判，一是立足现实，二是直面人生，三是溯源传统，具有很强的现实性和战斗性、历史性和革命性。鲁迅所在的时代，是战乱动荡的时代；鲁迅看到的世界，是愚昧丑恶的世界；鲁迅直面的人生，是流血苦难的人生；鲁迅观察的人性，是麻木自私的人性；鲁迅了解的文化，是虚伪吃人的文化；鲁迅把握的传统，是腐烂恶毒的传统……，所以鲁迅的思想沉重而直击黑暗，鲁迅的眼光犀利而犹然偏激。正如他自己所说，"我的作品太黑暗了，因为我常觉得惟'黑暗'与'虚无'乃是'实有'，却偏要向这些作绝望的抗战，所以很多着偏激的声音"①。他怀愤怒而战斗，寄热情而冷对，抱希望而决绝，凛然让恶的势力难以侵犯，简明让探索者痛快释神，闪烁着凌厉的思想光芒，承载着不可超越的冷峻力量！

面对这"吃人"的文化，奴性的传统，有的人选择沉沦，有的人选择同流合污；有的人沉默，有的人投降。而鲁迅，既不沉沦，也不同流合污；既不沉默，也不投降。他"彷徨"，但是"呐喊"；他面临"死地"，但是无所畏惧；他常常"碰壁"，但是绝不屈服；他"不满"，他拿起了"匕首"，举起了"投枪"，撕破了中国文化虚伪肮脏的帷幕；他"愤恨"，他点燃了"火焰"，照亮了中国历史传统的"暗夜"；他高举"旗帜"，在"希望"的道路

---

① 《鲁迅全集》第 1 卷，人民文学出版社，2005，第 21 页。

上，引导人们披荆斩棘，迎着光明，奋勇前进！

二　判决——人性的拷问与呼唤

文化与传统，是人的精神土壤，也是价值的孕育空间。文化传统，不仅规范着人的存在和思想行为，也决定着人的价值观念和价值选择，有什么样的文化传统就有什么样的价值判断。因此，文化模式的形成，意味着人们存在与思维结构的确立；而传统理念的确立，则意味着人们价值尺度的设定。这样，人反过来就成为文化的载体，价值的标志。因此，人与文化、人与传统是互为存在、互相结构的。在这个意义上，我们说人既是文化的存在，也是历史的存在；人既是传统的存在，也是社会的存在。

所谓价值重估和价值革命，就是要以现有文化传统本身所不允许的方式，来改变已经存在的价值系统，给社会提供新的价值尺度，给人们提供新的选择标准。因此革命的成功必然要废除一套价值体系而代之以另一套价值体系。在这个意义上，价值重构就是一场"范式"革命，把人们从旧有传统的"前结构"带进新的"现结构"，并以这个结构为"范式模型"，建立了一整套新的"共同"的价值理念和价值标准，推动社会按照新的逻辑和新的结构模式向前发展。

鲁迅和尼采的价值批判和重构，是双向展开的。一方面，他们对传统文化予以无情的批判和揭露，把旧世界的罪恶和黑暗赤裸裸地大白于天下，促使人们彻底与之决裂，清醒地向旧时代告别；另一方面，由于人是文化的载体，人是价值的尺度，同时人也是"范式模型"的核心，鲁迅和尼采不约而同地把人性的拷问与呼唤作为重心，施以彻底的疗救，以图完成价值变革和文明进步的重任。

鲁迅说：

> 打！打！宣战！宣战！这样的中国人，呸！
> 这样的中国真应该受"呸"！
> 这样的中国人，呸！呸！！！ [1]

---

[1] 《鲁迅全集》第3卷，人民文学出版社，2005，第132页。

老大的国民尽钻在僵硬的传统里，不肯变革，衰朽到毫无精力了，还要自相残杀。①

尼采说：

现在，鄙贱的小人成为支配者：——那些奴性的、卑劣的群畜将支配人类的命运，——哦，恶心！恶心！恶心！②

贱民，那是垃圾堆！③

人就象蛆虫一样，被蔑视、被消灭、被践踏，人没有任何选择的权利：要么治人——要么治于人。④

鲁迅说："呸！呸！呸！"尼采说："恶心！恶心！恶心！"他们表达了共同的、决绝的、毫不留情的态度，那就是对卑劣人性的拒斥，对丑陋人格的蔑视，对腐朽国民性的痛恨！

"呸！"在中国文化里表现的是极大的厌恶、极端的蔑视。而"呸！呸！呸！"则表达的是无法忍受的蔑视与痛恨！鲁迅无法忍受的正是中国人卑劣的人性和愚昧腐朽的国民性。鲁迅一方面对旧中国时期中国人的人性进行无情的拷问，挖掘出其中不堪的内容，直击人们的灵魂，使人惊醒；另一方面对旧中国时期中国人的民族劣根性予以深刻的揭露，在沉痛拷问和批判的基础上，把中国人从这种根深蒂固的集体无意识睡梦中唤醒，以求得全民族的觉悟和振兴。

旧中国时期中国人卑劣的人性集中体现在阿Q身上。阿Q愚昧，阿Q可悲；阿Q自私，阿Q可怜；阿Q欺人，阿Q自欺。阿Q可恨，但阿Q不十分的可恶；阿Q"有毒"，但阿Q不十分的残暴。也许，在阿Q所处的环境里，成为暴徒的条件还不成熟，但也是十分的危险。这样，阿Q就成了最典型的一个"这个"，几乎每一个中国人都感到自己是阿Q，都从"这个"似曾

---

① 《鲁迅全集》第3卷，人民文学出版社，2005，第46页。

② 〔德〕尼采：《查拉图斯特拉如是说》，楚图南译，海南国际新闻出版中心，1996，第356页。

③ 〔德〕尼采：《查拉图斯特拉如是说》，楚图南译，海南国际新闻出版中心，1996，第303页。

④ 〔德〕弗里德里希·尼采：《权力意志——重估一切价值的尝试》，张念东、凌素心译，商务印书馆，1991，第663页。

相识的阿Q身上看到自己的"影子"。阿Q代表了中国人愚昧人性的本质内容，阿Q的"精神胜利法"成了中国人人格精神的总体象征。但阿Q还不能反映中国民族劣根性的全部内容，因为阿Q还没有成为统治阶级的一员，他的反抗还没有奏效就被镇压了。另外，阿Q也不识字，没有上过学；他不是阔少爷，没有多少财富，更没有枪杆子等，这许多可能性阿Q是没有办法实现的。

旧中国时期的中国人除了像阿Q一样愚昧外，更可恨的一面就是自相残杀，而且比自相残杀更升一级的就是甘当暴徒，残杀那些改变自己做奴才命运的改革者。自欺欺人的升级版就是自相残杀，自残固然是因为愚昧，害人就不仅仅是因为愚昧了，而且愚昧者的凶狠和残暴更惊人，后果更可怕。仅仅为了一点点犒赏，就安于做奴才，做不了奴才，还要花钱去买做奴才的权利，而且买不到做奴才的权利还痛苦不已，甚至仇恨那些挡了自己做奴才道路的人，不惜反目以血相报。这样的人，即是鲁迅所说的"羊兽"一样的怪物。他们自己甘做奴才，见了主子比羊还温顺，可面对弱者却又比豺狼野兽还残暴凶狠。这样的人，又被鲁迅称为看客、堕民、暴民，他们一路升级，一路迈向极端奴隶主义，进而走向恐怖的法西斯主义，在暴徒道路上狂奔猛进，成为恶的帮凶或暴徒，毁灭掉那些先觉者，残害掉那些战士，用他们的鲜血祭奠自己做奴才和暴徒的灵魂，将所有的希望埋葬于自己愚昧凶残的脚下。这就是鲁迅所说，"先觉的人，历来总被阴险的小人昏庸的群众迫压排挤倾陷放逐杀戮"①。而"孤独的精神的战士，虽然为民众战斗，却往往反为这'所为'而灭亡"②。中国的民族劣根性和国民劣根性，莫过于此。

恶心！恶心！恶心！尼采所恶心和厌恶的也是这卑劣的人性，和愚昧腐朽的人民性。尼采把这种具有卑劣人性的人和具有愚昧集体心理的群众，称为"群氓""群畜""贱民""愚民"等，尼采不仅对这些人没有丝毫的同情，反而认为他们是被淘汰的对象。多年以后，德国法西斯从这里找到了理论依据，但这并非尼采的本意，这是尼采思想历来被诟病的原因之一。

尼采把"群氓"的特点概括为如下几个方面：愚蠢麻木、驯良顺从、自私贪婪、软弱伪善、懒惰胆小、平庸无能、从众求安、乞求同情、甘做奴仆、不思进取等。他们愿意被禁闭在铁笼子里面，生活在谎言的世界而臣服

① 《鲁迅全集》第8卷，人民文学出版社，2005，第111~112页。
② 《鲁迅全集》第1卷，人民文学出版社，2005，第21页。

暴君；他们甘愿忍受恐吓被欺骗所统治，而从来不独立思考；他们愿意匍匐在"神"的脚下，而从不信任自己去做主；他们愿意被驯兽师驱赶盲从，而不武装自己建设家园；他们容易被教唆、剥夺、诱惑，他们偏安、阴暗、弱化、颓废……，总之这些"群氓"的宿命就是：宁愿跪着生，不愿站着死。他们如同"僵尸"一样活着，用黑衣包裹着自己的"活尸"，散发出阵阵恶臭，毒害着整个人类。他们往往被称为"善良"，汇聚一切懦夫、病夫、败类、自苦之人的集合体，被尼采称为"一切应当灭亡之人的集合体"。尼采认为，全部的德国人，整个欧洲人，都是庸众，都被奴化了，其罪魁祸首就是"基督教"。基督教以阴险的欺骗使"人类堕落"，教会的一切都是"坏的""假的""恶的"，因此必须予以摧毁，所以他愤怒地喊出"我要与基督教背水一战"①，"我要矫正了这个现在"②。

很明显，鲁迅和尼采对人性"卑劣"的拷问，对国民性"愚昧"的判决，不仅思想一致、目的一致，而且概念相似，方法论也相同。他们虽然在黑暗的世界里思考，在沉重的传统里探索，在腐朽的文化里破坏，在没落的时代里战斗，但他们从来不屈服、从来不气馁，他们高昂着头颅，昂然迎着新世纪的曙光奋勇前进！

三　重构——未来的超人与新人

中西现代思想变革，首先是价值观念的变革，它是一切社会变革的核心和前提。鲁迅与尼采不约而同地掀起价值革命，重构价值标准，其目的就在于否定旧文化，促进新变革；摒弃旧观念，确立新价值；批判旧传统，建设新世界。并在此基础上，实现人性改造和文明进步的双重任务，迎来一个灿烂的新时代。鲁迅和尼采，之所以被称为现代思想巨人，其原因就在这里！他们之所以伟大，就在于他们承载着这种前所未有的历史重任和文化使命，并取得了史无前例的辉煌成就，这是任何人都不能替代的！

那么，怎么重构？谁是尺度？谁是标准？谁有资格来代表呢？——尼采

---

① 〔德〕弗里德里希·尼采：《权力意志——重估一切价值的尝试》，张念东、凌素心译，商务印书馆，1991，第295页。

② 〔德〕尼采：《查拉图斯特拉如是说》，楚图南译，海南国际新闻出版中心，1996，第152页。

的"超人"和鲁迅的"新人"！"新人"，就是战士和猛士！"超人"，就是勇士和超人！他们都是面向新时代的闯将，迎接新世纪的主力！

尼采是这样论述的。这些超人，是前所未有的，是没有称谓的，也是难以理解的。他们是一种尚未证明过的、迎接未来的早产儿。他们是最健康的人，他们拥有强壮的体魄、健全的意志、敏锐的心灵、愉快的精神、勇敢的力量，甚至比以往所见的人更强壮、更敏锐、更坚毅、更勇敢、更愉快，他们能够承载新的价值，能够创造新的未来，是最符合时代精神的人。他们智慧，能够摧毁旧道德；他们勇敢，能够粉碎旧世界；他们强大，能够打破旧传统；他们快乐，能够迎接新时代。新时代的帷幕将由他们拉开，新世界的曙光将由他们送来，他们是希望的使者、光明的火炬，他们代表着人类未来的全部命运！——这就是"超人"！

尼采指出，"'超人'，是用来形容一种至高卓绝之人的用语，这种人同'现代'人、'善良'人、基督徒和其他虚无主义者完全相反，是很值得深思的用语"[①]。超人信奉力量，勇于攀登；超人信奉创造，敢于战斗；超人信奉光明，乐于进步。有超人，则有未来；无超人，则无未来。总之，超人寄托了尼采的全部理想和希望！

与之相似，鲁迅所谓的"新人"则是战士和猛士！在鲁迅看来，"新人"代表着新的力量，也代表着新的希望；新人出自新的一代，成长于新的战斗历程；新人承载着新的希望，预示着光明的未来。这些新的战士和猛士，寄托着鲁迅的理想，代表着鲁迅的精神。不仅如此，鲁迅自己也加入战斗的行列，成为勇猛的战士，为着民族的觉醒和振兴而英勇战斗。

鲁迅的"新人"——战士和猛士，具有如下特点。

第一，在痛苦中诞生，在绝望中获得新生。"新人"——战士和猛士，承载着外患和内忧、传统与现代、救亡与启蒙、生存与死亡、个体与社会等多重矛盾，这些矛盾交织成厚重而立体的大网，时时刻刻包围着他们、压迫着他们，给他们造成巨大的痛苦。他们一面要在痛苦中挣扎生存，一面要在痛苦中浴血战斗，他们以超常的意志和耐力、超常的勇气和品格，迎接挑战、求取新生。他们举起"投枪"，勇敢地冲锋，给黑暗势力以"致命"的打击。

---

① 〔德〕弗里德里希·尼采：《权力意志——重估一切价值的尝试》，张念东、凌素心译，商务印书馆，1991，第43页。

不该死的死了，该死的却没有死。死与不死，他们都将获得永生。正是这痛苦中的奋斗、绝望中的新生，成就了这些战士和猛士。所以，鲁迅说"不能真心领得苦痛，也便难有新生的希望"①。

第二，来于黑暗，在黑暗中走向光明。"新人"——战士和猛士，都生活在黑暗贫困的旧社会，都挣扎于黑暗动荡的旧时代，但他们都摆脱了黑暗，都走向了光明。黑暗压迫得人喘不过气来，黑暗使人窒息，黑暗也让人恐惧，甚或黑暗带着死亡降临，但都不能使战士和猛士屈服。"真的猛士，敢于直面惨淡的人生，敢于正视淋漓的鲜血。"② 他们连死都不怕，还惧怕黑暗吗？他们坚信光明，坚信光明的时代一定能够到来，所以他们咬着牙前进，咬着牙战斗，终将走进光明。

第三，出身旧文化，在创造新文化的运动中阔步前进。"新人"——战士和猛士，大都出身旧文化，在旧传统的礼教中成长，这是一方面；另一方面，他们又经受了新文化运动的洗礼，接受了新思想，沐浴着新的春风，看到了新的光明。在浩荡的时代洪流中，有的人沉沦了，有的人叛变了，有的人回到故纸堆，战士和猛士们却没有丝毫犹豫，毅然决然地脱下旧文化的礼袍，冲破旧传统的牢笼，随着新时代的浪潮，踏着新文化运动的脚步昂首前进。鲁迅称赞这些战士和猛士为新文化的"闯将"，正是他们给中国蹚出了一条新的生路。正因为如此，鲁迅说只要不做黑暗的附着物，"我们一定有悠久的将来，而且一定是光明的将来"③。

第四，生活于大众之中，引导大众为民族觉醒和解放而奋斗。国民固然愚昧，大众虽然落后，可总是我们的同胞，总是我们的父老乡亲和兄弟姐妹，鲁迅哀其不幸、怒其不争，但始终予以热情的关切和疗救。作为战士的一员，鲁迅的首要工作仍然是唤醒国民的"觉悟"，凝聚"民魂"，激起民族的"斗志"，然后才和其他的战士一道，团结奋斗，求取全民族的"解放"。而且，这些战士和猛士本身就是大众的一员，本身就植根于民众，更了解"民众的心"，更懂得"民众疾苦"，所以战士和猛士最后的工作就是和大众一起共同

---

① 《鲁迅全集》第8卷，人民文学出版社，2005，第107页。
② 《鲁迅全集》第3卷，人民文学出版社，2005，第290页。
③ 《鲁迅全集》第3卷，人民文学出版社，2005，第375页。

战斗。战士和猛士充分感觉到、认识到，"一定要参加到社会去！"①

鲁迅是这样歌颂和赞赏的："叛逆的猛士出于人间。他屹立着，洞见一切已改和现有的废墟和荒坟，记得一切深广和久远的苦痛，正视一切重叠淤积的凝血，深知一切已死，方生，将生和未生。"② 总之，有战士，中国就有救；有猛士，中国就有希望。

战士和猛士知道何处是自己的归宿，他们就像那不息的火焰，在拼命燃烧自己，发光发热；直到一切光明，才算最后成为自己！鲁迅就是这样的战士和猛士，鲁迅也是战士和猛士的榜样，是全民族战斗者和解放者的楷模！

比较鲁迅的"新人"和尼采的"超人"，我们可以发现，他们的共同之处在于都是先觉者，都是超越者，都是勇敢的战士。不同之处在于尼采的超人属于理想主义，鲁迅的战士属于现实主义；尼采的超人脱离于大众，鲁迅的战士植根于大众；尼采是超人的教父，鲁迅本身就是战士。

四 审美——现代美学的奠基与转向

在现代价值重构的基础上，尼采和鲁迅推动中西美学实现了由近代向现代的转折。他们对中西美学里程碑式的变革突出表现在审美立场、审美判断和审美方向的重构方面，并以此为基础奠定了现代美学的普遍原则、一致立场和共同方向，从而预示着一个新的美学时代的全面到来。

在尼采看来，传统美学是根本不能成立的。传统美学要么将美归之于主体的感官认识，要么将美归之于客体的物质属性，或者将美归之于主观和客观的统一，黑格尔就是用绝对理念将二者抽象地统一起来去寻求美的真理。然而，这些都是错误的，都不能为美提供根本依据，因为近代美学的出发点和前提本身就是错误的。尼采认为，美直接就是人的生命意志的体现，审美的根本动力就是人的生命欲望，美的本体依据就是强力意志，美不是别的、就是生命强力的增值和提高。

与传统美学不同，尼采将美归因于人，归之于人的生命力量。离开人，离开人的生命，就无所谓美或不美，审美的价值就在于人的生命的激荡和升

① 《鲁迅全集》第 7 卷，人民文学出版社，2005，第 120 页。
② 《鲁迅全集》第 2 卷，人民文学出版社，2005，第 226~227 页。

华。他说："没有什么是美的，只有人是美的；在这一简单的真理上建立了全部美学，它是美学的第一真理。我们立刻补上美学的第二条真理：没有什么比衰退的人更丑的了，——审美判断的领域就此被限定了。"① 显然，美和审美判断的真理是以人为中心的，但这里的人并不是指近代理性主义的人。尼采所说的人，是一种绽放自我、释放强大生命力量的人，生命价值和生命力量的扩张才是美的本质。"但是，什么叫生命，这就必须给生命下一个新的确切的定义了。我给它开列的公式如下，生命就是强力意志。"② 这样，强力意志就成了理解和把握尼采美学的关键。

什么是强力意志呢？尼采说："强力意志，是向着更高、更远、更复杂的目标发展的动力。凡有生命之处，就有意志；但不是求生的意志——乃是强力意志。"③ 生命就意味着强力意志的增长，进步和扩张是人的生命的唯一特征，也是强力意志的主体特征，强力意志本身不允许我们停留在发霉的原地，它敢想、敢干、敢于奔向远方，敢于创造一个崭新的世界，所以强力意志也就是原动力。"生命，作为个别现象，它追求的是最大限度的强力感，它必须追求更多的强力；追求，不外是追求强力。"④ 因此，强力意志就是美的本源，是审美的真正动力。

"美的判断是否成立和缘何成立，这是一个力量的问题。"⑤ 这里的力量不是理性的力量，乃是生命的力量、本能的力量、欲望的力量，审美实践和审美追求是生命的本来使命，审美活动也是生命的形而上学，是使生命成为可能的壮举。美，是生命礼赞；审美活动，是生命的灿烂绽放，通过审美和艺术活动，使生命变得更加充实、更加完美、更加旺盛、更加流光四溢、更加丰盈活泼。从深层次意义上说，审美和艺术活动都是无意识的、本能的，是欲望满足的极乐感，审美的本质在于生命力的激扬与升华，让生命陶醉、使生命高涨、肯定和祝福生命是一切审美活动和艺术的根本追求。所以尼采说

---

① 〔德〕尼采：《偶像的黄昏》，周国平译，光明日报出版社，1996，第67页。
② 〔德〕弗里德里希·尼采：《权力意志——重估一切价值的尝试》，张念东、凌素心译，商务印书馆，1991，第182页。
③ 〔德〕尼采：《查拉图斯特拉如是说》，楚图南译，海南国际新闻出版中心，1996，第144页。
④ 〔德〕弗里德里希·尼采：《权力意志——重估一切价值的尝试》，张念东、凌素心译，商务印书馆，1991，第534页。
⑤ 〔德〕尼采：《悲剧的诞生》，周国平译，生活·读书·新知三联书店出版社，1986，第383页。

"只有作为审美现象，人生和世界才是有充足理由的"①。

这样，尼采一步步把美学从传统认识论和本质主义的泥潭中解放出来，还美于人，还美于人的生命现象，建立了新的审美本体——强力意志，并成功扭转了西方美学的发展方向，从而开启了一个新的美学时代。

同样，鲁迅的美学追求与思想根底也集中在人的生命力量、人性升华、国民性改造和社会革命等方面，并通过"新人"得到磅礴展开。其一，"新人"是具有极强生命意志的人。"新人"敢爱也敢恨，"新人"爱自己也爱他人，"新人"富有个性而充满生命活力。"他活动着，飞跃着，有生命。无论胜败之际，都关注着个性和精神。"②其二，"新人"是热情而拥有强大力量的开拓者。"新人"富有热情，充满阳光，拥有力量，如烈火、似飓风、像波涛，如沸腾燃烧的"地火"，"升腾着"茁壮的创造力量，承载着新的希望，从没路的地方"开辟"出新的道路。其三，"新人"是勇敢的战士。战士是有"觉悟"、有"灵魂"、有"斗志"的"猛士"。他知道为什么"战斗"，为谁而"战斗"。所以，"真的猛士，敢于直面惨淡的人生，敢于正视淋漓的鲜血"③。他们敢于点燃革命的火焰、敢于举起战斗的刀枪，他们澎湃地放射出耀眼的生命之光，向着"光明"前进，向着"大时代"前进。很明显，"新人"寄托着鲁迅的审美理想和审美追求，"新人"高度体现了鲁迅的美学思想和审美方向。鲁迅明确地宣称，"在我自己，觉得中国现在是一个进向大时代的时代"④。

这个大时代就是人性磅礴觉醒的时代、人的生命力量全面解放的时代、社会启蒙与革命的双重变奏时代。鲁迅强烈地预见到时代暴风雨的到来，他指出，"现在则已是大时代，动摇的时代，转换的时代，中国以外，阶级的对立大抵已经十分锐利化，农工大众日日显得着重，倘要将自己从没落救出，当然应该向他们去了"⑤。鲁迅的思考深刻而触目惊心，激烈热情而充满光辉，是思想启蒙与审美转向的先锋召唤。他以其深邃的思想，高超的洞察力与驱动力，推动现代中国思想文化实现了革命性的转轨，他的命运与中国社会即

---

① 〔德〕尼采：《悲剧的诞生》，周国平译，生活·读书·新知三联书店出版社，1986，第 21 页。
② 《鲁迅全集》第 7 卷，人民文学出版社，2005，第 347 页。
③ 《鲁迅全集》第 3 卷，人民文学出版社，2005，第 290 页。
④ 《鲁迅全集》第 3 卷，人民文学出版社，2005，第 571 页。
⑤ 《鲁迅全集》第 4 卷，人民文学出版社，2005，第 63 页。

将遇到的一切现代变革紧密相连。所以，李泽厚赞誉"鲁迅是伟大的启蒙者，他不停地向各种封建主义作韧性的长期的尖锐斗争，但同时又超越了启蒙，他有着对人生意义的超越追求"①。

很明显，尼采和鲁迅共同的美学立场是反思传统、重估价值，一致的审美追求是促进人性升华、推动社会进步。这是他们坚定的美学信仰，也是他们共同的美学理想，同时也是他们根本的美学原则。他们以独特的价值、深邃的思想、无畏的精神，奠定了中西现代美学的本体基础，扭转了中西现代美学的发展方向，并由此产生了巨大的历史回响。

总之，鲁迅与尼采，已经成为中西现代思想史上不可逾越的高峰，凝聚为"恒态"的思想文化资源，始终为人们提供永不枯竭的精神动力。作为中西现代思想巨人，他们以燃烧的灵魂、磅礴的激情，照亮了历史的沉沉暗夜，给人们带来无限的希望；他们以无畏的精神、深刻的探索，向旧时代的腐朽传统宣战，拉开了中西现代思想变革的帷幕，在中西两个方向同步推动了近代向现代的转折；他们还以其空前的深度和高度，构建了现代价值取向，开辟了新的审美道路。

---

① 李泽厚：《中国现代思想史论》，东方出版社，1987，第 116 页。

康德论科学与伦理学

李文倩*

摘　要　在《纯粹理性批判》一书中，康德已对物理与伦理，或者说自然法则与道德法则做了区分，并且认为自然法则基于经验，道德法则基于理性。在《道德形而上学的奠基》一书中，康德进一步指出，物理学是研究自然法则的科学，伦理学则是研究道德法则的科学。康德在根本上不赞同休谟的自然主义进路，他以其先验哲学的进路，为伦理学之科学性提供了一种辩护。关于事实与价值，康德一方面承认休谟对其所做的区分，另一方面则部分地继承了莱布尼茨的观点，认为价值的基础在于理性。康德认为真正的道德哲学即道德形而上学。在《伦理学原理》一书中，摩尔对康德提出了两点可能的批评。

关键词　康德　科学　伦理学　形而上学　摩尔

事实与价值，不仅在哲学史的意义上有其价值，更是引起当代西方哲学家所普遍关注的一个重要论题。郑宇健指出："自休谟明确区分实然的'是'与应该的'该'，或者说描述性的事实与规范性的价值以来，如何解释或更好地说明这一区分是很多西方哲学家（尤其是当代自然主义分析哲学家）孜孜以赴的一个重要任务。"① 人们之所以如此关注这一论题，是因为如果我们全然接受事实与价值的截然二分，就会如逻辑经验主义者一样，否认伦理探究的客观性，进而否定伦理学的科学性——这样一来，严肃的伦理学研究似乎就不再可能，更没有存在的必要了。

但是，认为伦理探究仅仅是某种主观任意的东西，这似乎很难让人完全接受。即使不能给出很好的论证，人们仍然在直觉的意义上，认为伦理探究是有某种客观性的——至于这种客观性是什么以及其程度如何，则有待于进

---

*　李文倩（1985～），男，甘肃榆中人，西华师范大学文学院副教授，研究方向：道德哲学。
①　郑宇健：《规范性的三元结构》，《世界哲学》2015年第4期。

一步阐明。有学者指出，根据伯纳德·威廉斯的意见，"当讨论伦理客观性的时候，最重要的区分并不是事实与价值，也不是'是'与'应该'，而是科学与伦理学（或者科学探索与伦理探索）"①。笔者接受威廉斯的这一意见，认为如何理解科学与伦理学的关系，对于回答伦理是否具有客观性这一问题至关重要。

本文写作的意图在于，在当代哲学的视野下，重构康德关于科学与伦理学之关系的认识，以期对当代元伦理学的探索有所启发。基于这一意图，本文结构如下：第一节简要梳理康德对物理与伦理的区分；第二节讨论康德的道德形而上学；第三节讨论对于康德的以上思想，有哪些可能的批评；最后是结语。

一　物理与伦理

在《纯粹理性批判》一书中，康德说他关注三个问题，其中前两个问题是：（1）"我能够知道什么？"②（2）"我应当做什么？"③我们知道，关于"知道"，其中最重要的是对自然的认识，这是物理学的任务；而关于"应当"，则是伦理学所要思考的内容。在这里，我们可以看到，康德在《纯粹理性批判》中已对物理与伦理做了区分。

关于物理与伦理，或者说自然法则与道德法则的区别，康德在《纯粹理性批判》一书中明确指出：（1）自然法则基于经验；（2）道德法则基于理性。关于（1），康德写道："因为就自然而言，经验为我们提供规则，是真理的源泉；但就道德法则而言，经验（令人遗憾地！）乃是幻相之母 [……]。"④康德在这段话中，先是在肯定的意义上，指明经验是自然法则之"真理的源泉"；然后在否定的意义上，指明经验不是道德法则的基础。关于（2），康德写道："理性也给予一些法则，它们是命令，也就是说，是客观的自由法则，它们说明什么应当发生，尽管它也许永远不发生，而且在这一点上它们有别于仅仅

---

① 魏犇群：《威廉斯与元伦理学》，《哲学动态》2020 年第 5 期。
② 〔德〕康德：《纯粹理性批判》（注释本），李秋零译注，中国人民大学出版社，2011，第 525 页。
③ 〔德〕康德：《纯粹理性批判》（注释本），李秋零译注，中国人民大学出版社，2011，第 525 页。
④ 〔德〕康德：《纯粹理性批判》（注释本），李秋零译注，中国人民大学出版社，2011，第 257 页。

探讨发生的事情的自然法则，因而也被称为实践的法则。"^① 康德这里的意思很清楚，即自由法则 / 道德法则不同于自然法则——作为一种实践法则，道德法则的命令是由理性颁布的。

在 1785 年出版的《道德形而上学的奠基》一书的"前言"中，康德不仅继续坚持了自然法则与道德法则 / 自由法则之间的区分，而且进一步指出："关于自然法则的科学叫做物理学，关于自由法则的科学则叫做伦理学；前者也称做自然学说，后者则也称做道德学说。"^② 在这里，我们可以看到：自然法则与自由法则的关系，在某种意义上即物理学与伦理学的关系——而这里所谓的物理学，则可被理解为今天我们一般所说的科学（science）。关于自然法则与自由法则，康德有如是说明："虽然前一些法则是一切事物发生所遵循的法则，后一些法则则是一切应当发生所遵循的法则，但也还是要考虑它在其下经常不发生的条件。"^③ 康德这里的意思很清楚，即一切事物发生所必然遵循的法则即自然法则，而"应当"发生所必然遵循的法则即自由法则——但要注意的是，"应当"发生并不意味着一定会发生。

在《道德形而上学的奠基》一书的"前言"中，康德还明确指出，物理学与伦理学均各自有其经验部分和理性部分，他就此写道："物理学将有自己的经验性部分，但也有一个理性的部分。伦理学亦复如是，尽管在这里经验性的部分特别叫做实践人类学，而理性的部分则可以叫做道德学。"^④ 在这里，康德所说的"实践人类学"其实即伦理学的应用部分，而"道德学"才是真正的伦理学，亦可被称为道德形而上学。

康德关于物理与伦理，或者说自然法则与自由法则的区分，表明他在一定程度上接受了休谟关于是与应当的区分，但这种接受只是部分的。吴彦就此指出："康德认同休谟关于实然和应然的区分，但他所要做的与休谟刚好相反，他不是否认，而是要确立起这两个领域各自的先天法则，从而为一种普

---

① 〔德〕康德：《纯粹理性批判》（注释本），李秋零译注，中国人民大学出版社，2011，第 524 页。
② 〔德〕康德：《道德形而上学的奠基》（注释本），李秋零译注，中国人民大学出版社，2013，第 1 页。
③ 〔德〕康德：《道德形而上学的奠基》（注释本），李秋零译注，中国人民大学出版社，2013，第 1~2 页。
④ 〔德〕康德：《道德形而上学的奠基》（注释本），李秋零译注，中国人民大学出版社，2013，第 2 页。译文有改动。

遍有效的知识和普遍有效的道德提供证明。"①

　　休谟关于是与应当的区分，在赋予经验以独立性的同时，也将价值主观化了——这其实是一种自然主义的进路——在这一进路中，他所谓的"道德科学"是经验的，而在经验的视域中，价值并不具有普遍性和必然性，一切都是相对的。康德同意休谟对是与应当所做的区分，但他并不由此就认为价值是主观的——在康德看来，价值的客观性基于哲学的理性知识，正如有学者所指出的："自然科学和社会科学无法为规范和价值观奠基并不意味着这些规范和价值观只是主观的，可能还有另一种形式的知识（哲学知识）可以处理它们。"②

　　康德在根本上不赞同休谟的自然主义进路，他通过区分自然因果性与自由因果性，以实现对休谟之"道德科学"的"超越"。关于这一点，邓安庆明确指出："他 [康德] 超越于休谟经验主义'道德科学'的地方在于，他严格区分了两种因果律：自然的因果律和自由的因果律。通过这一区分，他就既可继续在'科学'的概念下从事伦理学，又可以其实践理性优先框架下的先验哲学方式，超越休谟所谓的'从是（事实）推导不出应该（道德）'的'道德科学'论证困境。"③ 在这里，如何理解科学与伦理学的关系是问题的关键：在一种自然主义的进路中，价值是主观的，由此，以价值为研究对象的伦理学就不是科学；而在康德先验哲学的进路中，价值具有普遍性和必然性，伦理学由此也就被认为是一门科学。

　　康德明确区分物理学与伦理学，在当代文化语境中，这一区分在某种程度上也可以被视为科学与人文之二分。邓安庆就此指出："现代形成'科学'与'人文'的二分，实质上就是古老的'物理学'与'伦理学'之二分的结果。"④ 在以上的论述中，我们已经看到，康德一方面认为伦理学有别于物理学，但另一方面又认为伦理学也是科学而并不只是某种主观性的东西——在这个意义上，我们认为：康德以其先验主义的哲学进路为伦理学之科学性提

---

① 吴彦：《法、自由与强制力：康德法哲学导论》，商务印书馆，2016，第 198~199 页。
② 〔德〕维托里奥·赫斯勒：《康德实践哲学的伟大及其限度》，陈东华、喻文婷译，贺腾校，载邓晓芒、舒红跃主编《德国哲学》（2021 年卷），社会科学文献出版社，2022，第 24 页。
③ 邓安庆：《再论康德关于伦理与道德的区分及其意义》，《北京大学学报》（哲学社会科学版）2019 年第 5 期。
④ 邓安庆：《论康德的两个伦理学概念》，《伦理学研究》2019 年第 4 期。

供了一种辩护。如果我们将康德的上述洞见转换到当代文化语境中，则可得出这样的结论，即康德承认人文与科学／物理学有别，但他并不认为人文（的东西）只是某种纯然主观的东西——在此意义上，人文（的东西）有其科学性。由此，康德即为"人文科学"提供了一种辩护。

在对自然法则与道德法则做出区分的同时，康德经常将二者放在一起做类比思考，这一点鲜明地体现在《实践理性批判》的一句名言中："有两样东西，越是经常而持久地对它们进行反复思考，它们就越是使心灵充满常新而日益增长的惊赞和敬畏：我头上的星空和我心中的道德法则。"[①]"我头上的星空"是由自然法则支配的，它是我惊赞的对象；而"我心中的道德法则"，则是我敬畏的对象。康德在这里将"我头上的星空"和"我心中的道德法则"放在一起，以类比的方式表明：与自然法则类似，道德法则有其普遍必然性。

与康德对物理与伦理、物理学与伦理学的区分相对应的，是他对自然与自由、自然哲学与道德哲学的区分。在《判断力批判》一书的"前言"中，康德写道："只有两种概念，它们允许其对象的可能性有同样多的不同原则：这就是各个自然概念和那个自由概念。现在，既然前者使一种按照先天原则的理论知识成为可能，而后者就前者而言在其概念中就已经只带有一个否定的原则（纯然的对立的原则），与此相反对于意志的规定则建立起扩展的原理，这些原理因而叫做实践的，所以，哲学正当地被分为两个原则上完全不同的部分，被划分为作为自然哲学的理论哲学和作为道德哲学的实践哲学（因为理性根据自由概念所作的实践的立法就是被这样称谓的）。"[②]在这里，我们可以看到：（1）自然概念使普遍必然的理论知识成为可能，自由概念则使普遍必然的实践原理成为可能；（2）自然哲学与道德哲学是哲学中两个完全独立的部分。

二　道德形而上学

道德概念的起源以及道德法则的基础是什么，是道德哲学的根本问题。对于这一问题，有两种不同的回答：一种认为是经验，另一种则认为是理性。

---

① 〔德〕康德：《实践理性批判》（注释本），李秋零译注，中国人民大学出版社，2011，第151页。
② 〔德〕康德：《判断力批判》（注释本），李秋零译注，中国人民大学出版社，2011，第5页。

一般认为，前一种回答是休谟的主张，而后一种回答则是康德的主张。之前的研究已对此有所说明。王奇琦指出："休谟挑战了事实与价值之间传统的统一关系，使得价值独立于事实，而价值选择之所以得以独立，第一步就在于割裂了价值与理性的关系，通过分析人的心理和情感机制来为价值奠基。"① 在这里，我们可以看到：休谟正是通过对价值与理性之传统关系的"割裂"，进而为价值寻求经验基础的。与休谟彻底的经验主义或自然主义不同，康德一方面承认休谟对事实与价值所做的区分，另一方面则部分地继承了莱布尼茨的观点，认为价值的基础在于理性。吴彦就此指出："正是通过在事实（fact）与正当（right）之间所做之区分，莱布尼茨将'正当'的根据归之为'理性'，而不是'意志'。在这一点上，康德继承了莱布尼茨的基本看法。他们都一致认为，正当是无法在经验中寻找的，而只能在理性中寻找。"②

认为道德哲学的基础是理性而非经验，这是康德的基本主张。本节以下的内容，即试图通过对康德相关论述的分析，来看一下他是如何具体展开这一基本主张的。

在否定的意义上，康德认为经验（论）不能构成道德法则的基础。在《纯粹理性批判》一书中，康德即已指出："纯然的经验论看起来剥夺了道德和宗教的一切力量和影响。如果不存在一个与世界有别的元始存在者，如果世界没有开端，因而也没有创造者，我们的意志不是自由的，灵魂与物质具有同样的可分性和可朽性，那么，道德的理念和原理也就丧失了一切效力，与构成其理论支柱的先验理念一起作废了。"③ 在这里，我们可以看到：康德认为彻底的经验论不仅取消了道德，也取消了宗教。

在《道德形而上学的奠基》一书中，康德坚持了上述观点，他就此指出："经验性的原则在任何地方都不适合作为道德法则的根据。因为如果道德法则的根据取自人性的特殊结构或者人性所处的偶然情境，那么，普遍法则应当适用于一切理性存在者所凭借的那种普遍性，即由此责成理性存在者的那种

① 王奇琦：《道德直觉主义的理性主义源流》，载张庆熊、孙向晨主编《现代外国哲学》（总第19辑），上海三联书店，2021，第54页。
② 吴彦：《法、自由与强制力：康德法哲学导论》，商务印书馆，2016，第175页。
③ 〔德〕康德：《纯粹理性批判》（注释本），李秋零译注，中国人民大学出版社，2011，第349~350页。

无条件的实践必然性，也就丧失了。"① 在这里，康德认为一旦经验成为道德法则的基础，那么道德法则所应当具有的普遍性和必然性必将无法确立，而这是让人无法接受的。

在肯定的意义上，康德认为道德概念起源于理性，他在《道德形而上学的奠基》一书中指出："一切道德概念都完全先天地在理性中有其位置和起源，而且无论是在最普通的人类理性中，还是在最高程度的思辨理性中，都是如此；这些概念不能从任何经验性的，因而纯属偶然的知识中抽象出来；它们的尊严正在于其起源的这种纯粹性，使它们能够充当我们的最高实践原则。"② 在这里，康德认为道德概念起源于理性——这里的理性既包括常识理性，也包括思辨理性；并且，康德进一步认为，道德概念的"尊严"正在于其起源的纯粹性。

道德概念起源于理性，这即意味着，道德法则的基础不可能是理性之外的任何东西。在《道德形而上学的奠基》一书中，康德指出："在一切实践知识中，道德法则连同其原则不仅在本质上有别于其余一切包含着任何经验性的东西的知识，而且所有的道德哲学都完全依据其纯粹的部分，并且在运用于人的时候，它并不从关于人的知识（人类学）借取丝毫东西，而是把人当做理性的存在者，赋予他先天的法则。"③ 在这段引文中，主要包含三层意思：（1）实践知识不同于任何经验性的知识，或者说道德法则／道德哲学的依据在于理性而非经验；（2）道德法则／道德哲学对人的认识并不来自人类学，而是将人设定为理性的存在者；（3）道德法则具有先天性。

关于道德哲学与人类学的关系，康德在后来的《道德形而上学》一书中坚持了上述主张："一种道德形而上学不能建立在人类学之上，但却可以被应用于它。"④ 在康德的语境中，道德哲学和道德形而上学的意思是一样的，而一谈到（道德）形而上学，即意味着这种东西不可能建基于经验（人类学）；

---

① 〔德〕康德：《道德形而上学的奠基》（注释本），李秋零译注，中国人民大学出版社，2013，第 65 页。

② 〔德〕康德：《道德形而上学的奠基》（注释本），李秋零译注，中国人民大学出版社，2013，第 29 页。

③ 〔德〕康德：《道德形而上学的奠基》（注释本），李秋零译注，中国人民大学出版社，2013，第 3~4 页。

④ 〔德〕康德：《道德形而上学》（注释本），张荣、李秋零译注，中国人民大学出版社，2013，第 15 页。

但这并不意味着道德哲学和经验（人类学）无关，在康德那里，前者可以被应用于后者。

康德认为真正的道德哲学即道德形而上学，或者说道德哲学必须以纯粹哲学/形而上学为先行条件。在《道德形而上学的奠基》一书中，康德就此指出："除了在一门纯粹哲学中之外，不能在其他任何地方寻找具有纯粹性和本真性（在实践的领域里重视的恰恰是这一点）的道德法则，因而纯粹哲学（形而上学）必须先行，而且如果没有它，在任何地方就不会有任何道德哲学。"[①] 康德关于道德哲学的这一理解，和当代的新实用主义者存在极大差异，比如普特南就倡导一种没有本体论或形而上学的伦理学。

我们在以上的讨论中已经谈到，康德认为道德概念的起源以及道德法则的基础均是理性，并且认为真正的道德哲学即道德形而上学。在这里，我们可以看到：在康德那里，理性概念和形而上学概念是紧密联系在一起的——具体就道德形而上学而言，其基础是理性的一种实践运用即纯粹实践理性批判。在《道德形而上学的奠基》一书中，康德就此指出："尽管除了一种纯粹实践理性的批判之外，道德形而上学真正说来没有别的基础，就像对于形而上学来说，已经提供的纯粹思辨理性的批判是基础一样。"[②]

三　可能的批评

关于康德论科学与伦理学，有两点内容可能会招致批评：（1）康德区分了自然法则与道德法则，但为了保证道德法则的普遍性和必然性（尤其是必然性），认为道德法则类似于自然法则——或者说道德法则是以自然法则为模型而建构的；（2）康德认为道德哲学必须以形而上学为基础，或者说真正的道德哲学即道德形而上学。

关于（1），摩尔在其《伦理学原理》一书中提出批评，他写道："断定某些行为是那种总是需要去完成的行为，因而假定道德律类似于自然法则，这

[①] 〔德〕康德：《道德形而上学的奠基》（注释本），李秋零译注，中国人民大学出版社，2013，第4页。

[②] 〔德〕康德：《道德形而上学的奠基》（注释本），李秋零译注，中国人民大学出版社，2013，第6页。

一错误隐藏于康德的一个最为著名的学说中。康德把应该存在的东西，与自由意志或纯粹意志所必须遵循的法则，即与它可能采取的唯一一种行为等同。通过这种等同，他不仅意味着要断定自由意志也要受其应做的事情的必然性的支配，而且意味着，它所应做的意味的只是其自身的法则——必须依其而行动的法则。其不同于人类意志的地方在于，我们应做的是它必然要做的。它是'自主的'，这一点意味着（在其它事物中）不存在着独立的标准可以评判它。既然如此，'这一意志所据以行动的法则是一条善的法则吗？'这样一个问题就没有意义。随之而来的就是，这一纯粹意志必然意愿的就是善的，这不是因为这一意志是善的，也不是因为其它理由，而纯粹是因为它是纯粹意志必然意愿的。"①

摩尔的这段文字比较长，我们以下将其分为七个小点并试做解析：第一，摩尔认为假定道德法则类似于自然法则，这是错误的，而这一错误就隐藏于康德著名的自由意志学说之中；第二，康德认为道德法则即自由意志/纯粹意志"所必须遵循的法则"；第三，自由意志受其自身必然性法则的支配；第四，自由意志不同于人类意志，人类意志应做的即是自由意志必然要做的；第五，自由意志是"自主的"即自我决定的；第六，自由意志据以行动的法则其自身就是善的；第七，自由意志/纯粹意志自身必然意愿的即是善的。总之，摩尔认为康德将道德法则等同于自由意志/纯粹意志所必然意愿的东西——就其必然性而言类似于自然法则，而这是错误的。

和摩尔一样，有当代哲学学者也认为，康德就其必然性而言认为道德法则类似于自然法则的主张太强了。郑宇健指出："规律与规范的最大分别在于规律是不可违反的和没有选择余地的。"② 这里的规律即自然规律，而规范则指道德规范。郑宇健的意思很清楚：第一，自然规律和道德规范是不同的；第二，自然规律有其必然性，而道德规范则没有这种必然性。关于道德规范，郑宇健进一步解释说："理由和规范，最大的共通点也是最基本的共通点，就是两者都是可以违反的，同时两者均要求着具自由能动性的主体（即具违反能力的行动者）予以某种程度的尊重或者遵从。"③ 这就表明，无论是道德

---

① 〔英〕G. E. 摩尔：《伦理学原理》，陈德中译，商务印书馆，2017，第 142 页。
② 郑宇健：《规范性的三元结构》，《世界哲学》2015 年第 4 期。
③ 郑宇健：《规范性的三元结构》，《世界哲学》2015 年第 4 期。

理由还是道德规范，它们都不具备自然规律那样的必然性（和康德的认识不一样）。

道德法则不同（而非类似）于自然法则，与此相关，道德事实也就不同于自然事实。魏犇群指出："根据道德实在论，道德事实不同于任何已经发现的自然事实，我们也无法通过器官直接观察到它们，但它们却真实地存在于世界之中。而且，一旦认识到道德事实，我们便能立即拥有相应的行动理由或者动机。"①

关于（2），摩尔在其《伦理学原理》一书中也提出批评，他写道："'形而上学伦理学'因而包括了伦理学可建基于形而上学之上这样一个假定。我们首先要关注的就是，要清楚这一假定是错误的。"② 在这里，我们可以清楚地看到，摩尔不赞同康德关于道德哲学必须建基于形而上学的主张。关于"形而上学伦理学"或"道德形而上学"，摩尔至少有以下两点批评。一是关于形而上学，他这样写道："形而上学家们关于实在所做的断言大都狂野过度，但是只要一想到他们的任务就在于说出真理而非别的什么，他们就多少会有所收敛，而不至于仍然那么狂野无际。"③ 摩尔的这段话表明，在他看来，形而上学关于实在的断言多多少少是有所夸张的。二是关于形而上学与伦理学，摩尔认为二者之间不存在任何逻辑关系，他就此指出："被理解为是对假想的超感实在进行考察的形而上学，与回答基本的伦理学问题'什么是善自身'没有任何逻辑关系。"④ 在这样一种理解中，康德所谓的道德形而上学即是不成立的。

就方法论而言，康德的道德形而上学预设了一种先验主义的方法论，而这在自然主义者看来是无法接受的。彼得·雷尔顿（Peter Railton）指出："方法论的自然主义认为，哲学并不拥有一种独特的先验的方法能够产生实质性的真理，而这种真理在原则上并不接受任何种类的经验检验。哲学（研究）应该以后验的方式进行，与在自然和社会科学中所展开的广义经验探究并肩合作，或者应该成为经验探究中特别抽象和宏观的一部分。"⑤ 在这里，我们

---

① 魏犇群：《元伦理学中的寂静主义实在论：解释与定位》，《道德与文明》2018年第2期。
② 〔英〕G. E. 摩尔：《伦理学原理》，陈德中译，商务印书馆，2017，第129页。
③ 〔英〕G. E. 摩尔：《伦理学原理》，陈德中译，商务印书馆，2017，第136页。
④ 〔英〕G. E. 摩尔：《伦理学原理》，陈德中译，商务印书馆，2017，第156页。
⑤ 转引自魏犇群《元伦理学中的寂静主义实在论：解释与定位》，《道德与文明》2018年第2期。

可以清楚地看到，方法论的先验主义与自然主义的根本区别在于二者对待经验的不同态度：先验主义不以经验为根据，而自然主义则以经验为基础。

如果说康德持有一种方法论的先验主义的话，那么休谟的观点无疑更接近于方法论的自然主义。吴童立指出，以休谟的观点来看，"人们可以在经验内部建立起认识论意义上的诸如'事实''因果性''客观性'这类概念，也可以谈论事实命题的真值。但是在形而上学层面，我们既不可能也不需要建立因果必然性这一概念"①。与休谟的观点不同，康德恰恰是在形而上学层面上通过自由因果性这一概念，确立道德哲学的基础。

结　语

本文试图在当代哲学的视野下，重构康德关于科学与伦理学之关系的认识，以期对当代元伦理学的探索有所启发。在第一节，我们指出，康德在《纯粹理性批判》中已对物理与伦理做了明确区分，认为自然法则基于经验，而道德法则基于理性。在《道德形而上学的奠基》一书中，康德不仅坚持了这一区分，而且进一步指出对二者的探究分别是物理学（科学）与伦理学的任务。我们还指出，康德以其先验主义的哲学进路为伦理学之科学性提供了一种辩护。在第二节，我们指出，康德认为道德哲学的基础是理性而非经验，并且认为真正的道德哲学即道德形而上学。在第三节，我们主要考察了摩尔及一些当代哲学学者对康德主要观点的批评。摩尔认为康德假定道德法则类似于自然法则的观点是错误的，并且不赞同康德关于道德哲学必须建基于形而上学的主张。

---

① 吴童立:《康德能够解决休谟问题吗》,《学术研究》2017 年第 12 期。

人工智能社会治理的伦理风险存在于何处[*]

赵红梅　蔡雅梦^{**}

摘　要　本文对人工智能社会治理的伦理风险进行了新的定位，将存在于风险应对中的人工智能社会治理的伦理风险进行较为理性的梳理。提出人工智能社会治理的伦理风险存在于风险社会及其应急管理的价值失序中，存在于人工智能本身的技术缺陷中，存在于人工智能社会治理的技术至上偏好中。

关键词　伦理风险　风险社会　社会治理　人工智能

人工智能进入社会治理，在保障和改善民生、为人民创造美好生活等方面提供新智能。人工智能在教育、医疗卫生、体育、住房、交通、助残养老、家政服务、环境治理等领域的深度应用，创新智能服务体系，提升了城市居民的幸福感，提升社会治理水平。但是，人工智能作为新生事物，无论是对于应急管理还是对于社会治理创新都存在着不可忽略的伦理风险。

下面，我们从三个方面来剖析人工智能社会治理伦理风险的潜藏之处。

一　风险社会

在保守的中国人看来，社会是个"大染缸"，洁身自好的中国人都愿意在社会面前明哲保身。滕尼斯在《共同体与社会》一书中接受了布伦茨利的判断："'社会'概念本来就不是'人民'概念，而仅仅是'第三等级'概念……第三等级的社会成为了他们的共同判断与倾向的表现……凡是城市文

---

*　本文系 2022 年国家社科基金重大项目"社会治理共同体构建的伦理基础与实践路径研究"（22&ZD043）的阶段性成果。

**　赵红梅（1969～），女，湖北丹江口人，湖北大学公共管理学院教授，研究方向：环境美学、公共伦理。蔡雅梦，湖北大学公共管理学院硕士研究生，研究方向：公共伦理。

化繁荣兴旺、硕果累累的地方，社会都呈现为一个不可缺少的器官。农村地区对这些知道得很少。"① 无论是"精读"社会还是"泛读"社会，与自在的自然世界、唯美的艺术世界和道德良心至上的自我世界相比，社会是最为生动、最为直接、最为绚烂也是最易破损、末端垃圾充斥的世界现象和现象世界。为著名社会学家滕尼斯与齐美尔所认可的尼采，其永恒的冲动渴求是成为超人并力图高于人类尘世。当然，作为社会哲学家，尼采的思考是充满着温度与血的深情的。他的美学精神、音乐偏好、社会学思想立足于现实世界的权力、意志、欲望和生命。他深刻剖析社会的情绪与情感，洞察奴隶道德与贵族道德的差异，关注社会的"秩序与变迁"，对充满风险的社会真相给出自己的预言。

21 世纪 20 年代，我们身处风险社会。风险社会的特点之一就是"风险全覆盖"，无论是自然风险、环境风险，还是制度风险。总而言之，风险无处不在。正如吉登斯、贝克等人认为，风险社会的风险是"平等主义者"，风险社会的秩序并不是等级式的、垂直的，而是网络型的、平面扩展的。② 风险社会的到来暗示着我们生存环境的安全阀门已经开始老化，原来我们认为极具安全性的建筑空间、管理空间、创作空间、生活空间、教育空间以及土壤环境、河流湖泊和人类所依赖的物质基础等都开始出现局部或区域内整体滑坡崩塌状态。管理中的大势思维、管理中的灵性思维、管理中的创新思维、管理中的比较思维、管理中的批判思维、管理中的建构思维等都成为专家们的讨论热点。

面对风险社会造成的各种不确定性，我们一方面要保持积极思维，承认风险社会的来临，认可风险对社会的推动作用。"有效地规避，合理地利用，努力让风险成为我们这个社会前进和发展的动力，才是我们风险治理的核心。"另一方面要注意应急管理有效应对，改变风险环境的同时改变我们自己并提升我们的应对能力。风险应对"不仅是对各级政府的风险决策水平、公共应急体系、社会动员能力的一次大考，同时也是对公众现代意识和社会治理参与能力的一次检视"。③

---

① 转引自张亚辉《民族志书写探索人之存在的集体性》，《中国社会科学报》2023 年 11 月 14 日。
② 参见杨明刚《人工智能时代的风险治理》，海天出版社，2022，第 13 页。
③ 杨明刚：《人工智能时代的风险治理》，海天出版社，2022，"序言"。

病毒、瘟疫、战争、环境污染等对人类造成的种种风险，不仅造成个体的疾病与死亡，而且还可能颠覆一个有序的社会。自然环境充满了种种风险，人类社会充满了种种风险，治理的短板也是风险所存之处，人工智能社会治理更是风险重重。目前，社会重大风险防范和化解已经成为政府的核心任务之一。风险社会的出现要求社会治理的伦理原则和社会治理的法治原则的契合无间。但是，人工智能社会治理的伦理风险亦存在于风险社会里。风险社会应急管理盛行的人工智能社会治理，它的伦理原则大都显而易见地走"底线伦理"和"底线治理"的路向，颠倒了法治和德治的价值排序，容易导致伦理缺位和"公共性"的丧失。

二　人工智能

人工智能出现于 20 世纪 50 年代。人工智能又称为"人工人""思想机"。"人工智能"中的"智能"是认识人工智能本质的要点。人工智能，这是一门研究理论原理、方法论问题以及为使用电子计算机管理机器和实现通常认为只有人的智能所特有的思维模式的综合程序的学科。[①] 赖斯认为："人工智能就是关于如何使计算机去做现在由人做得更好的事情的研究。"[②] "人工智能（AI）和人类所创造的其他科学技术一样，是不断演进和发展的；基于不同纲领的 AI 流派（符号主义、联结主义和行为主义）陆续成为人工智能的核心范式，就是这一演进的标识。将认识论与人工智能的演进关联起来进行一种哲学上的相互阐释，可以形成互惠于两者的双向启示。"[③] "人工智能是以信息科技为基础，以基于大数据的复杂算法为核心，以对人类智能的模拟、延伸和超越为目标的高新科学技术。人工智能是人类自主创造活动的产物，是人的本质力量的强有力呈现，是促进人与社会发展的强大推动力。"[④] 人工智能是控制论的一个分支，是自然科学与社会科学接壤的一个部门，是现代的热门

---

① 〔苏〕M. 萨鲁维尔：《意大利人工智能问题的研究》，灵江译，《国外社会科学》1982 年第 10 期。

② 转引自韩水法《人工智能时代的人文主义》，《中国社会科学》2019 年第 6 期。

③ 肖峰：《人工智能与认识论的哲学互释：从认知分型到演进逻辑》，《中国社会科学》2020 年第 6 期。

④ 孙伟平：《人工智能与人的"新异化"》，《中国社会科学》2020 年第 12 期。

学科。苏联科学院设有控制论学术委员会人工智能部。1974 年全苏第七届控制论学术讨论会曾专门讨论了人工智能问题，1978 年苏联《哲学问题》杂志编辑部召开圆桌会议讨论人工智能的社会哲学问题。①

20 世纪 80 年代人工智能有多方面的应用，如机器人技术、计算机视觉、语言识别、自然语言理解和专家系统。20 世纪末，有研究者指出："在过去的几十年中，计算机科学家们一直努力地尝试设计建造出能模仿人类复杂思维过程的仪器，这方面的研究称为人工智能。目前的人工智能计算机程序已经能够完成诸如医疗诊断、语言使用和下棋打牌等任务，更令人期待的是将来研究者也许可以设计建造出思维和行为完全和人类一样的机器人，那样的话也许我们会对人类心智运作的机制以及意识的本质有崭新的认识。"② 但是，更多的国内研究者思考的是人工智能潜藏着的种种危险，他们甚至会认为人工智能的产生源于以下几点。其一，人的衰落与未来世界的重建。从"人是神圣的英雄""人是上帝""人是政治的动物""人是高级动物"到"上帝死了""人死了""人衰了"。人类肉体的衰落并不代表科学技术的衰落，但人类肉体的衰落可以引发人类对"人是什么"的再思考。康德曾提出四个问题：我能知道什么？我应当做什么？我能希望什么？人是什么？马克斯·舍勒认为人比以往任何时候都更成问题。人的问题成为"问题的问题"，"人是什么""人的本性是什么""人的境况"和"人的现状"成为专家学者的思考主题。其二，机器的进步与新发展。其三，人机互胜人机共生的新要求。智能世界是人机共生的世界，也是人机竞争的世界，智能机器人将向尊敬的人类提出挑战。固然智能机器是我们人类创造的，目的是让它放大人的智力，可是这种放大了的智力又反馈给智能机器，使智能机器不断增值，于是人工智力的发展比自然智力的进化快得多，迫使人类不得不接受这种挑战。人类创造物向人类挑战，这是一种不可回避的异化作用。正是这种异化作用，要求人类实现自然智力的人工进化，力求自然智力与人工智力同步增长。只有加速人的智力的进化，人才可能在人机竞争中立于不败之地，从而实现人机"共存共荣"。③ 其四，生态危机与全球治理的压力。

---

① 刘伸：《苏联对人工智能的社会哲学问题的讨论》，《国外社会科学》1980 年第 12 期。
② 转引自黄益民《当前心灵哲学中的核心课题》，《世界哲学》2006 年第 6 期。
③ 童天湘：《论智能革命——高技术发展的社会影响》，《中国社会科学》1988 年第 6 期。

其实，人工智能本身也具有种种缺陷。其一，语言缺陷带来的风险。"语言是一种心智现象，是跟人的认知、心理密切相关的。"[①]人工智能通过技术、程序、科学、计算、换算、编程将思维过程部分输入与导出、控制与自动、运行与反抗。心灵是深不可测、难以估算、难以预计的领域，思维中光亮的部分、纤维化的部分、板结的部分、大众化的部分往往是人工智能喜欢嗅一嗅的地带。即使人工智能的语言也是思想性的，它的语言表达、解释、诠释能力超越大多数人类的语言掌握能力，但是人类的语言就其丰富性多样性而言，是人工智能难以超越的。人类语言的情感丰富性、价值取向性都是人工智能语言不能相比的。人工智能的语言思想快车一旦离开有限的几条人工车道，随意进入人类语言思想的荒野，它们大多数会搁浅、痴呆、发蒙、崩溃甚至自我取消与毁灭。其二，数字至上产生的创新缺陷。人工智能有速度优势，但是，速度不等于创新。"中国在 2019 年 6 月发布的《新一代人工智能治理原则——发展负责任的人工智能》中提出'敏捷治理'原则，就是要求治理主体通过及时发现和解决可能的风险，并把握人工智能发展的方向和未来。"[②]"以先进的智能技术和智能设备为基础，人们的社会生活不仅被全方位改变了，而且正在前所未有地'加速'，感觉像登上了一列高速运行且停不下来的时代列车。德国社会批判理论家哈特穆特·罗萨提出了'加速社会'概念，认为不断强化的增长逻辑造成了科技加速、社会变迁加速和生活步调加速，人们也越来越紧密地被捆绑到不断加速的社会化大生产之中，造成了空间异化、物界异化、行动异化、时间异化、自我异化与社会异化。"[③]

的确，在借助人工智能的人类社会，人们可以感觉到数字数据速度带来的快感。人们的管理目标、管理过程、消费活动、娱乐样式、教育形式等无不紧跟人工智能的发展速度，并常常以数据为方向，这在一定程度上是可以进一步刺激消费主义社会的繁荣并拉动经济新杠杆。但是，社会治理需要态度情感价值相融的方向，这一点人工智能不仅不能提供而且常常以数字相干扰。

---

① 袁毓林：《计算语言学的理论方法和研究取向》，《中国社会科学》2001 年第 4 期。
② 高奇琦：《智能革命与国家治理现代化初探》，《中国社会科学》2020 年第 7 期。
③ 孙伟平：《人工智能与人的"新异化"》，《中国社会科学》2020 年第 12 期。

三　人工智能社会治理

《国务院关于推进物联网有序健康发展的指导意见》指出，要"在公共安全、社会保障、医疗卫生、城市管理、民生服务等领域，围绕管理模式和服务模式创新，实施物联网典型应用示范工程，构建更加便捷高效和安全可靠的智能化社会管理和公共服务体系"。2015年，国务院下发了《促进大数据发展行动纲要》，提出推动大数据发展和应用，打造精准治理、多方协作的社会治理新模式。2016年，美国政府发布了《为人工智能的未来做好准备》和《国家人工智能研究与发展战略规划》，英国发布了《人工智能：未来决策制定的机遇与影响》。2016年11月，全国人大常委会表决通过《中华人民共和国网络安全法》。2016年12月，国家互联网信息办公室发布《国家网络空间安全战略》，明确中国网络空间发展和安全的立场、主张及任务。2017年，法国政府发布了《人工智能战略》。2017年，日本政府发布了人工智能技术战略。2017年1月，《国务院办公厅关于印发"互联网＋政务服务"技术体系建设指南的通知》发布，提出推动"智慧政务"建设。2017年，国务院印发了《新一代人工智能发展规划》。党的十九大报告提出打造共建共治共享的社会治理格局，提高社会治理社会化、法治化、智能化、专业化水平。[①]2018年，中国政府工作报告明确提出"加强新一代人工智能研发应用"[②]。习近平总书记在中央政治局第九次集体学习时强调："人工智能是新一轮科技革命和产业变革的重要驱动力量，加快发展新一代人工智能是事关我国能否抓住新一轮科技革命和产业变革机遇的战略问题。"[③]2019年，中共中央办公厅和国务院办公厅发布了《数字乡村发展战略纲要》。2020年，《科技部关于支持广州市建设国家新一代人工智能创新发展试验区的函》中提出要"开展人工智能社会实验，探索智能社会治理新模式"。2021年1月，农业农村部和中央

[①] 习近平：《决胜全面建成小康社会 夺取新时代中国特色社会主义伟大胜利——在中国共产党第十九次全国代表大会上的报告》，人民出版社，2017，第49页。

[②] 李克强：《政府工作报告——2018年3月5日在第十三届全国人民代表大会第一次会议上》，中国政府网，https://www.gov.cn/zhuanti/2018lh/2018zfgzbg/zfgzbg.htm。

[③] 《加强领导做好规划明确任务夯实基础　推动我国新一代人工智能健康发展》，《人民日报》2018年11月1日，第1版。

网信办联合印发《数字农业农村发展规划（2019—2025年）》。2021年6月，中国颁布了《数据安全法》。2021年，中央网信办等部门联合公布了首批国家智能社会治理实验基地名单，确定10家综合基地和82家特色基地，标志着我国社会治理迈入智能社会治理新阶段。2022年，《中共中央国务院关于加快建设全国统一大市场的意见》中强调要"深入开展人工智能社会实验，推动制定智能社会治理相关标准"。

我国社会治理转型，一方面是社会治理共同体模式的创新，另一方面是人工智能社会治理模式的推进。人工智能社会治理依重数字文明，"数字文明意味着人类生产样式和生活方式进入数字化赋能时代"，"常见的数字技术包括5G、区块链、云计算、物联网、量子通信、人工智能等"。[①]"智能社会治理"既是植根于中国情境的治理方案，又是对人工智能等新兴信息技术的战略响应。人工智能社会治理，包括"人工智能＋社会治理"和"人工智能社会＋治理"。无论是前者还是后者，都离不开人工智能、大数据、智慧政府、智慧城市、智慧社区、智能交通、智慧农业、智慧林业、智能监控等人工智能社会治理所需要的智能产业、智能服务和智能基础设施及相关公共价值等"中枢神经"系统。

2019年，科学技术部成立了国家新一代人工智能社会实验总体专家组。国内各级研究机构响应国家号召，成立了不同种类的人工智能社会治理实验室如人工智能养老实验室、人工智能伦理治理实验室等。这类人工智能实验室是对美国、俄罗斯等国家人工智能技术的一种超越，成为助力国家治理体系和治理能力现代化的"社会组织"的同时，也承载着人工智能技术带来的种种风险。人工智能社会风险需要依靠技术研发者与企业对于规则和伦理的自觉遵从，以及科学家们的预测和哲学思辨这一思路基本上得到了大家的公认。目前，依据技术—制度双向调试治理模式的解释能力是有限的。而对于人工智能应用落地带来的真实社会影响的测量和分析，仍然是人工智能研究的盲区。[②]

对于人工智能社会治理这一话题，目前更多的是从人工智能嵌入社会治

① 宋雪飞、张伟恺镝：《共享数字文明的福祉——习近平关于发展数字经济重要论述研究》，《南京大学学报》（哲学·人文科学·社会科学）2022年第3期。
② 参见李鹏、李雨书《人工智能社会治理：实验逻辑、建设思路、场景搭建》，《信息技术与管理应用》2023年第1期。

理这一角度来思考，也就是说人工智能是作为新手段、新技术和新工具进入社会治理领域的，而不是人工智能社会对治理进行"哥白尼式革命"或新整体主义治理理论对人工智能社会治理进行修正或充满梦幻仙境的荒野治理理论对人工智能社会治理进行颠覆。21 世纪智能时代的社会治理，属于新型的社会治理。社会治理新形态通过技术信息科学理性不断改变着我们的生产生活方式，通过实现社会治理科学化、高效化与精准化为全面提升人民生活品质提供了种种可能。同时，人工智能发展的非人性、僵硬化、板结性、不确定性、不可控制性、不可预测性、不稳定性也给社会治理以及人民生活带来新风险、新挑战。"人工智能嵌入社会治理对创新社会治理方式、提升社会治理能力具有重要的作用。与此同时，人工智能在社会治理中的应用带来了治理技术的安全隐患、治理主体的替代危机、治理行为的价值缺少和治理责任的模糊不清等风险。"[1] 主体替代，责任谁负？

技术赋能社会治理，通过技术为社会治理提速。问题越多，速度越快；良心越败，速度可能越快。"数字化时代，数据日益成为国家最为重要的基础性、战略性资源，特别是社交、交易、信用、地理等基础数据资源，与移动互联网、大数据、云计算、物联网等技术交织叠加，将爆发出巨大的数据资源威力。数据的背后是算法，算法是数据的应用和价值体现。算法可以说是无所不在、无所不及，在一定程度上我们可以说'无算法，不网络'。英国学者斯科特·拉什（Scott Lash）曾说，'在一个媒体和代码无处不在的社会，权力越来越存在于算法之中'。算法技术已经实质性地影响控制着互联网内容的生产、供给、消费与流转，在各个领域我们都不难看到算法权力的影子。随着互联网、大数据、人工智能的发展，算法权力日益成为一种支配性甚至垄断性的特殊权力，拥有算法技术的互联网平台、企业、社群和个人，在社会治理中日益拥有前所未有的影响力、支配力，社会治理面临诸多新的问题和新的风险。"[2] 事实证明，数据至上与灵性之间存在着种种矛盾，缺乏正确价值观引导的算法会导致社会失序。它的扩散与传播、它的煽动与假择，因其强大的影响力和极低成本使得部分管理者唯利是图，对社会治理构成新的危机。在西方的选举政治中，科技公司通过大数据和人工智能的方法对选民

---

① 张钺:《人工智能嵌入社会治理的风险及其规避》,《浙江工商大学学报》2022 年第 3 期。
② 李镭:《推动数字化时代的社会治理创新》,《社会治理》2019 年第 11 期。

意愿进行深度挖掘甚至加以操控的情况已经出现。美国大选中的剑桥分析事件便是如此。①"中宣部原副部长、全国政协文史与学习委副主任王世明指出，数据不仅仅是治理的元素、治理的工具，也是治理的对象。在数据治理的过程当中，要更加强调价值导向，弘扬中华优秀传统文化，用社会主义核心价值观匡扶人心，注重以道德人文谋求长远发展。"②"数字治理影响的不仅仅是日常生活，还影响着政治运行、社会治理，影响着人类文明的前景，具有非常重大的意义，要以敬畏善良之心加强数字治理。"③

针对人工智能的技术化、自动化偏向，越来越多的国家和社会机构期望智能社会治理的伦理维度。美国在强调利益相关方的前提下保证人工智能技术的研发与美国的价值观和利益一致；欧盟提出法治监管前提下的"以人为中心"的发展原则。越来越多的社会机构期望人工智能完全地宣扬人类的主流价值观念。但是，随着人们对 ChatGPT 这样的 AI 使用频率的增加，导致一些人失去自主性、判断能力和学习能力，不愿意思考，不愿意探索，这将带来整个社会创造能力的下降，是不利于社会进步的。④加强对新技术开发和应用的伦理倡导。新兴技术的开发应当遵循基本的伦理准则，对有风险或是不良价值引导进行层层加码，坚持安全性、透明性、公平性的技术开发使用原则。

数据至上导致的程序智能异化最糟糕的结果是人类自主性的消失。罗素和诺维格认为，人工智能的成功可能意味着人类厄运的开始。例如，人们经常使用高德地图进行定位和导航，那么就会逐渐习惯依赖算法来辨别方向，而丧失自己辨别方向的能力。再如，如果长期使用智能辅助审判系统，法官很可能逐渐从主体性角色转变为客体性角色。在机器的刚性智能约束下，法官需要有非常强的自主性才会去挑战算法做出的决定，法官最终很有可能变成程序智能的确认者。这时，辅助审判系统就会变成真正的审判系统，而人

---

① 高奇琦：《智能革命与国家治理现代化初探》，《中国社会科学》2020 年第 7 期。
② 李赟、冯贺霞、何立军：《提升社会治理的数字化智能化水平——中国社会治理研究会数字治理分会成立暨数字治理座谈会观点综述》，《社会治理》2021 年第 6 期。
③ 李赟、冯贺霞、何立军：《提升社会治理的数字化智能化水平——中国社会治理研究会数字治理分会成立暨数字治理座谈会观点综述》，《社会治理》2021 年第 6 期。
④ 王俊秀：《ChatGPT 与人工智能时代：突破、风险与治理》，《东北师大学报》（哲学社会科学版）2023 年第 4 期。

类行为则变成了辅助。[①] 其实，人工智能的不足之处大略与庸医开方差不多，即只见程序不见人。哈贝马斯将技术对政治的主导称为技术统治，并主张通过民主参与来限制"技术政治的诱惑"。

总之，为了最终解决人工智能社会治理伦理风险问题，无论是美国、法国、英国，还是中国，世界上有关人工智能的前沿研究都主张"信息共享"与"网络安全"的首位责任来防范人工智能漏洞。中国甚至提出通过中国特色社会主义文化引领下的红色文化嵌入式社会治理共同体建设来突破人工智能社会治理产生的技术壁垒。另外，针对目前学界的人工智能主体论，我们必须认识到"人工智能的主体性地位"与"人类的主体性地位"是两个不同的概念，人工智能的主体性与人类的主体性是不能互为主体的主体性。但是，人工智能的主体性地位的新主张显示出人类对人工智能领域的尊重依重，而不是人工智能的主体性取代人类的主体性。人工智能社会治理伦理风险的化解必须关注智能智慧世界对人类世界的超越。哲学是智慧之学，人学历来是哲学的中心。今天，由于人工智能的加入，我们的生活世界、我们的神学世界、我们的美学世界、我们的管理学世界、我们的环境治理世界都走向了智能智慧与自然生态启示并重的新时代。

---

① 高奇琦：《智能革命与国家治理现代化初探》，《中国社会科学》2020 年第 7 期。

基于马克思恩格斯生态思想的"美丽中国"建设路径探究[*]

杨海军　周　玲[**]

摘　要　马克思恩格斯生态思想包含人与自然的辩证关系、对资本主义生产方式的批判，以及实现人与自然、人与人双重和解的目标。"美丽中国"包含自然之美、民生之美与社会之美。当前，我国生态文明建设取得历史性成就，但仍然面临着巨大的生态问题。我们要坚持以马克思恩格斯生态思想为指导，推进"美丽中国"建设，助力中国式现代化建设。马克思恩格斯生态思想对建设"美丽中国"具有重要的启示意义：一是思想基础方面，要加大生态文明意识的培育力度，树立正确的生态文明理念，加强生态文明宣传教育；二是物质条件方面，要推进经济发展方式的绿色转型，推动产业结构的调整优化，创新技术实现可循环发展；三是制度基石方面，要完善生态文明建设的制度体系，构建多元生态环境治理体系，健全环境保护的法律法规。

关键词　马克思恩格斯生态思想　"美丽中国"　中国式现代化建设

2022年，党的二十大报告提出，"中国式现代化是人与自然和谐共生的现代化"，要"推进美丽中国建设"，"加快发展方式绿色转型"，"深入推进环境污染防治"，"提升生态系统多样性、稳定性、持续性"，"积极稳妥推进碳达峰碳中和"，"促进人与自然和谐共生"。[①] 以习近平同志为核心的党中

---

* 本文系湖北省教育厅重大项目（湖北省社科基金前期资助项目）"马恩生态思想与新时代中国生态文明建设研究"（21ZD213）、湖北省高校省级教研项目"高校思想政治理论课情感育人创新机制研究"（2022197）、湖北大学2022年教研重点项目"高校思想政治理论课情感育人的创新机制与路径方法研究"（540017619）、湖北大学2023年研究生教研项目"研究生思政课情感育人体系优化研究"（2023036）、湖北青少年思想道德教育研究中心项目"大中小学思政课情感育人问题研究"（ZX202302）的阶段性成果。

** 杨海军，男，博士，湖北大学马克思主义学院副教授，湖北青少年思想道德教育研究中心研究员，湖北省人文社科重点研究基地——湖北农村社区研究中心副主任，研究方向：马克思主义理论。周玲，女，湖北大学马克思主义学院硕士研究生，研究方向：马克思主义理论。

① 习近平：《高举中国特色社会主义伟大旗帜 为全面建设社会主义现代化国家而团结奋斗——在中国共产党第二十次全国代表大会上的报告》，人民出版社，2022，第23、50~51、49页。

央审时度势、高瞻远瞩，作出推进"美丽中国"建设的重大战略部署。当前，推进新时代"美丽中国"建设的部署要求，基本实现 2035 年"美丽中国"奋斗目标，需要我们回归马克思主义经典著作，深刻研究和把握马克思恩格斯的生态思想，这对我国开展生态文明建设具有重大的现实意义。

一 马克思恩格斯生态思想的主要内容

综观马克思恩格斯系统的理论研究及相关著作，可以发现马克思恩格斯经典著作中蕴含着丰富的具有预见性和先进性的生态思想。奥康纳曾说："当今世界经济的主要轮廓几乎可以从马克思的经典文本所凸显出来的理论视域中被解读出来。"[①] 马克思恩格斯生态思想的主要内容体现在三个方面：人与自然的关系、批判资本主义生产方式、实现人与自然及人与人的和解。

（一）马克思恩格斯生态思想的核心观点——人与自然的关系

1. 自然具有先在性，人对自然具有依赖性

马克思认为："自然界，就它自身不是人的身体而言，是人的无机的身体。人靠自然界生活。"[②] 自然作为人类生存和发展的首要前提，先于人类而产生；人是自然的必然产物，其存在和发展离不开自然。自然不仅能够满足人类的生活生产需求，直接向人类提供基本的生活资料和生产资料，维持基本生命体征。而且自然界还能够为满足人的精神需求提供物质基础，是人类可以进行科学创造和艺术加工的精神食粮，是人类开展精神创作和实现人的自由而全面发展的精神对象。

2. 人类具有能动性，能够利用和改造自然

理解马克思恩格斯人与自然关系的首要准则就是坚持马克思恩格斯科学的实践观，他们认为人是实践的主体，具有主观能动性，可以能动地利用和改造世界。作为有意识有目的的个体，人类利用自然规律改造自然界，"人的感觉、感觉的人性，都是由于它的对象的存在，由于人化的自然界，才产生

---

① 〔美〕詹姆斯·奥康纳：《自然的理由——生态学马克思主义研究》，唐正东、臧佩洪译，南京大学出版社，2003，第 4 页。
② 《马克思恩格斯文集》第 1 卷，人民出版社，2009，第 161 页。

出来的"①。人的实践活动使原本的"自在自然"逐渐演变成"人化自然",未被人的活动影响的自然越来越少,自然不断地被人的活动探访,人在自然中留下了深深的实践足迹。

(二)马克思恩格斯生态思想的深度研究——批判资本主义生产方式

1. 资本主义生产方式导致生态危机

马克思恩格斯认为资本主义生产方式在本质上是反自然反人类的。工业革命以来,资本家的逐利本性不可避免地导致了机器大生产的盲目性,生产数量大幅度增加的代价是对自然资源不断地索取和消耗,造成生态环境每况愈下,危及人类的生存。恩格斯早就发出过警告:"不要过分陶醉于我们人类对自然界的胜利。对于每一次这样的胜利,自然界都对我们进行报复。"②与此同时,城市生态在资本主义生产方式的不良影响下逐步恶化。

2. 资本主义生产方式损害工人身体健康

"劳动越有力量,工人越无力;劳动越机巧,工人越愚笨,越成为自然界的奴隶。"③在资本主义工厂里,工人承担着超负荷的过度劳动,容忍着极恶劣的生活环境,承受着极痛苦的职业病,每时每刻面临着生存和健康危机,资本家对此摆出漠视态度,继续以透支工人的身体健康来实现自身的资本增殖,"好些地方只开一个竖井,以致不仅没有足够的空气流通,而且一旦这个竖井堵塞,连一个出口都没有"④。在资本主义生产过程中,工人的身体健康和心理健康受到严重摧残,肉体最终将会走向死亡。

(三)马克思恩格斯生态思想的理想目标——实现人与自然及人与人的和解

1. 实现人与自然的和解

在马克思恩格斯看来,人与自然的和解是指人与自然的关系应从敌对关系到和平友好、从水火不容到良性互动、从互不相容到共同发展。一是人在利用和改造自然的过程中要遵循自然的客观规律,人可以利用和改造自然以

---

① 《马克思恩格斯文集》第 1 卷,人民出版社,2009,第 191 页。

② 《马克思恩格斯文集》第 9 卷,人民出版社,2009,第 559~560 页。

③ 《马克思恩格斯文集》第 1 卷,人民出版社,2009,第 158 页。

④ 《马克思恩格斯文集》第 7 卷,人民出版社,2009,第 103 页。

满足自身的物质和精神需求。二是人与自然的和谐统一在共产主义社会中才能得以实现，马克思恩格斯认为要想改善人与自然的关系，实现人与自然的和解，最重要的是变革与资本主义生产方式相适应的资本主义制度。马克思指出："这种共产主义，作为完成了的自然主义，等于人道主义，而作为完成了的人道主义，等于自然主义，它是人和自然界之间、人和人之间的矛盾的真正解决。"[①]

2.实现人与人的和解

实现人与人的和解也是马克思恩格斯生态思想的重要构件。马克思恩格斯率先明确了资本主义社会下人与人之间异化关系的两种表现：一种是资本家利益的获取是建立在对工人的剥削基础之上的，这二者之间存在着敌对关系；另一种是人与人之间存在着利益冲突和矛盾，具有不当的竞争关系。他们在此基础上发出了要实现人与人关系和解的倡导，想要改变这种人与人之间的矛盾冲突关系就必须变革资本主义制度，消灭私有制，破除一切旧的生产关系，建立共产主义。

二 "美丽中国"的主要内涵

党的十八大报告首次提出建设"美丽中国"的奋斗目标，该目标的提出是对我国生态文明现状的科学把握，符合我国现实发展的需要。党的十八大以来，习近平总书记多次围绕"美丽中国"建设发表重要讲话，本文通过对相关论述的认真研读和深入思考，将"美丽中国"的主要内涵概括为自然之美、民生之美以及社会之美。

（一）自然之美

自然界是人类赖以生存和发展的重要物质基础，建设"美丽中国"的首要目标就是实现优美的自然生态，为人类打造一个环境美丽的生存家园。随着科技的进步和人类实践能力的提升，自然界与人类之间的联系越来越紧密，人类对自然的开发利用领域越来越宽泛，生活水平和生活质量逐步提高。但

---

① 《马克思恩格斯文集》第 1 卷，人民出版社，2009，第 185 页。

是，在人的欲望的驱使下，不合理不恰当的实践活动愈发频繁，使得自然环境愈发恶劣，自然家园岌岌可危，森林锐减、海洋污染、水土流失、地面下沉等一系列环境问题都说明自然环境在人类不合理的开发和利用之下变得满目疮痍。习近平总书记指出："无序开发、粗暴掠夺，人类定会遭到大自然的无情报复；合理利用、友好保护，人类必将获得大自然的慷慨回报。"① 为此，在建设"美丽中国"的具体实践中，要自觉保护、及时恢复天然形成的自然景观和生态环境。我国幅员辽阔、地形地貌复杂多样，这为中国造就了诸如草原、湿地、盆地、滩涂等纷繁多样、绚丽多彩的自然风光，美丽中国建设就是要在保护的基础上恢复自然的原始之美，积极发挥人的主观能动性，通过科技手段整治和消除环境污染，恢复当下已然被破坏的山水林田湖草。恢复生态环境的原本面貌，塑造生态环境的自然之美是实现美丽中国奋斗目标的首要前提和重要环节，必须坚定不移地发展和保护好自然的初始美，保护好生态环境，尊重自然、顺应自然、保护自然，归还大自然原有的绿水青山，维护生态系统的稳定性和生物种类的多样性，促进生活生态空间宜居舒适。

（二）民生之美

民之所盼，政之所向，民生是人民幸福的根基。当前，人民日益增长的美好生活需要和不平衡不充分的发展之间的矛盾是我国社会的主要矛盾，人民对美好生态环境的需求成为这一矛盾的重要方面，人们更加追求和向往绿色的生活方式，这成为"美丽中国"的新境界。过去，人们是"盼温饱，求生存"，现在，人们是"盼环保，求生态"，人们需要呼吸新鲜空气、食用绿色健康食品、饮用干净清洁的水，凸显了人民群众对美好生态环境和消费优质生态产品的渴望。党的十八大以来，面对我国日渐严峻的生态环境问题以及人民群众的生态需求，习近平总书记多次强调，"良好生态环境是最公平的公共产品，是最普惠的民生福祉"，"环境就是民生，青山就是美丽，蓝天也是幸福"。② 深刻揭示了生态环境与民生福祉之间的关系，充分彰显了人民至上的真挚情感，正确回应了人民群众对美好生态生活的需求。近年来，在习近平生态文明思想的科学指引下，党领导各地区各部门深入推进污染防治攻

---

① 《习近平谈治国理政》第3卷，外文出版社，2020，第374页。
② 《习近平关于社会主义生态文明建设论述摘编》，中央文献出版社，2017，第4、8页。

坚战，持续打好蓝天保卫战和碧水保卫战，牢固树立生态优先和绿色发展理念，我国生态环境质量取得根本性好转，赢得了广大人民群众的赞赏和称颂。当前，很多城市着力为市民打造生态公园、城市绿道、城市湿地、美丽街区等，不仅提升了人民群众的生活质量，还进一步提升、增强了人民群众对绿色生态空间的满意度和获得感。保护生态环境就是保护民生，改善生态环境就是改善民生，坚持民生之美是"美丽中国"的内在要求和必要条件，民生福祉是建设"美丽中国"的动力支撑和价值追求。新时代推进"美丽中国"建设要始终坚持以人民为中心的发展思想，贯彻落实绿色发展理念，聚焦人民群众对优质生态环境、生态产品和生态服务的渴求，不断满足人民对美好生态环境的向往，实现环境与民生的互促互进。

（三）社会之美

"美丽中国"的社会之美体现在人与自然、人与人以及人与社会之间的和谐关系当中，这是建设"美丽中国"的落脚点和终极目标。马克思恩格斯指出，人类社会不是凭空产生的，"现实的个人"是其存在和发展的基石。人们在改造自然、改造社会的过程中获取物质资料，同时在生产实践活动中，逐步建立起人与自然、人与人、人与社会的联系，自然、社会、个人三者之间是一个有机整体，社会之美离不开自然与个人的有力支撑。一方面，要正确处理好人与自然之间的关系，实现人与自然的和谐共生的现代化。更美的社会，需要抛弃过去高消耗高污染的发展方式，着力推进生态可持续发展战略，认真履行"绿水青山就是金山银山"的发展理念，实行绿色发展、循环发展、低碳发展，经济社会发展绝对不能以牺牲生态环境为代价，忽视对环境的保护，而是要实现二者和谐共生共荣的良好格局。另一方面，人与人之间的和谐是建设"美丽中国"的条件之一，人与人之间的关系越和谐就越能协调人与社会之间的关系。在新时代下，资源的有限性和人类需求的无限性造成了人与人之间的利益冲突，导致社会矛盾问题突出。"美丽中国"所蕴含的社会之美，其目标就是要在"美丽中国"建设中构建平等互助、团结友爱、尊重友爱的人际关系，提高、增强人们的生态文明素养和环境保护意识，引导人民群众在意识层面上自觉树立起绿色生态观，形成共同商量、共同建设、共同监管的生态保护机制，从而更好地保护生态环境，以高品质生态环境支撑经济社会向低碳化、绿色化的高质量发展阶段迈进。

三 马克思恩格斯生态思想对"美丽中国"建设路径的启示

习近平总书记创造性地继承和发展了马克思恩格斯生态思想，反复强调人类赖以生存的最基本条件就是生态环境。当前，我国生态文明建设取得历史性成就，但仍然面临着巨大的生态问题，建设"美丽中国"依旧任重道远。因此，我们要始终坚持以马克思恩格斯生态思想为指导，既要强化人们的生态文明理念，推动经济发展生态化，又要加强法律和制度的约束力，为"美丽中国"建设创造优良的条件。

（一）思想基础：加强生态文明意识的培育

1.树立正确的生态文明理念

理论是行动的先导，没有正确的思想指引方向，实践便缺少了内生力量。只有真正理解和接受理论，才会外化于行，自觉进行实践活动。所以，在"美丽中国"建设的实践过程中，一方面，要引导人们将生态文明理念内化于心。我们要时刻保持清醒，理顺人与自然的正确关系，尊重自然的客观规律，正确发挥人的主观能动性，坚决抛弃"人类可以凌驾于自然之上"的思想偏差。在实际生活中，由于部分民众缺乏正确的环境保护意识，导致环境治理难度的加大，表明要积极在人民群众中传播生态知识，提升人们的生态素质，让民众能够用正确的生态思想武装头脑。另一方面，当公民树立生态文明意识之后，便能够自觉以马克思恩格斯生态思想为指导，把握正确的方向，在实践中主动将生态文明理念外化于行，在生活方式上做出行动改变。

2.增强生态文明宣传教育

习近平总书记指出："要加强生态文明宣传教育，营造爱护生态环境的良好风气。"[①] 有效的生态文明宣传教育有利于敦促民众树立环保意识，积极承担环保责任与义务，助力"美丽中国"建设。一是充分发挥学校在生态文明知识宣传教育中的主阵地作用，针对不同年龄的青少年群体开设相应的生态

---

① 《习近平谈治国理政》，外文出版社，2014，第210页。

环境保护课程，将生态知识融入青少年成长成才的全过程，帮助他们成为有生态忧患意识、环境保护能力的生态公民。学校还应积极引导学生将理论知识与实践活动结合起来，定期开展与生态文明相关的实践活动，提升青少年保护环境的生态意识。二是有效发挥抖音、快手等短视频平台的传播作用。近年来，短视频平台异军突起，根据《中国网络视听发展研究报告（2023）》，当前我国短视频用户规模达到 10.12 亿，可见规模之大、数量之多。因此，在"美丽中国"建设的过程中，短视频平台的宣传力量不容忽视，我们应紧抓平台、把握机遇，积极向人们宣传生态文明理念，营造保护生态、人人有责的舆论环境，使生态保护意识深入人心。

（二）物质条件：推进经济发展方式的绿色转型

1. 推动产业结构调整优化

目前，我国经济已由高速发展阶段转向高质量发展阶段，产业结构转型升级站在了一个新的起点上，经济发展更加追求质量与可持续性，更加重视与环境保护的辩证关系，所以推进产业结构生态化势在必行。农业、工业和服务业内部必须坚持绿色环保的生态理念，在提升经济效益的同时实现生态效益，实现产业结构生态化的过程其实也是建设"美丽中国"的过程。一是应当重视农业的生态化发展，发展绿色循环农业，提倡生态养殖，促进农产品提档升级；有效利用科学技术，打造生态产业园，实现从增产向提质的转变。二是工业的发展正在向低碳循环、高附加值方向迈进，工业发展实现生态转型的第一要义就是坚持科技创新，借助科技之力，大力发展新能源、高端仪器设备等环保战略性新兴产业，促进工业生产节能减排、清洁生产、降低资源的废弃率。三是服务业向生态化转变是当前满足人民群众对美好生活需要的必然要求，要加强对服务业中人员的环保培训，减少在服务生产过程中不必要的消耗浪费。同时，服务业要重视绿色营销、绿色服务，紧密围绕消费者的生态诉求，构建生态服务体系。

2. 创新技术，实现可循环发展

马克思恩格斯认为，科学技术可以帮助人们解决生态环境问题，科技的合理利用可以提高资源利用成效，减少资源消耗，实现经济的循环发展，从而塑造良好的生态环境。这启示我们在"美丽中国"建设的过程中，一方面，需要加大对生态环保技术研究与开发的资金投入，鼓励各行各业在生态方面大胆创新和尝试，围绕资源保护与节能减排进行技术交流，为企业生产创造绿色条件。另一方面，加大对生态环保创新人才的培养与吸纳。人才是创新驱动发展的关键，要发挥学校、家庭和社会的三方协同作用，为人才培养创造成长条件；此外，政府和企业要落实好人才福利待遇，吸引优秀人才专注生态技术研究。当前，我国的生态环境尽管总体上持续向好，但是生态环境问题具有艰巨性和复杂性，不容小觑。所以，通过创新科技，加大技术投入，才能实现经济的循环发展，才能花最小的代价从根源上解决生态环境危机的问题，"美丽中国"建设必须更多依靠科技进步。

（三）制度基石：完善生态文明建设的制度体系

1. 构建多元生态环境治理体系

推动构建政府、企业、社会和公众共同参与的生态环境治理体系，形成治理合力是建设"美丽中国"的重要途径。就政府而言，要发挥政府在多元治理模式下的基础性作用。政府要科学制定、执行环境法规和政策，做好生态保护的宣传教育，加强环境监管和环境问责，公开环境治理信息。企业是环境治理的主体，承担着难以推卸的生态保护责任，在追求自身利益时，要自觉承担起科技创新的重任，进行科学生产与经营，从而节约资源、保护环境，塑造良好的社会形象。对于社会组织和公众而言，他们扮演着监督者、参与者的角色。政府对环境的监督治理在很大程度上越来越依赖社会公众的举报、监督和环保组织的舆论影响力，因此，不仅要重视各个治理主体职责的发挥，还应促进环境治理主体之间良性互动、互促互进，从而推进美丽中国建设。

2. 健全环境保护的法律法规

解决生态环境危机，必须要对不合理的制度进行改革。"美丽中国"建设现在正处于攻坚克难的关键时期，解决我国突出的环境问题，就需要建立一个更加完善、更为健全的生态保护法律体系，为"美丽中国"建设提供坚实的支撑和保障。习近平总书记指出："用最严格的制度最严密的法治保护生态环境。"[①]党的十八大以来，以习近平同志为核心的党中央大力推进生态文明

---

① 《习近平关于社会主义生态文明建设论述摘编》，中央文献出版社，2017，第110页。

建设，制定和修改湿地保护法、长江保护法等 30 多部生态领域相关法律，中国特色社会主义生态环保法律体系初步形成。但是，在部分环境领域仍存在法律法规不完善的问题，还未实现对自然资源的全方位覆盖，导致一些不法分子逃避法律约束，利用法律空白，造成生态环境的破坏。因此，在环境保护法律体系的构建上不能以量为标准来衡量法律体系的优劣，更重要的是去追求质的提升，加快完善生态保护补偿制度，填补环境领域存在的法律空缺。

在以习近平同志为核心的党中央的领导下，我国的生态环境保护发生了历史性和全局性转变，中国人民向建设社会主义现代化强国迈出了坚定扎实的一大步。一系列生态文明建设历史性成就的获得离不开马克思恩格斯生态思想的科学指引，更是中国共产党始终坚持和发展马克思恩格斯生态思想的实践证明。马克思恩格斯生态思想是一种具有时代性和发展性的科学理论，对建设人与自然和谐共生的"美丽中国"、实现中国式现代化具有重要的指导意义。

开启伦理学殿堂之钥匙

——读江畅教授新著《伦理学原理》

周莹萃[*]

摘　要　江畅教授的《伦理学原理》[①]立足对伦理学概念内涵和学科性质的澄清，构建了一个涵容价值论、德情论、德性论、正当论和智慧论的教材体系，展现出守正创新的特色。该书不仅为读者进一步学习伦理学铺展了知识背景，而且为新时代伦理学教材建设提供了可资借鉴的范本。该书具有以下鲜明特点：一是高屋建瓴，从宏观上对伦理学学科作了明确的学科定位；二是推陈出新，以新视角建构了道德的原理体系；三是重点突出，彰显了道德的生存智慧本性。该书既重知识教诲又重理论拓展，既发挥了学术知识的传播功能又承载着理论创新，是人们开启新时代伦理学殿堂的钥匙。

关键词　伦理学　《伦理学原理》　道德　价值论

自20世纪初以来，中国现代伦理学从萌生、形成到发展、繁盛，走过了一段不平凡之路。回顾伦理学的发展历程，20世纪上半叶是中国现代伦理学研究的起步阶段，但之后的近30年却因种种原因而陷入沉寂。20世纪70年代末，伦理学在我国成为独立学科。20世纪80年代，伦理学被列为哲学学科门类的八个二级学科之一。到了20世纪90年代，伴随着伦理学体系及理论研究的进一步繁荣，伦理学跃升为哲学学科中发展势头最猛的分支学科。如今，伦理学已成为我国人文社会科学领域的"显学"，形成了涵容基础学科、主干学科和应用学科的完备学科体系，并取得诸多丰硕的科研成果。伦理学既与人类生活各个领域相对接，渗透于社会生活的方方面面，也与其他许多学科存在着交叉关系。随着伦理学研究的不断拓展和深化，伦理学研究和教

---

　*　周莹萃（1999～），女，广东梅州人，湖北大学哲学学院2022级博士研究生，研究方向：马克思主义哲学。

　①　江畅：《伦理学原理》，高等教育出版社，2022。

学队伍也在不断壮大，越来越多的高校设立伦理学的硕士和博士授权点、开设伦理学课程。在今天，伦理学学科对于加强大学生的思想道德素质，对整个社会的道德引领和文化示范起着重要作用，而教材作为学科知识呈现的重要载体，对于伦理学教学和学科发展而言亦具有非常重要的意义。

湖北大学江畅教授结合多年执教经验，研究伦理学、价值论、西方哲学的成果所创著的《伦理学原理》一书，作为"新文科·伦理学系列教材"之一，于 2022 年 10 月由高等教育出版社正式出版发行。全书针对中西伦理学存在的诸多局限和问题，立足对伦理学概念内涵和学科性质的澄清，从学科定位及学科体系、主要研究领域、理论架构和基本原理等方面对伦理学作了全面的介绍和阐释。整体上看，该书构建了一个涵容价值论、德情论、德性论、正当论和智慧论的教材体系，展现出守正创新的特色，它不仅为学生及读者进一步学习和更好地理解伦理学提供了路径，拓宽了理论视域，而且为新时代伦理学教材建设提供了可资借鉴的优秀范本。概言之，该书具有以下突出的优点和鲜明的特点：其一，高屋建瓴，从宏观上对伦理学学科作了明确的学科定位；其二，推陈出新，以新视角建构了道德的原理体系；其三，重点突出，彰显了道德的生存智慧本性。此外，全书既重知识教诲又重理论拓展，语言既朴实易懂又意蕴深刻，深入浅出，适合较大范围的读者和受众。诚如作者在书中所言，"该书既适合高校哲学专业基础课，也适合其他专业通识课，还可供对伦理学感兴趣的读者学习使用"。可以说，该书是人们通往伦理学学术殿堂的一把钥匙。

一　明确伦理学的学科定位

作为一门学科，伦理学及其理论的诞生发展旨在适应和满足特定时代的要求。中国历史上绝大多数思想家都关注和研究伦理问题，积累了许多卓越且丰富的伦理学理论和思想资源。然而，直到 20 世纪，伦理学才取得独立的学科地位。究其原因或许与中国人惯常的整体性思维观念和思维方式有一定关系，而西方人往往会把某类现象或知识分门别类地划分成若干个专门的领域，并将这些对象看作独立于研究者自身的存在。在近代以来西学东渐之风的影响下，中国开始引入西方的学术思想，也逐渐吸纳了西方人所建立的认识路径和方法，基于此构建起中国的学科门类和体系框架。严格说来，以1960 年中国人民大学伦理学教研室的组建为标志，伦理学在我国作为一门独立的学科而存在，尔后开始了有组织的系统研究。由罗国杰先生主编的《马克思主义伦理学》和《伦理学》，及其编著的《伦理学教程》等一系列论著和教材的出版，奠基了新中国伦理学学科的基本理论框架和主要理论体系，并对后来数十年的伦理学研究都有着广泛而深远的影响。在关于伦理学的学科定位问题上，该理论体系通常将伦理学界定为"关于道德的学问"或"关于道德的科学"，即以"道德"来定位伦理学学科性质。长期以来，这种关于伦理学的学科定位不仅被大多数伦理学学者所接受，而且伦理学教科书也将"道德"（morality）与"伦理"（ethics）视为相近相通、在一定程度上可以互相替用的术语，"伦理学"与"道德学"相差无几。江畅教授针对国内伦理学界日益将伦理学视为道德学或道德社会学的社会科学化趋向，主要从人类何以要哲学、哲学的性质角度考察和审视伦理学的学科性质、功能及意义，揭示了伦理学与本体论、知识论和价值论的密切关系，凸显了伦理学作为哲学分支的性质和特色，明确了伦理学的哲学本色和学科定位，从而为人们准确理解伦理学的性质奠定了基础。

该书指出，伦理学（ethics）作为一门学问出现于"轴心时代"，而作为一门学科是由古希腊哲学家亚里士多德最初创立的。聚焦西方哲学的历史流变，伦理学作为哲学的分支领域，它与哲学本体论、知识论一同经历了哲学研究的重心转换历程，直到 20 世纪才逐渐取代知识论，成为当代哲学的重心与中心。到今天，伦理学已形成较为完整的学科结构，包括元伦理学、理论伦理学和应用伦理学三个层次，其中以理论伦理学为主干。总体来看，伦理学是一门关于道德的学问，其中包含旨在维护社会秩序的道德规范和伦理问题，其基本范畴和研究对象是道德，研究领域是道德现象。"道德（morality）是人类适应谋求生存得更好本性的要求形成和不断完善的，以个人人格完善和社会普遍幸福为终极追求，通过个人自觉和社会控制相互作用实现其功能，既具有规范性又具有导向性的价值体系。其实质内涵在于，它是人类得以更好地生存的智慧，是人类特有的智慧地生存的生存方式。"① 作者在界定伦理

---

① 江畅：《伦理学原理》，高等教育出版社，2022，第 21 页。

学和道德内涵的同时，也引申出伦理学从根本上需要解决的问题，即人为什么要有道德、应该有什么样的道德以及如何有道德等。就此而言，伦理学研究人类及其与社会、宇宙之间的应有关系主要是基于道德层面而展开的，其目的在于为人类的普遍幸福和过上更好生活提供论证和指导。在这本教材面世之前，学界已有大量的伦理学著作、教材以及难以计数的相关论文。该书在吸收和继承伦理学界多年来研究成果的基础上，仍有许多创新之处。如第一章第四节"伦理学的功能和意义"极富启发性，作者在其中谈及了伦理学对于人类生活所具有的特殊功能和重大意义，为人们学习伦理学和研究伦理学指明了方向。

二 建构道德的原理体系

西方自古以来的伦理学研究所开辟的主要领域都是伦理学应当致力于研究的领域。从逻辑结构上看，这些主要领域涉及研究伦理学本身的元伦理学，研究伦理学理论问题的价值论、规范论、德性论和情感论，研究伦理学应用问题的应用伦理学[①]。作者针对国内将伦理学理解为规范论的主流观点，根据道德的内在结构，将伦理学的主体部分即理论伦理学划分为五个基本方面，分别是研究道德价值的价值论、研究道德品质的德性论、研究道德情感的德情论、研究道德行为的正当论及研究道德智慧的智慧论，系统地论证了道德在本质上是作为人类生存方式的生存智慧。总体上看，该书共分为三大部分。第一部分即绪论，主要从人类何以要哲学、哲学的性质着眼阐述伦理学在哲学中的地位、学科性质、基本范畴的完整含义及其复杂性，尤其是对道德与伦理的关系作了辨析，并对伦理学史上的一些主要学派理论进行梳理，以增进和深化学生对伦理学的认识和理解。第二部分为第一章至第五章，从章节分布的篇幅上看，这是全书的主体部分，它系统阐述了伦理学理论的五大分支——价值论、德性论、德情论、正当论和智慧论，其中每章均以基本范畴作学科分支名称，集中阐释了作者关于这些伦理学理论问题的较为成熟的观点。第三部分是附录，该部分主要对伦理学主体部分之外的两个层次领域即

---

① 参见江畅《再论德性论与伦理学的关系》，《南京师大学报》（社会科学版）2019 年第 5 期。

元伦理学和应用伦理学作了概要阐述，以便读者完整把握伦理学的学科体系。综观全书，它以伦理学的基本范畴即"道德"为核心，立足伦理学的学科定位，同时着眼于人生的目的、情感、品质、行为和调控五个方面来解释并回答道德问题、人生问题，总体结构安排层次分明、逻辑严密。就每一章节的结构而言，作者还根据学习及理解由浅入深的规律，在各章开篇设有概述性的导语，便于学生和读者快速抓住全章的核心和要旨。

在成为一门学科至今2000多年的发展历程中，伦理学以道德为主要研究对象，以道德现象为主要研究领域，紧紧围绕着好生活或善生活这一中心问题展开研究。尽管不同伦理学家各自关注的侧重点不同，但总体上讲，他们重点围绕善恶问题、德性恶性问题、德情恶情问题、正当不正当问题以及道德体系问题来展开研究。由于对善恶问题的回答与对好生活的构想直接相关，因此它是任何伦理学家都无法绕开的问题，该书首章正是围绕善恶问题而展开论述的。另外，从西方伦理学的演进历程可以看出，早在苏格拉底那里就开始讨论善的问题，并将善视为万物的本原，主张人要追求过上善生活（好生活），他实际上已经开辟了伦理学的价值论领域。需要明确的是，伦理学价值论区别于哲学价值论，前者的研究对象是道德价值，后者则基于本体论和知识论，研究宇宙万物、社会和人生的各种价值问题。在第一章"价值论"中，作者从"善"和"恶"这对道德价值的基本范畴出发，考察了善恶的标准，详细地阐述了善的类型、层次、判断、评价和选择，同时还探讨了善恶观与幸福观的关系，把人们极为关注的"幸福"问题渗透其内，使学习者在阅读和思考中掌握何谓幸福以及树立正确的幸福观，体现了伦理学的教导功能。书中指出，善是善物具有的性质，人可以认识和评价事物的善性，又可以选择、追求和创造善。个人和社会都会在价值认识的基础上形成和构建道德价值观，即善恶观，善恶观对人的一切道德活动包括修身活动都具有直接影响，在一定意义上，它是人的一切道德活动定势或"前见"。但现实生活中，善恶观经常会发生冲突，这些冲突的解决需诉诸适当的方式。在"善的判断、评价与选择"一节中，作者还澄清了价值判断（包括善恶判断）、事实判断与规范判断的区别，明确了善恶判断的标准，同时密切联系生活实际，在阐释理论的过程中辅以生动且贴近生活的实例，对于个人树立正确的善恶观、确立善目标、追求并拥有善都作了切合实际的解说和引导。

"德情"是该书讨论的第二个重要主题，作者在"德情论"中专门探讨了德情的本质、结构、基本类型、培育以及德情的对立面恶情等问题。伦理学德情论的研究对象是道德情感，尤其是德情。"德情"作为德情论的基本范畴，是一种道德的情感（善的情感），既包括良心和道德感，也包括道德情爱，以及道德温情和道德激情等不同层次和不同种类的德情。人的自然情感道德化是可能的，而且可以培育德情，但这一切均需要教育、环境和个人德情修养等方面的影响和作用。此外，从德情与德性密切相关的角度上看，促进两者之间的良性互动是培养德情最重要的途径，这种最佳状态一方面可以使德性进一步完善，另一方面可以使德情进一步丰富和升华，从而使两者达到更高的境界。

"德性论"是该书的第三章，主要讨论了德性的一般含义、德性的体现（德目）、恶性、德性对于人格和人生的意义，以及德性的形成和完善过程等问题。江畅教授是国内较早对德性问题进行系统研究的学者，受西方德性伦理学复兴启示，他将德性研究纳入学术视野，对现代文明进行了再反思，先后推出了《德性论》（人民出版社2011年出版）以及篇幅334余万字的四卷本《西方德性思想史》（人民出版社2016年出版）。《德性论》主要是关于德性问题基础理论的学理探究，《西方德性思想史》则是对德性、德性思想、德性相关范畴、德性论所探讨的主题、德性论的发展逻辑等的系统的类型学研究，从而将德性问题的研究推进、延伸到伦理思想发展的历史进程和思想内部，擘画了一幅西方德性思想通史画卷。现今推出的这本《伦理学原理》教材，正是作者基于早年研究成果之精华而撰写的一部主要适用于教学的著作。该书指出，伦理学德性论的研究对象是道德品质，其基本范畴是"德性"。德性是人道德的或善的品质，它规定着人格的道德性质。就个人而言，德性是后天获得的，有一个从形成到完善的持续过程。在德性形成和完善的过程中，环境、教育和修养等因素都会对其产生影响，其中修养和践行的作用尤为重要。

第四章"正当论"聚焦"正当"范畴，论述了正当的含义与意义、正当适用的行为及所依据的道德规范、道德规范体系、正当的判断和评价、正当的责任、道德规范体系内化与道德感形成等问题。伦理学正当论主要研究道德行为及其规范，其研究对象是道德规范。正当体现的是道德一般价值（善）在行为方面的要求。正当局限于行为，所依据的是道德规范，道德规范及其体系是整个社会规范及其体系的基础和依据，但有其特殊控制机制。道德规范是判断、评价行为正当与否的标准，也是选择道德行为的主要依据。行为的自主性决定了人们必须对自己行为正当与否负责。社会的道德规范只有内化于个人才能真正发挥其作用，其标志是个人的道德感形成。道德感形成后，人不但能"从心所欲不逾矩"，还能拥有道德豪情、道德气节。

伦理学理论的最后一个分支是"智慧论"，该书第五章集中阐述了智慧与道德智慧、道德智慧与道德、道德智慧与好生活或幸福等关系问题，以及从理智到智慧的德化过程。伦理学智慧论的研究对象是道德智慧，通常也称为"实践智慧"，它是理智德化和优化后达到的最佳状态。就智慧与道德的关系来看，智慧是道德的实质内涵，道德是智慧的体现和展开。道德智慧与德情、德性关系极其密切，彼此之间相互依赖、相互促进，相得益彰。智慧的形成过程就是理智德化的过程，理智德化过程也就是道德培育过程，道德修养在其中起着决定性作用。"智慧论"是伦理学的一个具有综合性、总体性的分支，但学界对这个领域的研究却相对薄弱。作者通过将"智慧论"作为独立篇章增设到教材中，赋予了伦理学教科书以新的内容。可见，作为一本新时代的伦理学教材，《伦理学原理》既发挥了学术知识的传播功能，又承载着一定的理论创新。

三　彰显道德的生存智慧本性

"道德"概念界定一直是伦理学界讨论的基础理论问题之一，然而学术界长期以来未能达成关于这个问题的统一认识。总体上看，现行国内大多数伦理学教材都把"道德"看作调整人与人之间关系的行为规则或特殊规范体系。针对这种观点，该书论证了"道德"本质上是人类的智慧，是作为最佳人类生存方式的实践智慧。从个人层面来看，智慧是由道德认识、道德追求、道德情感、道德品质、道德行为、道德智慧等构成的个人价值体系，指向实现人格完善和个人幸福；从社会层面来看，智慧则是以一定善恶观为旨趣引导社会成员追求德善的社会价值体系，指向实现社会和谐和普遍幸福。至此，作者通过对构成理论伦理学主体部分的五大分支的系统阐述，从宏观上构建起一套较为系统完善且具有指导意义的道德理论体系，并深刻彰显道德的生存智慧本性，澄明这种道德智慧的实践指向就在于使人过上好生活。着眼于人的发展，个体需要在道德实践中通过修养德情和德性，积极促进理智到智慧的转化，从而广泛地培育道德智慧、运用道德智慧以及提升道德智慧，这样才能自如地应对生活中的困难或逆境，在历练中提升能过上好生活的能力。另外，作者还强调了学习哲学在培育道德智慧层面具有特殊的作用，"哲学"一词的本义就是"爱智慧"，将学习哲学与人生历练有机地关联起来，能够给人的智慧生活提供强大的力量。除此之外，作者还遵循循序渐进的规律，在系统讲授理论伦理学即伦理学一般原理之后，另设附录一和附录二，分别概述了有关伦理学语言问题的元伦理学和有关现实伦理道德问题的应用伦理学，呈现出伦理学的整体风貌，以便读者全面把握伦理学的学科体系，从中发展自己的兴趣，为读者进一步学习或研究伦理学铺展了知识背景。

伦理学教学与专门针对该领域的学术研究之间有所差别，伦理学家可以根据自身学术兴趣致力于不同学科领域的研究，但伦理学教材和课堂教学则不能如此。伦理学教材及其教学要兼顾系统性和权威性，尽可能全面地向学生传授伦理学基本知识，切忌只抓一点却不及其余。在这个意义上，伦理学教科书也有别于相关的学术专著，专著可以适当彰显作者独特的学术个性，但教材则无须过于追求学术个性化，在编写过程中，教材应尽可能充分合理地吸纳中外伦理学研究和教学实践所普遍认同、学理有据、理论成熟的内容。在阐述基本理论和原理时，教材重在知识规范健全、逻辑严密细致、内容完整连贯，能够较充分地反映出该学科成熟的知识体系框架，以期为不同知识背景的学习者提供一个进入伦理学知识领域所必须掌握的学科知识系统。另外，在具体的文字表述方面，教材应尽量做到通俗易懂，脉络清晰，不必追求过于华丽的辞藻和复杂高级的语词表达，而是要尽量使用能够让学生和普通学习者易于理解和掌握的规范语言。由此观之，独特的研究视角、严密的逻辑结构、新颖的理论体系、规范的术语表达均是这本教材的突出优点。

当今中国正处于一个大变革的时代，社会日新月异，世情国情的巨大变化极大地影响着人们生活方式和价值观念的变化，道德问题也随之变得日益复杂和多元化。这种变化内在要求伦理学教材建设须侧重时代性，因时而进、因势而新。以往的伦理学教材虽数量繁多，取得了显著的成就，但依旧存在一些不容忽视的问题。例如，早年出版的教材因内容未作及时的更新和调整，逐渐与人们日常生活的道德行为相脱节；有些教材则过于注重伦理学知识点体系的搭建，"道问学"有余却"尊德性"不足。此外，还有一些应用伦理学教材欠缺理论深度，学用结合不够紧密，难以引发学习者的进一步思考。更深层次地讲，上述这些问题反映到学科上则体现为我国现时代伦理学发展过程中所面临的诸多困难挑战。江畅教授曾在《伦理学应大力弘扬中国道德精神》一文中指出，当代伦理学发展的局限性主要体现在以下四个方面：一是以"应该怎样行动为中心"而不是以"应该成为什么样的人为中心"；二是用道德规范体系代替道德体系；三是道德实践方案没有充分体现新时代道德精神的新要求；四是把伦理学看作社会科学学科，而不是哲学学科。[①] 通过反思现有伦理学教材的问题与当代伦理学发展的局限，作者进行了有益的理论探索和知识创新，既充分吸收了伦理学前沿的学术资源和教学的研究成果，突出重点和难点，又反映了伦理学一般理论与实践相结合的要求和发展趋势，体现了伦理学集知识与价值于一体的特征，引导人们追求智慧、实现人格完善、过上幸福生活。

　　任何学科和教材都应是一个开放的知识和理论体系，就此而言，该书的创新之处还在于每章末尾均设置了与本章内容相关且具有知识理论探索价值的思考题，如"电车难题"、"平庸之恶"和伊斯特林"幸福悖论"等，以深化学生和读者对教材内容的理解，引发他们进一步的思考，并在此基础上进行理论和知识的创新探究。然而，该书也存在一些可作进一步完善和补充的地方。如该书主要探讨的是在日常生活中具有普遍约束性和指导性的常态伦理，而未涉及特殊时期、特殊情况下的非常伦理。尽管过去一直有"非常伦理"的现象存在，但这种特殊伦理形态并未引起人们和学者足够的重视。面对当今世界诸多不确定的情景，非常伦理对于社会稳定和长远发展而言具有不可或缺的重要意义，因此该书再版时可酌情增加关于"非常伦理"的介绍，使理论与现实之间的联系更加紧密。

　　统而言之，江畅教授以其敏锐的学术智慧、深厚的理论功底为我们带来的《伦理学原理》一书，极具学术价值和可读性。无论是对于教学参考，还是学术研究，都是一本难得的佳作，对所有欲意涉猎伦理学领域的学生和读者而言，这本书可成为他们开启伦理学学术殿堂的一把钥匙。

---

① 参见江畅《伦理学应大力弘扬中国道德精神》，《伦理学研究》2021 年第 4 期。

《论语》注疏的新范式
——评周海春教授《〈论语〉哲学注疏》

于　水　龚开喻[*]

孔子由"承礼启仁""践仁知天"，开辟了一个内在的人格世界，展示了一个"通体是仁心德慧"的圣贤人格和"满腔是文化理想"的价值关怀，集其前代文化之大成，开其后世文明之新统。历史地看，孔子"至圣先师"文化地位的形成，无疑与历朝历代对《论语》的注疏、阐释所形成的一条历史文化长流有关。然而，在这个科学与理性之大旗被高高标举，传统道术"已为天下裂"的时代，《论语》的读者早已不再皆是尊道、尊经、尊圣的"信仰—修行"共同体。[①] 如今的诠释者不得不面对来自其他文化背景、哲学流派的批评与挑战。传统诉诸"道—经—圣"三位一体之权威或是个人修行之体验的义理之学显然也已无法满足现代学术重视理性思辨、概念分析的要求。这就意味着，我们对于《论语》的解读与诠释，亟需一场"范式的转换"。如今我们该如何使用现代汉语对《论语》作出适应时代的阐发，并使《论语》中所蕴含的智慧符合逻辑地呈现出来？周海春教授（以下称为"作者"）在新近出版的《〈论语〉哲学注疏》[②] 一书中尝试从中国哲学的角度回答这一问题。

一　《〈论语〉哲学注疏》的写作意图

实际上，该书是作者周海春教授多年来浸淫于孔子哲学思想研究中所取得的又一个成果。在此之前，作者已出版有《〈论语〉哲学》与《"子曰"类

---

[*]　于水（1999~　），男，山西吕梁人，中国人民大学 2023 级博士研究生，研究方向：中国哲学。龚开喻（1990~　），男，湖北襄阳人，湖北大学哲学学院讲师，研究方向：宋明理学。

[①]　关于"诠释"与"信仰共同体"之关系，参见陈立胜《朱子读书法：诠释与诠释之外》，载李明辉编《儒家经典诠释方法》，华东师范大学出版社，2008，第 155~176 页。

[②]　周海春:《〈论语〉哲学注疏》，科学出版社，2021。

文献思想初论》这两部与该书相关的著作，分别从不同的方面为该书做了方法论和学理上的探索和储备。

其中，2013 年出版的《〈论语〉哲学》一书与该书最为相关。在《〈论语〉哲学》的前言中，作者提到其在读本科时便已对《论语》产生了浓厚的兴趣，并因读《论语》而生出了研究中国哲学史的动力。作者对《论语》的正式研究起步于 2005 年。经过多年的浸润与思考，周海春教授在此书中尝试用"认识论""方法论""道德论""天道论""人论""政治论"等主题，系统性地建构起《论语》哲学的框架。他认为，《论语》所代表的儒家是"启发式、开放式、意义式、榜样式"的儒家，其思想具有鲜明的"世界观哲学"的特征，"注重教化，智慧的启迪和伦理道德的提升，注重理想人格的培育和塑造"，儒学应当"坚持和发展这一哲学特征"。另外，作者也试图通过引入逻辑分析的方法将儒家哲学塑造成作为"严格的科学"的哲学存在。[1] 因此，此书对于方法论问题具有高度的自觉，对于如何使用概念思维、理性思辨的方式来呈现《论语》的哲学价值有着深入的思考。这些方法也都融贯到了《〈论语〉哲学疏解》一书中。

紧接着，作者于 2014 年出版了《"子曰"类文献思想初论》一书。此书系作者在武汉大学所作博士后科研项目"'子曰'类文献与孔子哲学"的研究成果。在此书中，作者以《论语》为参照系，分别考察了：其一，儒经《春秋左传》《春秋公羊传》《春秋穀梁传》《易传》《礼记》，其二，诸子《孟子》《荀子》《晏子春秋》《庄子·人间世》《列子》《韩非子》《公孙龙子》中的"子曰"类文献，从"仁爱原则与功利原则""见与隐""君子道与统纪"等概念探讨了"子曰"类文献中的理论张力，并强化了作者在上书中所提出的《论语》所代表的儒家是"启发式、开放式、意义式、榜样式的儒家"的结论。这些文献看似与《论语》没有直接的关系，却可以成为《论语》中相关内容的补充或与之进行对比。[2] 对这些材料展开详细深入的研究，无疑可以更为具体地勾勒出先秦时期孔子思想的形成与发展，更为全面地描绘出先秦时

---

① 参见周海春《〈论语〉哲学》，中国社会科学出版社，2013。

② 例如，有些文献中的"子曰"可以对《论语》中的相关言论提供补充性的说明，有些则可以更为具体地交代孔子相关言论的历史场景。参见周海春《〈论语〉哲学注疏》，科学出版社，2021，第 ii~iii 页。

期孔子形象的演变，使作者在先秦儒学的纵向演进、儒学与其他各家的横向关系的双重脉络中把握孔子的思想。如果说《〈论语〉哲学》为《〈论语〉哲学注疏》准备了哲学诠释上的框架与方法的话，那么《"子曰"类文献思想初论》便为它提供了思想内容上的辅翼与呼应。

二 对《〈论语〉哲学注疏》立意的两点解释

这里，读者或许会提出两点质疑。第一，作者既然已在《〈论语〉哲学》中通过一定的框架阐发了"论语哲学"，又何须专门再为《论语》作"哲学注疏"？第二，既然当代已经有了如此众多的《论语》注疏本，又何须再多此一版本？

对于第一点质疑，笔者的回答是作者有意继承中国经典注疏传统。相较之下，《〈论语〉哲学》是通过新方法的引入和体系性的架构，将《论语》中的旧酒装入了新瓶之中；而《〈论语〉哲学注疏》则是化哲学思辨于传统的注疏形式之中，为旧瓶装上了新酒。换句话说，《〈论语〉哲学注疏》在对《论语》进行依篇疏解、就章移译等的基础上，① 又在中西比较、古今之变的视域中提出了新的命题和方法，为《论语》的注疏注入了新的时代活力。

对于第二点质疑，笔者认为，当代的《论语》注疏可以分成三类。第一类以语文学的字词训诂、现代翻译为主，这一类作品所致力的是文本的"注释"而非义理的"诠释"，如杨伯峻先生的《论语译注》。第二类则以"义理诠释"为主，试图在内圣外王的传统儒学架构中阐发孔学精义，如钱穆先生的《论语新解》和王邦雄、曾昭旭、杨祖汉等人合著的《论语义理疏解》。这两类作品，或承汉学方法，或继宋学传统，对于《论语》的哲学阐发则均略显不足。因此，《〈论语〉哲学注疏》提出"哲学注疏"，力求在"吸收汉宋两种注疏的优点"的同时，"突出哲学性"，② 从而为《论语》注疏带来一场"范式的转换"，正代表了第三类《论语》注疏。

---

① 所谓"就章移译"，是指以章为单位对《论语》进行依次考察，"依篇疏解"则注重以篇为单位，"在经心于章句的辨析时，亦主张对篇内众多看似互不连属的章句间隐然贯穿的线索有所留意"。参见陈洪杏《近代以来〈论语〉注疏辨正》，社会科学文献出版社，2018，第67页。
② 周海春:《〈论语〉哲学注疏》，科学出版社，2021，第25页。

　　如何突出哲学性？该书作者强调一种"哲学性的视野"。所谓"哲学性的视野"，"指的就是整体性、分析性的视野，就是读解者一定的哲学训练和哲学素养的前提，就是整体性地直面文本的精神，就是对读解的思维和文化前提进行反思的精神"[①]。例如在诠释《先进篇》第八"颜路请子之车"章之"各言其子"时，作者指出"各"字蕴含有深意，"各"是"己所不欲，勿施于人"之"恕道"的前提，有"各"才能做到"和而不同"，否则就只是"同"；又如在诠释《颜渊篇》第十七"季康子问政"章之"政者，正也"时，作者通过对"特殊领域"与"普遍领域"（公共生活）的区分，指出"正"既指一个人人格正直，亦指通过知识、道德的影响力进入公共生活来正人，这就与现代人的"公德"观相联系了起来。从这些例子可以看出，在这样的整体性、分析性的视野下，作者尤其善于发掘出一些以往被人所忽略的概念中所蕴含的微言大义。

三　《〈论语〉哲学注疏》的方法论特点

　　从全书来看，《〈论语〉哲学注疏》"突出哲学性"的最大特点是对于西方哲学成果的借鉴，而作者本人对于这一点也有明确的方法论自觉。[②]据笔者不完全统计，作者所引证的西方哲学家有亚里士多德、斯宾诺莎、康德、马克思·舍勒（也译作马克斯·舍勒）、海德格尔、列维纳斯、迈克尔·斯洛特等，这些哲学家为该书所言的"哲学疏解"提供了丰富的诠释资源。例如，在诠释《泰伯篇》的第十三"笃信好学"章的"耻"观念时，作者引述了斯宾诺莎和亚里士多德对于"知耻"的观点，来指出孔子"知耻"观所具有的普遍意涵；在诠释《子罕篇》的第二十六"三军可夺帅"章的"立志"思想时，作者引用了康德关于自由意志的自我立法的观念，从而更加明确和深刻地呈现了"立志"的意涵。

　　要特别指出的是，作者并非以这些西方哲学体系作为标准来任意地裁剪《论语》。他注意到，在使用西方哲学资源来诠释中国哲学文本时容易产生"意义丢失"的问题：

---

① 周海春：《〈论语〉哲学》，中国社会科学出版社，2013，第5页。
② 参见周海春《〈论语〉哲学注疏》，科学出版社，2021，第24~25页。

　　当把中国古代的某个哲学范畴归结到西方哲学的认识论、本体论、道德论、历史观范围中去的时候，有时候会忽略其他哲学意义，丢失某种意义。这是力图对中国古代哲学进行比较逻辑化的表述，并且能够对应西方哲学的问题结构，合逻辑地和现实问题联结起来的中国哲学研究者们很困惑的一个问题。但这个工作又是任何一个生活在现代的中国哲学研究者所不能回避的。①

因此，该如何规避这个意义丢失的问题呢？作者的回答是，还是应当从《论语》自身的材料和思想结构出发：

　　从《论语》自身的材料出发阐发其自身的哲学义理的工作，彰显《论语》自身的思想结构合理性也是非常重要的。这有利于揭示《论语》所代表的儒家哲学的原始内涵，说明孔子在《论语》中所揭示的意义世界的格局，把握孔子在《论语》中的显示出来的哲学思考方式。②

　　可见，作者是以孔子之思想为主体，从中国哲学固有的文献脉络中确定其问题意识，再以西方哲学的相关内容作为参照系进行诠释发挥。这样就在具有宽广视野的同时，又不失中国哲学的主体性，不会有削足适履、方凿圆枘之感。③ 例如在诠释《颜渊篇》的第二"仲弓问仁"章的"无怨"思想时，作者一方面引述马克思·舍勒在《道德意识中的怨恨与羞感》一书中对于"怨"的道德心理学的论析以及迈克尔·斯洛特运用"阴阳"观念所阐发的道德情感主义的观点，来指出西方哲学家对于"怨"的重视与分析；另一方面又运用儒家传统的心学资源，通过阐发孔子"义利之辨"的思想来分析"怨"的根源，从"己所不欲，勿施于人"的修身工夫来指出儒家的"化怨之方"。这样，作者就在中西互动的脉络里，完整而深入地呈现了孔子对于"怨"的伟大洞见。

---

① 周海春：《〈论语〉哲学》，中国社会科学出版社，2013，第33页。
② 周海春：《〈论语〉哲学》，中国社会科学出版社，2013，第6页。
③ 关于如何使用西方哲学资源作为参照来诠释中国哲学的方法及其限度，可以参考彭国翔《中国哲学方法论——如何治"中国哲学"》，上海三联书店，2020，第57~78页。

四 《〈论语〉哲学注疏》对语义诠释的新追求

近年来，一些学者十分重视中国哲学中"缄默维度"。[①]周海春教授在此书中也通过和海德格尔相关说法的比较，对孔子"静默"的哲学精神多有发挥。作者在绪论中，便首先拈出"默述"之概念，指出《论语》中常常出现"无言""默识""述而不作"等互相呼应的说法；在具体诠解《述而篇》第二"默而识之"章时，又引用海德格尔"庇护入宁静之中就是静默"之语，指出在静默中，人才能聆听心灵深处对于生命意义的呼唤、才能获得生命价值的觉悟，从而升起无穷的信心。这无疑是对孔子"静默"思想的深化。从中也可以看出作者敏锐的哲学问题意识与深厚的生命体验。

尽管作者十分强调孔子哲学中的"静默"思想，但这绝不意味作者贬低语言的价值。相反，作者十分重视古汉语、汉字本身的逻辑。作者关注到了古汉语在翻译成现代汉语或是英语等外语中所出现的意义简化现象，并认为这种现象是《论语》研究中需要持久克服的困难：

> 如果说《论语》等古代文本研究有什么持久要克服的困难的话，可能最为重要的一个就是要克服语言"翻译"和转换过程中的文化简约主义，也就是古代汉语翻译成现代汉语和英语等外文过程中的简化现象。[②]

针对这种现象，作者强调中国古代汉语、汉字的独特性，他指出："中国古代汉语是一种非常精练的语言，中国古代汉字也是一种含义非常丰富，并是一种可以按照自己的逻辑开放性地随着时代的需要拓展自己的内涵和外延的语言。"[③]作者将"文字翻译"与"哲学诠释"区分开来。他认为我们在理解、诠释《论语》时，不能仅仅停留在对《论语》的现代翻译上，这是因为"现代汉语译注不能完全把古代汉语的意蕴体会出来"。例如，《尧曰篇》

---

① 参见张昭炜《中国儒学缄默维度》，中国社会科学出版社，2020。
② 周海春：《〈论语〉哲学》，中国社会科学出版社，2013，第5页。
③ 周海春：《〈论语〉哲学》，中国社会科学出版社，2013，第34页。

第三"不知命无以为君子"章中，孔子有言"不知言，无以知人"，作者指出，"'言'既可以是典章，可以是人言，也可以是道言，三者一贯，方通言之精义"，如果简单地把"知言"翻译为"了解语言"，那么显然"不能完全表达古代汉语的相应内涵"，更让人难以理解孔子"不知言，无以知人"的逻辑。①

在诠释《卫灵公篇》第四十一"辞达而已矣"章时，作者特别强调一种"中国的语言哲学"，并在与西方语言哲学的对比中，指出中国的语言哲学所关注的是"语句表达主体的道德修养"，以及"说话时是否发自内心"，并指出"思考语言不应该单纯考察这个语言文字本身的合逻辑性以及它是否清晰明白，还在于能否达到交流思想的目的"。作者认为，从这一点来说，"'辞达而已'很好地抓住了一个语言的本质，即交流"②。

在解释《阳货篇》第二十四"唯女子与小人为难养"章时，作者又提出应当注意"中国哲学的语言规则"。该章历来争议巨大，甚至被视作孔子歧视女性的证据。然而，作者提出应当从中国哲学语言的语法规则来看这句话。他认为，中国哲学的语言逻辑与西方不同，"在语言中不突出主语、主词，然后下定义"，因此，前半句"唯女子与小人为难养"并非这句话的重点，这句话的重点应当是"近之则不逊，远之则怨"。易言之，在这句话中，孔子并非在对"女子"与"小人"下定义，或是在抱怨他们为"近之则不逊，远之则怨"的人；而是反过来，在孔子看来，凡是"近之则不逊，远之则怨"的人，就可以称为"女子"与"小人"了。孔子之意是在鞭策弟子成为有独立的君子人格的人。③ 这样的解读无疑是具有相当的说服力的。

五 《〈论语〉哲学注疏》会通古今的学术追求

《〈论语〉哲学注疏》的另一个特点是，作者在诠释《论语》时相当注意"阐发《论语》的现代价值，让其活在当代，成为当代人的思想和精神资

---

① 参见周海春《〈论语〉哲学注疏》，科学出版社，2021，第 323 页。
② 周海春：《〈论语〉哲学注疏》，科学出版社，2021，第 273 页。
③ 参见周海春《〈论语〉哲学注疏》，科学出版社，2021，第 293~296 页。

源"①。显然，作者希望结合时代的发展，对古代文本进行创造性的诠释，在当代语境下活化传统资源。这里，无疑与朱子所言"自家意思便与古圣贤意思泯然无间，不见古今彼此之隔"②的解经目的之间存在一定张力。作者自己也注意到此问题：

> 读论语，面临的一个难题是语言环境，也就是把所讨论的事情或者当时的语言情境是什么样的，这是一个问题。另外一个问题是读者把《论语》中的话拉到一个怎样的语言环境中来理解。③

对于这些不同情境下所理解的意义，作者又称之为"意义群"。作者并不盲目、刻意地排斥某种单一层面的意义解读，而是力图"尽量关（观）照到这个意义群的整体结构和多个层面，并使其各安其位"，并称之为"中国哲学奠基性的工作"。④

当然，并非每一章节都适合如此全面地梳理其"意义群"。《论语》的有些概念，本来就具有超越于其历史脉络的普遍意涵，这时的解读，就应该着重"去脉络化"，从而直接凸显其意义与价值。作者在疏解时常常使用的"人格""爱""良知""生命的价值"等概念，就属于这种情况。另一些章节中，则涉及不少春秋时代的礼仪制度，这里的解读就应该首先"脉络化"地指出这些礼仪制度的历史背景，然后"去脉络化"地总结出这些礼乐文化的普遍意涵，最后对其"再脉络化"，即对之进行创造性、应用性的转化，从而将这些礼乐文化的现代价值呈现出来。例如《乡党篇》，大多描述了孔子在当时的历史环境中的"容色颜动"，"如用当下人的生活状况来衡量，无疑会有'化石'感"⑤，但是作者仍然将孔子的"恂恂如""便便言"等从当时的历史时空中超拔出来，置于现代生活私人领域、公共领域的情境之中，试图给予我们

① 周海春：《〈论语〉哲学》，中国社会科学出版社，2013，第6页。
② （宋）朱熹撰，朱杰人、严佐之、刘永翔主编《朱子全书》第23册，上海古籍出版社、安徽教育出版社，2010，第2992页。
③ 周海春：《〈论语〉哲学注疏》，科学出版社，2021，第130页。
④ 周海春：《〈论语〉哲学注疏》，科学出版社，2021，第350页。
⑤ 周海春：《〈论语〉哲学注疏》，科学出版社，2021，第183页。

当下生活以榜样和灵感。①

尽管作者赞同对《论语》的"现代解读"，但并非所有"现代解读"皆合乎《论语》诠释的"可以然之域"。作者在该书中就对一些错误的解读提出了反驳。例如陈独秀据《颜渊篇》第十一"齐景公问政"章中孔子所言的"君君臣臣，父父子子"认为孔子是君尊臣卑、父尊子卑的礼教创始者，其思想与现代自由民主的价值相冲突，作者便指出孔子与后世法家的尊君思想方向根本不同，解读者应当"搁置"自己的"先行价值观"，从而体会古代思想的意境。

结　语

正如该书前言中提到的，"'哲学注疏'是一项探索性的工作，还需要在学术研究过程中进一步完善"②，笔者深以为然。就该书而言，作者在诠释时提出了不少深刻的洞见，惜乎过于简略而没有发挥。如上文所提到的作者对于"各"与"恕道"之关系的敏锐把握；又如在诠释《泰伯篇》第五"以能问于不能"章之"有若无，实若虚，犯而不校"时，作者引用了《大学》中的"心不在焉，视而不见、听而不闻"作为互证。然而，在朱子的《大学》诠释中，"心不在焉，视而不见、听而不闻"显然是负面的，是有待于"正"的心，并非如作者所言反而是"正心"的要求。作者这里的解读，似乎与阳明后学"无心之心"的观念相呼应，充满新意。又如作者在解读时常常提到一些较为关键的概念，如"先天法""后天法"等，这些都有待于作者更进一步的说明和论证。

笔者在这里必须指出，作为一部旨在进行"哲学诠释"的著作，该书会给予读者以多方面的启发。然而该书更适合对哲学有一定了解的爱好者、研究者进行研读和参考。对于《论语》的初学者来说，在品读该书时，最好同时参考一些经典版本进行研读。

总而言之，该书从对《论语》的文本分析出发，在中西互证、古今相诠的宽广视野中，重视"中国哲学的语言规则"，试图"把《论语》变成一种科

① 参见周海春《〈论语〉哲学注疏》，科学出版社，2021，第 184 页。
② 周海春:《〈论语〉哲学》，中国社会科学出版社，2013，第 V 页。

学清晰的哲学，使得人们阅读古典文献的时候，获得足够的哲学逻辑来把握其中包含的丰富的智慧"。对于这部具有开拓性质的作品来说，无疑是一次成功的尝试。该书对一些概念、说法引而未发，为后来者留下了巨大的研究空间。一方面，我们期待周海春教授在这一领域继续深耕易耨，给学术界带来更多佳作；另一方面，作为中国哲学研究的后来者，我们也应当更加努力，争取能够沿着前辈学者所开拓的道路，继续推动中国哲学研究的新发展。

优秀传统文化是培育与践行社会主义核心价值观的根基
——评姚才刚等著《核心价值观的传统文化根基与意蕴》

刘双双　阮　航*

摘　要　《核心价值观的传统文化根基与意蕴》一书主要具有以下特色与创获：立论精当，观点新颖；宏观把握，微观切入；客观公允，理性辩证。该书既是一部内容丰富、注重开展学理分析的学术著作，又较具时代意义，对于当前我国正在开展的弘扬核心价值观与继承传统文化的全民宣教活动将会产生积极的影响。

关键词　社会主义　核心价值观　优秀传统文化　抽象继承法

　　社会主义核心价值观究竟包含了哪些优秀传统文化的意蕴？这种根基和意蕴对于社会主义核心价值观的培育和践行具有何等重要的意义？如何推进中华优秀传统文化与社会主义核心价值观的深度融合？这些都是当前社会主义核心价值观以及传统文化研究领域中有待解决的问题，姚才刚、徐瑾、肖雄的新著《核心价值观的传统文化根基与意蕴》（人民出版社，2021）对上述问题作了较为全面且有新意的梳理、探究。该书是中共中央宣传部中国特色社会主义理论体系研究中心 2015 年度重大课题"弘扬核心价值观与继承传统文化"的成果之一。综观该书，主要具有以下特色与创获。

　　其一，立论精当，观点新颖。该书作者对相关文献较为熟悉，对当前学术界有关中华优秀传统文化、社会主义核心价值观以及两者关系的研究现状较为了解。该书既借鉴了已有的研究成果，又提出了一些独到的见解。比如，该书在"绪论"部分将中国传统文化的主要特点归纳为以下几点：呈现多元

---

　　* 刘双双（1997～），女，河南洛阳人，湖北大学哲学学院中国哲学专业 2021 级硕士生，研究方向：中国哲学。阮航（1971～），男，湖北黄陂人，哲学博士，湖北大学哲学学院副教授，硕士生导师，研究方向：伦理学，中国哲学。

一体的文化形态；以伦理为本位，突出德性修养；关注当下的生活世界，彰显内在超越的精神追求；"贵和尚中"；"崇礼重乐"。该书在第一章第二节指出，民主作为社会主义核心价值观的一个重要范畴，植根于中国传统文化这一深厚的土壤。中国传统文化虽然缺乏近、现代西方意义上的民主理念，却有源远流长的民本传统。传统民本思想与现代民主理念尽管具有本质上的区别，但都蕴含有"民意""为民着想"的成分，两者不存在根本的冲突，这就为传统民本思想向现代民主理念转型提供了可能性。该书在第一章第三节认为，在五千年的历史发展中，中国人创造了灿烂辉煌、独具特色的文明，为世界文明发展作出了突出的贡献。中国古代文明体系庞大，包罗万象，而其核心则是礼乐文明。礼乐文明在中国古代起到了"经国家，定社稷，序民人，利后嗣"（《左传·隐公十一年》）的作用，那么，它在现代社会还有没有生存的空间？它对社会主义核心价值观践行有无启示意义？答案显然是肯定的。传统礼乐文明在现代社会仍然有助于培育文明风尚，有益于培养德性充盈、性情平和、文明礼让的现代公民。该书在第二章第一节则对传统与当代的自由观进行了比较，认为传统儒家文化对君子人格的强调，与社会主义核心价值观中实现个人的全面自由发展较为契合。个人的全面自由发展不是说要追逐个人欲望的满足，而是具有高尚的理想和道德行为，这一点和儒家文化提倡的"君子人格"比较符合；而传统道家的自由观除了提倡人的自由实现之外，也蕴含有人与自然和谐的意味，这也符合社会主义核心价值观中的要求，即每个人自由权利的实现同时也意味着实现人与自然的和谐共存。该书的以上观点不乏新意。

其二，宏观把握，微观切入。该书兼顾宏观把握与微观切入，并将两者有机结合起来，在此基础上，对中国优秀传统文化、社会主义核心价值观及其相互关系作了较有深度的解读。从宏观层面来看，该书把社会主义核心价值观的十二个范畴归纳为三个层面：作为国家建设目标层面的"富强、民主、文明、和谐"，作为社会制度层面的"自由、平等、公正、法治"，作为公民道德品行层面的"爱国、敬业、诚信、友善"。其中，第一个层面的四个范畴是中国特色社会主义建设的宏伟目标，也是社会主义核心价值观的四个重要德目，在社会主义核心价值观中居于最高层次，对其他层次的价值理念具有统领作用；第二个层面的四个范畴是对每个人都向往的美好社会的鲜活描述，也是从社会生活的视角对社会主义核心价值观所作的凝练概括；第三个层面的四个范畴是对公民道德品行的具体规定与要求，它们能够对个体的行为与处事方式发挥价值引领的作用。每个层面的社会主义核心价值观在中国传统文化中都蕴含有相应的思想资源，该书对这些思想资源进行了深入的发掘。从微观层面来看，该书对社会主义核心价值观十二个范畴的传统文化根基作了逐一剖析，这里略举数例。比如，该书指出，和谐是中国传统文化中的基本价值理念，与之相关的概念遍布于各种文献和典籍之中。传统和谐思想是极具价值的生命智慧，是社会主义核心价值观的重要源泉；中国传统文化也具有朴素的平等意识，尤其强调了人格以及道德心性禀赋的平等，这对于理解社会主义核心价值观中平等的内涵不无启迪与借鉴意义。不过，传统平等观较为突出绝对意义上的均等，而社会主义核心价值观中的平等乃是一个长期的战略指引，它并非一种"绝对平均主义"的原始平等，而是一种有差别的平等，此点是对传统平等观的超越；中国传统文化也蕴含有丰富的关于诚信、友善等方面的内容，对于培育与践行社会主义核心价值观同样具有较强的启示意义。总之，该书通过宏观层面的钩玄提要和微观层面的探赜索隐，阐明了社会主义核心价值观就孕育于中华民族悠久灿烂的历史文化传统之中，这是它的母体，从母体中生发出来，它才具有无限的生机与活力，培育与践行社会主义核心价值观，不可抛开中华优秀传统文化这个根基。

其三，客观公允，理性辩证。该书对中华传统文化及其与社会主义核心价值观关系的评价较为客观、公允，在论述的过程中始终坚持理性、辩证的态度。该书指出，对于中国传统文化，我们既不可简单否定，也不可复古泥古，而应在批判继承传统文化的同时，对传统文化加以创造性转化和创新性发展。也就是说，对于中国传统文化，不能仅仅停留于保存、模仿、因袭、复制的层面，而要对其进一步加以改造、转型、拓展与完善，否则，中国传统文化作为被继承的对象便只具有文物古董的价值，供博物馆收藏、展览，而无法获得生命活力，这样一来，它与现代人便是隔膜的，无法融入现代人的生活与生命之中。而对中国传统文化进行改造、转型、拓展与完善，这本身就是一种创造性或者创新性的活动。批判性继承和创造性转化、创新性发展之间是辩证统一的，继承是创造、创新的前提与基础，而创造、创新则为继承提供了动力与保障。一个社会的文化要得以推陈出新、向前推进，批判性继承和创造性转化、创新性发展都是不可或缺的。

该书还借鉴了现代新儒家冯友兰先生倡导的"抽象继承法",进一步反思了中国传统文化与社会主义核心价值观之间的关系。冯友兰在 20 世纪 50 年代曾提出"抽象继承法",该学说在其后期学术生涯中占有一定的地位,它涉及中国传统文化尤其是传统哲学思想要不要继承、继承什么以及如何继承等问题。在他看来,讲继承只能是抽象继承,现代人所要继承传统的往往是一个道理、一个规律,而这些都是一般、抽象的东西,继承过来,经过改造,又成为具体的。如果在哲学命题的具体意义上继承,那只能是纯粹的复古倒退。该书认为,冯友兰的"抽象继承法"给我们的启示意义在于,继承中国传统文化,不可拘泥于具体形式上的模仿,而应注重"神似",关注其背后的精神。社会主义核心价值观的建构,应着眼于中国传统的基本价值理念,而非某种具体的价值或道德规范,后者或许适宜于古代社会,却未必与已经发生巨大变化的现代社会合拍,故不可将其直接照搬到现代社会,更不可用已经过时的某种具体规范来要求现代人遵循,这既无可能,也无必要。

此外,培育和践行社会主义核心价值观还涉及如何处理好本民族文化与外来文化关系的问题,对于这一问题,该书也进行了理性、辩证的分析,认为既要珍视本民族文化遗产,也应以包容的心态对待外来文化。或者说,将社会主义核心价值观植根于中华优秀传统文化之中,并非意味着排斥世界其他文化传统的优秀成果,世界其他文化传统也包含了不少真知灼见,也应批判性地加以借鉴。

概而言之,《核心价值观的传统文化根基与意蕴》是一部较具学术性和时代意义的著作,内容丰富,脉络清晰,论证充分,新意迭出。该书对于当前我国正在开展的弘扬社会主义核心价值观与继承中华优秀传统文化的全民宣传教育活动也将产生积极的影响。

"近代西方启蒙运动中的情感与理性学术研讨会暨《情感的自然化》书评会"会议综述

杜　毅[*]

2022 年 12 月 17 日，由武汉大学哲学院、武汉大学应用伦理学研究中心主办，湖北省伦理学会协办的"近代西方启蒙运动中的情感与理性学术研讨会暨《情感的自然化》书评会"成功举办，本次会议以纯线上形式召开。来自社会科学文献出版社、浙江大学、清华大学、武汉大学、华中师范大学、上海交通大学、华东师范大学、北京师范大学、南京大学、北京航空航天大学、河南财经大学、湖北大学等高校、科研机构和出版社的专家学者百余人参加了本次会议。会议主要围绕由湖北大学哲学学院李家莲教授撰写的《情感的自然化：英国古典政治经济学的哲学基础》[①]（以下简称《情感的自然化》）新书展开研讨，讨论了近代西方启蒙运动中的情感、理性与商业社会等相关话题。会议分为开幕致辞、主旨报告、学术讨论、闭幕感谢四个环节。

在开幕致辞环节，浙大城市学院校长、浙江大学经济学院教授罗卫东，武汉大学哲学学院李建华教授，社会科学文献出版社政法传媒分社周琼副社长和中国伦理学会副会长、华中师范大学马克思主义学院龙静云教授分别致辞。罗教授在致辞中分享了自己探寻经济学新范式的心路历程，认为应该打破经济学最顽固的理性堡垒，发现形式意义和数学意义上的理性与现实的人类经济行为的差距，对理性进行反思，倡导从情感的角度讨论经济学的基础问题，重新思考情感对人类经济行为的重要性。罗教授认为《情感的自然化》一书从伦理学的角度对"情感"做了系统的思想史的梳理，特别肯定该书是一本颇富创新的著作，在一定程度上填补了该领域的研究空白。与此同时，

---

[*]　杜毅（1990～），女，湖北襄阳人，湖北大学哲学学院 2020 级博士研究生，研究方向：伦理学。

[①]　李家莲：《情感的自然化：英国古典政治经济学的哲学基础》，社会科学文献出版社，2022。

罗教授也围绕《道德情操论》中是否存在"游叙弗伦困境"这一问题分享了自己的观点。最后,罗教授表示期待中国年轻学者要更多地把自己对中国哲学的思考与苏格兰启蒙运动相关主题联系起来,在相互借鉴中发现异同,重建哲学自信和夯实哲学根底。武汉大学哲学学院李建华教授在致辞中指出,要了解西方的启蒙思想,除了通过借助理性的视角外还应该纳入情感的视角。李教授重点讨论了启蒙运动和道德情感主义得以在英国诞生的四个原因:其一,英国强大的经验主义传统是特别重视情感的哲学传统;其二,为了适应一种新型的资本主义经济关系、价值观念或伦理准则;其三,18 世纪的英国充满了反省、怀疑和批判的精神,人们追求思想解放、追求情感、追求自由;其四,剑桥柏拉图学派和沙夫茨伯里对霍布斯利己主义伦理学的批判之间的冲突凸显了天然的公众情感。18 世纪的英国情感主义哲学和当时的英国政治、经济、文化是一体的,因此,18 世纪苏格兰启蒙思想是以情感而非理性为本的启蒙。联系到由启蒙引发的现代性问题,李教授认为由理性主义引发的现代性在价值选择的依据和后果问题上存在着难以回答的问题,因此,从情感的角度研究现代性不失为一个可行的视角,可为西方和中国的现代性找到新的方向和路径。社会科学文献出版社政法传媒分社周琼副社长指出,《情感的自然化》一书以苏格兰启蒙时代道德情感哲学为研究对象,把沙夫茨伯里、哈奇森、休谟和斯密所提出的道德情感主义伦理思想视为前后相继的理论整体,沿着内蕴于其中的主线索"情感的自然化进程",考察了苏格兰启蒙时代道德情感哲学的内在理论演化进程,就情感的性质、功能、运行机理以及其在审美、道德、社会秩序等各个方面的影响和表现进行了详细的讨论。周琼认为,该书是中国学者在苏格兰启蒙思想研究领域中不可多得的优秀学术著作,且书中对情感自然化以及自然情感所做的多维度阐释和深度解读等都十分有益于新的伦理学基础理论的形成和发展,具有较高的思想史意义和理论意义。最后,周琼说,该书已经纳入社会科学文献出版社"群学"品牌之中,以此凸显品牌效应,扩大该书的学术影响力,2022 年 9 月该书已经加印过一次,后期还会根据市场反响和学界反映持续追踪。中国伦理学会副会长、华中师范大学马克思主义学院龙静云教授认为,苏格兰启蒙时期的情感哲学实际上为英国的古典政治经济学奠定了哲学基础,因为其中斯密、休谟和哈奇森等代表人物的思想既有经济学的思考又有情感哲学的研究视域。龙教授指出，诸如《情感的自然化》这样的研究视域在我国伦理学研究中是比较少的，因此可以说该书的研究大大深化了国内伦理学界对苏格兰启蒙学派情感哲学的研究。接下来，龙教授结合《情感的自然化》一书阐述了情感主义伦理学对新时代公民道德建设的启迪，她认为，要把情感纳入公民道德建设的研究视域当中，比如情感中的"移情或共情"就是要进入别人的内心、痛苦别人的痛苦、分享别人的幸福，而共情能力的培养实际上就是新时代公民道德建设的一个重要的维度。龙教授认为情感对于推进新时代公民道德建设具有很大的借鉴意义，且提供了一个扎实的、现实的理论基础。

在主旨报告环节，上海交通大学凯原法学院高全喜教授和华东师范大学哲学系应奇教授分别作了主旨发言。在以《漫谈苏格兰情感主义道德哲学之发轫》为题的发言中，高教授指出，苏格兰道德哲学是英国光荣革命之后的苏格兰社会思想之产物，它不再致力于解决政治问题和革命问题，而是致力于解决道德的证成、财富的本质、文明的演进这三个问题。苏格兰道德哲学发轫于哈奇森的情感主义美德伦理学，主要是因为哈奇森道德哲学反对理性主义、权力论和功利论，强调情感的主体性；提倡情感的价值优先性，强调一种高级的、超验的和纯粹的利他情感；把第六感官视为美德伦理和情感的基础；提倡一种面向社会尤其是商业社会的公共性道德情感。与之相应的是，哈奇森道德哲学在下述三个方面产生了极大影响：其一，这种哲学决定了18世纪英国道德哲学的基本路径，形成了真正的情感主义伦理学；其二，这种哲学对英国功利主义启蒙思想产生了深远影响；其三，"第六感官"的独特设想对于现代联想主义心理学，甚至当代智能人等都具有现代学术前沿的意义。华东师范大学哲学系应奇教授以《情感主义、美德伦理学与正当之于善的优先性》为题做了主旨报告。应教授梳理了《情感的自然化》一书的核心线索，认为该书主要研究18世纪情感主义道德哲学，以沙夫茨伯里、哈奇森、休谟和斯密这一脉络作为情感主义的切入点，对于伦理学研究来说具有很重要的理论意义。在此基础上，应教授重点分析了元伦理学情感主义与18世纪苏格兰启蒙运动中的情感主义的异同，主张像斯洛特那样从更宽广的哲学视域研究情感主义，把道德情感主义与美德伦理学结合起来。最后，应教授也着重讨论了重审正当之于善的优先性问题。应教授认为很多人把"正当优先于善"这个说法变成一个标语甚至是教条式的一种讲法，在考虑此问题的时候首先应该做一个伦理学类型的区分，然后通过以当下的问题为切入点，借美德伦理学这一桥梁而回溯到正当之于善的优先性的讨论中。

学术讨论环节共有三场活动。在第一场活动中，北京师范大学哲学国际中心戴茂堂教授和武汉大学哲学学院杨云飞教授分别以《究竟该在何种意义上谈自然？》和《康德哲学中启蒙思维的三个层次》为题发言。戴教授认为，《情感的自然化》以百科全书式的方式相当完备地向我们呈现了情感主义的发展路线，该书有很强的学术创新和补白意义。戴教授随后指出了该书有待进一步完善的地方：其一，建议用更多的笔墨讨论以理性为基础的伦理学及其缺点，以此彰显情感伦理学的优势；其二，建议不要过多地讨论情感的自然化问题，因为越自然的情感与人的距离会越远，越容易下降为情绪，且越会拖累启蒙的发展。另外，戴教授对于书中把自然的情感和情感的道德性无条件等同起来，从自然简单过渡到自由等观点表示质疑，戴教授表示自己仅赞同以审美的态度拥抱自然，因为在审美当中，自然就是人的象征，人就是自然的一个表达，彼此之间没有界限，自然可以人化，而人化的自然就可以被人欣赏。杨云飞教授认为，《情感的自然化》一书对18世纪英国道德情感主义哲学及其对苏格兰启蒙运动的影响做了非常好的梳理。以此为契机，杨教授分享了康德关于启蒙的看法，认为启蒙到今天依然是一个并未得到充分解答的疑难问题，对这一疑难问题的常规解答是摆脱成见、自己思维。但是，这种解答依然不够完备，因为自己思维的准则是否定性的、自我中心的，不足以充分体现理性的成熟这一启蒙的目标。杨教授认为，康德哲学中启蒙思维的完备表达包括三个层次，分别是自己思维、在他者位置上思维和一贯的思维，相应地，这三种思维方式体现了康德启蒙观的原初含义、扩展含义与终极含义。在回应与讨论环节，通过分享潘诺夫斯基（Ewin Panofsky）在《视觉艺术的意义》（*Meaning in the Visual Art*）一书中记录的康德临终前的小故事，李家莲教授指出，该故事中的道德实践表明康德自己并未在真正超越自然的意义上行动，这意味着康德式的伦理理性主义面临着无法解决道德动机问题的理论难题。以此为基础，李家莲教授指出，18世纪英国道德情感主义哲学始于以审美的态度拥抱自然，始终致力于在人与自然之间构建一种和谐关系。在谈到启蒙时，她指出，为了摆脱由自己招致的不成熟状态，除了凭借康德意义上的理性外，移情能力的成熟问题也需要受到关注。

在第二场活动中，浙江大学历史学院张正萍副教授和北京航空航天大学哲学系康子兴副教授分别以《古典政治经济学的"情感"与"自然"》和《商业社会与道德情感的自然化》为题发言。张正萍副教授肯定了该书从情感出发进行写作的视角，认为这是相当少见的，同时指出了有待进一步澄清的三个问题。其一，在17、18世纪的英国哲学中，与经济动机直接相关的情感（比如自利、自爱、贪婪、吝啬等）是如何在18世纪被"自然化"的？是如何在日常生活中被赋予正当性与合法性的？其二，理性指的是什么？理性和情感之间的关系是什么？（比如，沙夫茨伯里认为人的道德感和美感与人的外在感官是一样的，是天生的，是内在于人的，那么，"道德感官"究竟是指理性还是情感？）其三，如果探讨的是古典政治经济学的哲学基础，换言之，是以斯密政治经济学为中心的哲学基础，那么，为什么该书没有讨论斯密无法绕过的重要人物——曼德维尔？康子兴副教授从"商业社会的历史与道德"、"思想史中的商业社会"以及"商业社会与情感的自然化"三个角度讨论了商业社会中的情感自然化问题。康教授认为政治经济学的诞生来自一场思想的革命，因为新的社会形态出现之后会形成一种新的道德风尚，商业社会是受商人道德支配的社会，该书把这个过程归结为"情感的自然化"。康教授则认为，如果古典政治经济学的确立来源于"情感的自然化"，需要进一步解释革命到底是怎么造成的以及与之相伴的商业社会是如何产生的等问题。另外，如果说斯密道德哲学缺乏规范性，那么，还需解释其政治经济学的规范性从何而来？在回应与讨论环节，李家莲教授针对两位发言人共同谈过的情感的自然化问题做了回应，认为人类情感的自然化进程直接推动了商业社会的建立。关于商业社会的规范的来源问题，她指出，剥离了想象元素的同情机制在商业社会中为人类行为提供了规范的来源。同时，她还对《情感的自然化》没有讨论曼德维尔的原因做出了解释。该书之所以没有讨论曼德维尔，是因为曼德维尔没有基于情感的立场或角度讨论情感主义道德判断原则，在曼德维尔看来，道德建立在欺骗和忽悠的基础之上，他就道德提出的诸多观点显然与哈奇森、休谟、斯密等试图立足于情感为道德提供的规范理论是截然不同的。

在第三场活动中，南京大学马克思主义学院李海超副教授和清华大学哲学系博士后章含舟分别以《从情感运行的自然机制寻求道德的合宜性基础可行吗？》和《移情≠同情，移情→同情——关怀伦理学中的移情与同情之辨》为题发言。李海超副教授认为，《情感的自然化》一书详细地梳理了英国18世纪情感主义哲学的发展历程，对中国哲学的研习有着非常重要的学习和借鉴意义。同时，李海超副教授也梳理了四个有待商榷的问题：斯洛特的"二阶移情"理论真的能够解决"游叙弗伦困境"吗？从道德哲学过渡到政治经济学的基础是什么？审美真的蕴含"平衡对称"吗？斯密理论中，审美和道德谁更基础？李海超副教授重点讨论了从情感运行的自然机制寻求道德的合宜性基础是否可行这一问题。他认为，从自然机制中探寻道德的合宜性本质上就是在"是"中寻找"应该"，而在情感中寻求自然的合宜性就是在情感中寻找理性，最终会扼杀情感、扼杀主观性、扼杀自由意志、扼杀价值、扼杀一切"应该"命题。章含舟博士首先在日常意义上对移情与同情做了区分，认为移情不等于同情，同情是从移情推导出的。在此基础上，章博士对移情和同情做了思想史考察，同情作为心理机制具有传递性和投射性，而最低限度的同情则是移情的雏形，同情与移情的核心差异在于利他动机或回应。章博士立足斯洛特自2014年以后的哲学工作，分析了斯洛特哲学中的完善的移情机制及其对同情的解释问题，认为移情比同情更基础。在回应与讨论环节，李家莲教授认为，道德情感主义讨论的道德赞同属于"是"问题，不能直接过渡到"应该"，不过，被赋予了"应该"的性质的道德赞同可以解决游叙弗伦困境，也只有被赋予了"应该"的性质，移情机制才能真正得到完善，而对于作为道德哲学与政治经济学之过渡桥梁的情感机制来说，则无须被赋予"应该"的性质就能完成自身使命。同时，关于"移情和同情谁更基础"的问题，李家莲教授认为，移情是同情的前提和基础，同情是非常依赖移情的。至于从移情到同情的问题，李家莲教授认为，至少对斯洛特的体系来说，该问题是个伪命题。同时，她还认为，完善的移情机制具有先天性，因为移情机制相对于我们每个人来说都具有先在性。

在闭幕感谢环节，武汉大学哲学学院陈江进教授做了总结发言，认为本次研讨会举办得十分成功，感谢参与本次研讨会的所有老师和同学。李家莲教授对武汉大学哲学学院与武汉大学应用伦理学研究中心、湖北省伦理学会精心组织本次活动表达谢意，对所有的参会学者、师生以及工作人员表示衷心的感谢，同时期望以此次学术会议为新的起点继续推进相关研究与合作。

推进当代中国特色哲学体系构建

——《江畅文集》学术思想研讨会专家发言摘登

2023 年 6 月 18 日，《江畅文集》学术思想暨推进当代中国特色哲学体系构建研讨会在湖北大学举行，湖北省人大常委会委员、省人大科教文卫委员会副主任喻立平，湖北大学党委副书记祝欣出席研讨会，会议由湖北大学哲学学院院长舒红跃教授主持。教育部"长江学者奖励计划"特聘教授、上海大学"伟长学者"特聘教授孙伟平教授，教育部"长江学者奖励计划"特聘教授、吉林大学哲学社会学院贺来教授，中央马克思主义理论研究和建设工程首席专家、中国社会科学院马克思主义研究院汪世锦研究员，国际价值哲学学会（ISVI）会长、北京师范大学哲学学院田海平教授，教育部"长江学者奖励计划"特聘教授、武汉大学人文社会科学资深教授汪信硯教授，教育部"长江学者奖励计划"特聘教授、武汉大学文明对话高等研究院院长吴根友教授，中国伦理学会副会长、华中师范大学马克思主义学院龙静云教授，湖北大学讲席教授、武汉大学哲学学院萧诗美教授，教育部"长江学者奖励计划"青年学者、清华大学高校德育研究中心李义天教授等知名学者出席会议并进行主题发言。在此，我们摘登了专家部分的发言及观点，以帮助读者更好地理解《江畅文集》及其学术思想。

孙伟平：今天我主要聚焦在价值思想方面谈点看法，我的发言题目是《国内现代西方价值哲学的破荒者》。江畅教授是国内价值哲学研究方面的代表人物之一，同时也是国内较早开展价值论研究的学者，他不仅在中国传统价值观及其现代转换方面作了大量贡献，而且在如何"中学为体，西学为用"方面做了大量工作。首先，江畅教授在价值论方面的研究有鲜明的特色，他有西方哲学的研究视野，最早是做西方价值理论研究，后来湖北大学哲学学院有伦理学研究方向，于是他把价值论研究和伦理学研究结合起来开展研究，后期又把价值哲学研究和文化研究结合起来，包括开展社会主义核心价值体系、社会主义核心价值观、人类共同价值等研究。

其次，江畅教授把古今中外以及价值哲学的内外都结合起来进行研究，取得了许多重要的成就。他的著作《西方现代价值理论研究》1992年由陕西师范大学出版社出版，在当时国内对西方的价值理论基本上不太了解，或者说在资源特别少的情况下，他率先完整地出版了这本书，这是中国学者从中国角度第一次对现代西方价值论做出整体概述。江畅教授以价值理论为基础，以宏观概览的视角梳理了西方从古代到现代的价值思想，系统地分析阐述了西方价值论的兴起、演变进程、不同流派之间的关系、思想传承，介绍了价值论研究的一些基本理论和方法。这本书对我们当时开展价值哲学研究，特别是西方价值哲学研究，起到了非常重要的作用，具有重要指导意义。

最后，江畅教授在价值哲学领域及国际价值哲学交流方面，作出了非常大的贡献。他和洪平教授较早就担任了国际价值哲学学会的副会长，后来江畅教授将国际价值哲学学会的会长职务争取到中国，此后国际价值哲学学会的会长职务便一直由中国学者担任，最开始是江畅教授，然后是吴向东教授，现在是田海平教授。这是非常不容易的，说明了国际对中国价值哲学研究的认可，当然也是我国价值哲学研究学者的成果得到认可的重要体现。我认为江畅教授开展的很多研究，包括组织的很多学术活动，对价值哲学的研究方向扩展、研究规模扩大发挥了关键性的作用，从价值哲学的角度，他完全称得上国内价值论研究领域的代表性学者之一。

贺来:《江畅文集》收录了江老师1983~2019年从一个青年学子到资深教授36年的学术生涯作品，整体感觉像是江河浩荡，跨过一个世纪向我们奔涌而来，展开丰富厚重的思想画卷，我今天主要想谈两个方面。第一个方面，我想谈谈文集整体的学术风格和知识特点。我认为《江畅文集》有三个非常鲜明的理论品格或者思想特质，给我带来非常深刻的印象。第一个特点是整个文集呈现出非常宽广的学术视野，它融合了中西马的学习资源，对价值哲学、价值理论进行全面的系统梳理和深入的理论建构。文集有西方德性论思想史的呈现，也有对中国传统价值观的解读，还有从马克思主义哲学的思想视野出发对当代中国的价值观体系的建构等。我认为江老师对所有这些领域的研究，不是一个外在的叠加，而是有他的问题意识。他总是在追问，如当代价值哲学究竟是从哪里走出来的，要走向何处？当代哲学和价值观念体系的根本的主题和趋势是什么？当代人类和当代中国社会研究的根本性价值课题是什么？怎么样在中西马价值哲学和价值文化之间构建我们当代中国的价值体系？江老师总是自觉地建立问题的意识，所以中西马学习资源与江老师的学术思考探索是融为一体的。第二个特点是在文集里面，江老师把思想性的研究和历史性的研究结合在一起，这是一个很自觉的研究方法。江老师对西方价值哲学的研究、西方德性思想史的研究、中国传统价值观演进史的研究等，这些是思想史的研究，但是他关于思想史的研究，不像其他思想史研究，而是有思想性的思想史研究，具有思想的高度和深度。同时，他对很多理论问题的建构和反思，又是以思想史作为背景和依托的，所以他的立论有比较深厚的历史感。他的理论研究是一种历史性的思想，历史性的思想又有思想性的历史，它们是统一起来的。第三个特点是文集体现了江老师他们这一代人的学术风格，就是把理论与实践、学术和现实结合在一起。价值哲学、伦理学属于实践哲学，本身就具有很鲜明的实践旨趣，江老师的研究始终包含对当代中国和人类现实实践的关切。即使关于那些好像很遥远的不变的思想史、价值哲学、德性思想的研究，也体现了他的一种现实关注，更不用说他对幸福主义体系的建构、对考试公正论及具体实践问题的关注等。江老师他们这一代人是伴随中国的改革开放和现代化的历程成长起来的学者，以学术的哲学的方式去推动中国社会的文明和进步，这是他们这一代人共同的追求，我认为这是江老师非常鲜明的学术风格和特色。

第二方面，文集篇幅很大，我很想透过1000万字的文字，去把握一位思想者一以贯之的最深层关注的总问题。《江畅文集》涉及伦理学、价值哲学等非常多样的主题，在不同历史阶段江老师关注的重点不太相同，所以要把握这个总问题很困难。我认为，自由、和谐、幸福以及人的美好生活何以可能，是江老师最为关注的一个总问题。如果说自由是个人自由，那么和谐，就是社会整体层面个人自由之间怎么样携手实现整体的社会共同的秩序。一方面我们追逐个人的自由，但是如果个人自由离开秩序，那么个人的自由可能是一种抽象的自由，或是一种使整个社会生活陷于恐慌的自由。另一方面如果说社会秩序脱离开个人的自由，那么这种社会秩序有可能成为一种专制的秩序。怎么样把个人的自由和社会的秩序和谐地统一？我认为这是一个现实的问题，也是近代以来伦理学、价值哲学和政治哲学要解决的根本问题。我认真阅读了江老师早期的两部著作，一部是《自由的哲学论证——康德批判哲学解读》，还有一部是由他的博士学位论文修改而成的《自主与和谐——莱布尼茨形而上学研究》。江老师之所以选择康德和莱布尼茨作为研究对象，不是偶然的，这涉及他最深切关注的问题。在后来的科研工作中，他把这个问题提升到了人的幸福和美好生活层面，把自由放到"人的美好生活如何可能"这个大的问题域里面。在他看来，追求个人自由与和谐的社会整体秩序是人的美好生活得以可能的最重要的两个前提条件。他认为个人的自由对于一个人的幸福来说，具有极端的重要性，个人自由必须确定为幸福生活的根本前提价值。但是与此同时，他又并没有因此把个人自由视为唯一的绝对价值，还要求在社会共同体的层面，通过社会公正、现代法治、现代道德等去保障公共社会的和谐。在他看来，只有个人自由与社会整体秩序的和谐统一，才能实现每个人的普遍幸福，人的美好生活才成为可能。那么为什么江老师会把个人自由与社会整体和谐这两个价值及其统一视为人的幸福生活和美好生活得以可能的重要条件和前提？从价值哲学的角度，探求个人自由与社会和谐秩序的内在统一之道，从而为中国人的幸福美好生活进行哲学辩护和思想引导，这是江畅老师他们这一代学者自觉承担的重大理论课题。怎么样实现个人自由和社会秩序和谐相结合？我认为，在这方面江老师做了一系列工作，这对于关心当代中国的哲学以及关注当代中国社会发展和现代化建设的人来说，都是非常具有启示性的。

汪世锦：我的发言题目是《勿忘初心　勤奋求索》，我想讲四点。第一点是兴趣，江畅教授的研究主要围绕兴趣来探讨真理，《江畅文集》至少涉及三个主要问题。一是自由问题，实际上他在武汉大学攻读博士学位的时候就对这个问题就非常感兴趣，后来对自由问题的研究慢慢隐藏在他的整个学问中，作为一个基础性的东西。二是伦理道德问题，他进入伦理道德研究领域之后，就一直从事伦理学研究。三是价值问题，他在中国人民大学进修的时候，经常和李德顺老师他们一起探讨价值问题，进入价值研究领域之后他一直没有放弃对价值哲学的研究。第二点是功力。江畅教授在中国人民大学进修期间，非常勤劳刻苦，所有的课程一门不落下，而且很认真做笔记消化，理论知识积累得很扎实。此后他长期从事伦理学、价值哲学研究，功力非常深厚。第三点是坚持。在此，我想谈一谈为什么他对自由问题原来很感兴趣，后来从表面上来看似乎是放弃了对这一问题的研究，实际上他对这一问题的研究是由显到隐的一个过程。马克思对自由问题非常重视，马克思小时候受家庭自由传统的影响，对人的自由全面发展非常重视，他认为阻碍人的自由发展的是私有制，于是用了 40 多年来写作《资本论》，其目的是消灭私有制，实现人的自由全面发展。第四点是融通。像毛泽东同志提出的"古为今用，洋为中用"，建立体系也需要融通，江畅教授打破中西马之间的壁垒，将之融会贯通，令人钦佩。

田海平:《江畅文集》洋洋洒洒千万字，内容涵盖了西方价值哲学、价值观念、西方德性伦理学、美德伦理学史、幸福主义伦理学的体系建构，当代中国价值观体系和中国传统价值观以及现代转换等一些重大问题。《江畅文集》可用两个宏大来形容，一是气象宏大，二是灵魂宏大。说它气象宏大是因为无论是作为思想史还是作为学术史，文集都呈现出一种博古通今、融通中西的事实迹象，无论是理论建构、历史建构、时间建构还是问题建构，都有意无意地追求一种合内外之道、同天人之间的高度。说它灵魂宏大，是因为文集在精神气质方面，始终近乎"顽固"甚至"偏执"地对大问题、大思路、大题材、大趋势予以坚持不懈的钻研和把握。这种精神，正如孟子所说，是一种"先立乎其大者，则其小者弗能夺也"的精神。在这两个宏大上还可以附加上另一个宏大，那就是"酒量"宏大。这使得我们读其文集就如见真身，像阅兵一样排列的书籍，它散发着一种醇厚悠长的香气，就像一封封盛情难却的邀请函，更像是一坛坛供君品鉴的美酒。在此我要感谢江畅教授赠送的这份大礼，我认为这也是送给整个中国伦理学界、中国哲学界甚至中国学术界的一份厚礼。江畅教授具有多副面孔。第一副面孔，他是一个彻底的美德主义者、美德伦理学家、德性伦理学家。第二副面孔，他是一个温和的价值论者和价值哲学家。第三副面孔，他是一个辩证的政治哲学家和文化哲学家。在此，我想用"长江边上的美的追寻"来概括我讲的这位彻底的美德主义者，即江畅教授住在长江边上，做追求美德的事情，也做追求美德的学问，他是一个彻底的美德伦理学家。

《江畅文集》的闪光点非常之多，难以尽数，我把这些闪光点概括为十一个命题。第一个命题是自由的命题。自由问题是他思想的一个发源地，我非常赞同汪教授的看法，江畅教授关于自由问题的研究刚开始是显现出来的，后来是隐含在他整个思想的展开阶段。文集第一卷中的《自由的哲学论证——康德批判哲学的解读》，应该说它提供了非常重要的起点，由这个起点回溯到整个近代，江畅教授发现了莱布尼茨的重要性，所以他研究了莱布尼茨的形而上学，他再往前看整个现当代，发现了弗洛伊德的重要性，于是研究了弗洛伊德。文集的前三卷，我认为是非常重要的哲学家在成长过程中他思想的原点，他发力的地方。第二个命题是自主论命题。这个命题来自他对莱布尼茨的理解，现在越来越多的学者开始重视莱布尼茨的思想，江畅教授在20多年前就预见到了莱布尼茨的重要性，他出版的《自主与和谐——莱布尼茨形而上学研究》在我看来是找到了解读整个近代美德，甚至解读整个西方美德的钥匙，即关于个体的独立自主和整体的普遍和谐之间关系的讨论。第二个命题是这样表述的：独立自主的个体是普遍和谐的。第三个命题是价值的命题。从江畅教授关于价值论的讨论中，我们可以看到他的价值哲学的处理方式是在德性的探究、美德的追寻中。实际上他和麦金泰尔的不同之处，恰恰就在于他是有价值论的，而麦金泰尔是没有价值论的。麦金泰尔是从批判近代启蒙哲学和现代伦理学入手，江畅教授是从深入研究并理解近代自由概念和自主概念开始，这是两个不同的路径。第三个命题是这样表述的：价值伦理学必须基于一般价值论。第四个命题是幸福的命题。幸福的命题实际上是一个非常重要的原创性的理念建构，从《幸福之路：伦理学启示录》到《理论伦理学》再到《走向优雅生存：21世纪中国社会价值选择研究》，这三本书是文集中非常重要的理念建构部分，由此他提出并阐释了幸福主义伦理学的体系。第四个命题是这样表述的：美德追寻里面的实践就是通往幸福之路，走向美好生活。第五个命题是德性论命题。德性论命题其实不是江畅教授首次提出来的，但是江畅教授以他的理论建构，整体呈现了德性论命题。德性论命题是这样表述的：幸福是德性的实践活动。不同于西方以个体德性为重点，他的《德性论》实际上始终有个体德性和社会德性这两个非常重要的维度。第六个命题是普及学命题。在《江畅文集》中，江畅教授没有用普及学这个词，但是我认为他有这样一个普及学的逻辑。他在价值论、情感论、规范论的相互关系的普及中，探讨了三者之间的关系，并在这种讨论的过程中，对整个伦理学知识体系和学科体系进行构建。第七至第十个命题都是德性史命题。这些命题主要是关于西方德性论思想史的梳理。第七个命题以古希腊中世纪的西方古典美德思想为重点，是关于个人美德思想的。第八个命题是西方近代以来的德性探究，以社会德性思想为重点，兼顾探讨个人德性。第九个命题是西方现当代的德性探究，是在政治哲学、原伦理学和德性伦理学分离中多元展开的。第十个命题是现代德性伦理学复兴，着重探讨个体德性和社会德性之间的关系问题。第十一个命题是转化论的命题。中国传统价值观的现代转化既要融入个人德性的现代转化，也要融入国家和社会的现代转化，这就和社会主义核心价值观连在一起了。因为社会主义核心价值观既是个体之德，也是社会之德，更是国家之德。这十一个命题有理论建构、历史建构、现实建构，结合江畅教授刚刚提出的宏伟的研究计划，我想他可能还要做的一项工作，就是把美德从个人领域推到社会和政治领域，并通过政治和社会领域的品质的探寻，重新回到个人的自由。

汪信砚：阅读《江畅文集》后，我想谈谈文集的三个特点。第一个特点是《江畅文集》的主题非常鲜明，体现了江畅教授几十年来辛勤耕耘的主要学术志趣。《江畅文集》的内容非常丰富，我认为他的研究主题还是哲学价值论，或者说价值哲学。中国学者对价值哲学的研究至少有三种路线。第一种路线是把价值哲学理解为哲学的一个特定领域，价值哲学就是研究人与世界之间的价值关系的哲学。第二种路线是把价值哲学理解为哲学的一个最重要的维度。我认为任何哲学研究，都必然包含着价值哲学思考，或者说哲学就是一种广义的价值哲学。第三种路线是把价值哲学理解为研究与价值相关的问题的哲学，我认为江畅教授的研究是属于第三种路线。《江畅文集》的主题词既包括自由、公正、幸福、德性、道德这样一些重要的价值，也包括中西价值观念和各种重要的价值理论。可以说，在价值哲学研究的第三种路线上，江畅教授是最有成就的研究者之一。同时因为他的价值哲学研究是以伦理学为最基本的依托，所以他的学术研究，既为当代中国价值哲学研究作出重要贡献，也极大地丰富了当代中国伦理学研究。

第二个特点是他的理论学术视野极为广阔，可以说他贯通古今中西，内容自成体系。《江畅文集》不是按历史时间顺序布局的，他对价值哲学的研究是从对西方哲学中的价值理论研究开始的，包括对西方价值观念对中国影响的考察以及对中国传统价值观念及其现代转换的探讨。文集不仅视野宏阔、内容丰富，而且形成了较完整的理论系统。江畅教授未来的设想是要构建他的哲学体系，在此过程中，他系统地考察了西方德性思想史、西方价值理论、西方价值观念，也系统地考察了中国传统价值观和当代中国价值观，阐释了当代中国价值观念对传统价值观念的现代转换以及对西方价值观的借鉴超越。从对价值、价值观念、价值理论探讨，走向对当代中国价值观和主流价值文化的理论建构，明显地体现了马克思所说的那种改变世界的理论自觉。这种理论自觉，我认为是江畅教授在价值论研究上做了系统化的理论建构、取得很高的理论成就的重要原因。

第三个特点是具有鲜明的原创性。习近平总书记在哲学社会科学工作座谈会上的讲话中指出："中国特色哲学社会科学应该具有什么特点呢？我认为，要把握住以下 3 个主要方面"，"第一，体现继承性、民族性"，"第二，体现原创性、时代性"，"第三，体现系统性、专业性"。① 可以说，这三个方面在江畅教授的价值哲学研究中都有很好的体现。就原创性而言尤其体现在三个方面。一是对西方价值理论特别是西方德性思想史的探讨和阐释。《西方德性思想史》在《江畅文集》中共占四卷，是非常厚重的思想史专著，对西方古今德性思想的基本观点、发展过程、内在逻辑、理论贡献、历史影响等都做了全面而有深度的探析，在中国学界有填补空白的意义。二是对中国传统价值观念及其现代转化的系统研究。他认为中国传统价值观是以农耕文明为现实基础，以道和德为观念前提，以仁爱为核心内容，以自强不息和厚德载物为根本精神，以宗法制和礼制为基本保障，以圣人和大同为最高目标的价值观念体系，并把它的主要内容概括为 10 种主要思想、11 种主要观念、11 种基本精神和 9 种实践体现，提出要将优秀传统价值观融入核心价值观。我认为这在哲学界，包括在研究中国传统价值观的领域中，都是很有特色的学

---

① 习近平：《在哲学社会科学工作座谈会上的讲话》，人民出版社，2016，第 15~22 页。

术主张。三是明确提出并系统阐述了幸福主义的价值体系。可以说这是《江畅文集》中最有特色的理论创新。这个体系包括了幸福、智慧、德性、和谐、优雅五个基本范畴，幸福是人类追求的最终梦想，智慧是实现幸福的最佳途径，德性是人格完善的最可靠保障，和谐是生存环境的理想状态，优雅是当代人类的应有选择，主张走幸福之路、做智慧之人、修德性品质、创和谐环境、过优雅生活。《江畅文集》只是江畅教授选集，江畅教授不仅在学术研究上作出了重要贡献，而且他的勤奋探索、开拓创新的精神，值得很多学者特别是青年学者认真学习。

吴根友：我发言的题目是《言者非吹，立之甚难》。《庄子·齐物论》对于语言之不确定性有非常生动的揭示，"夫言非吹也，言者有言，其所言者特未定者"。其主要意思是说，作为语言，无论是口语还是书面语，因为所言之人都有自己特定的理论体系，故其所给出的带有价值或是非的判断，并不具有绝对的真理性。只有道言或依道而言，才能发出"天籁"之音即真理的声音。今天我在此对《江畅文集》发表个人感想，不取庄子原文的意思，而是用其表面意思，即学者著书立说之言，并非大块噫气、风吹万窍而发出的自然声音那样出于天然，而是要经过艰苦的努力，在众多的理论是非之中剖非取是，让所出之言具有真理的坚固性而如磐石一般屹立不倒，是谓立言也。基于《江畅文集》12 卷的出版，我想讨论"立言之难"与古人追求三不朽的立言价值之追求。

中国古人有"三不朽"之说，其中的一不朽即立言。古人对"立言以求不朽"的诸种说法虽然形式上有一定的差异，但其主要意思基本相同，即肯定"立言"的活动对于个体生命获得不朽的价值与意义。但我想，江兄文集的出版，其主要的目标恐怕还不只是追求个人生命的不朽，虽然也不否认这一价值目标。作为改革开放的同时代人，江兄长我六岁，是恢复高考之后的第一届大学生。但其在学术上所取得的成就，我自知难以望其项背。文集之富，不只是数量上的千万字的海量数字，而主要是涉及的学术内容之广泛。从早期习作论自由的文字，到博士学位论文研究莱布尼兹，再到研究西方的价值理论和中国人的价值观，然后花了大力气研究伦理学中的幸福和社会政治哲学领域的和谐问题，特别是在德性论和西方道德哲学史中的德性史方面，均做了大量深入而系统的研究。作为一个中国人，研究中国哲学的问题，相对而言要容易一些，而研究西方哲学的问题，相对来说门槛要高一些，首先要面对大量的外文文献的阅读，外文文献阅读过后还要转化成中国的语言表达出来，其中所需要花费的精力与时间，又应该要超过处理等量的中文文献所花费的精力与时间。

江兄做的哲学研究，从表现形式来看是抽象的理论成果，但其中所透射出的时代关怀，几乎与我们的时代是同频共振的。早期习作论自由问题，与改革开放初期中国社会追求思想解放的时代精神高度契合；而有关西方价值理论和中西价值观的研究，幸福与和谐问题的研究，中国传统价值体系的研究，无一不与我们改革开放的时代步伐大体一致。普通政府工作人员是通过改善民生、提高社会经济与文化的发展水平、改善物质生活条件来展示他们的人生价值，而江兄作为大学教授，他是以学术方式服务于我们社会对于精神文化生活的要求。价值观问题的研究，就是试图在理论上回答改革开放时期的中国人应当以何种正确的价值观念来指导自己的人生，而对何谓幸福的回答，以及对优雅生活目标的提倡，都是在精神生活领域里，为我们时代的普通人提供富有意义且值得选择的精神生活方式。优雅生活，在传统社会往往只是少数士大夫要追求的生活样态。江兄将优雅的生活作为我们时代普通人的生活目标，这是用哲学理论回应党和政府提出的小康生活的政治擘画，合乎时代要求而又不是简单地对政府文件、政策做脚注，体现了哲人以自己的理论智慧回应时代要求的应有姿态，较早地体现了对自己民族的哲学话语探索的理论自主性，以及对这种自主性的理论自觉。

龙静云：读完江畅教授的 12 卷巨著，我有四点体会。第一，从 1983 年到 2019 年，36 年间江畅教授潜心研究伦理学和价值哲学，成果丰硕，在中国学术界不可多得，他的学术成就有目共睹、学术影响非常广泛。第二，他的学术视野非常开阔，研究内容涉猎广泛，比如价值哲学、理论伦理学、幸福伦理学、德性伦理学、主流价值文化、西方德性思想史等，这些研究具有非常鲜明的思想性、理论性，研究基础厚实，在伦理学界独树一帜。第三，他提出了一系列新颖的学术观点，体现了强烈的学术创新意识，围绕自由、平等、公正、和谐展开学术研究，特别是幸福主义伦理学、幸福与和谐的关系、考试公正论，并结合新时代社会矛盾变化，对社会美好生活等方面做出了思考和解答，《西方德性思想史》也是填补了西方德性思想史的空白。第四，他勇于建构中国特色伦理学的话语体系，为中国伦理学繁荣发展作出突出的贡献。中国特色伦理学话语体系的建构有四个维度，一是必须以马克思主义为指导，二是以弘扬中国传统文化为依循，三是以西方伦理学为参考，四是以中国特色社会主义伟大实践为生成。江畅教授在研究中始终坚持马克思主义为指导，把中国传统文化和西方伦理结合，同时观照社会现实、实践和人们的道德生活，所以他的研究在这四个维度有自己独到的特点和建树。

萧诗美：《江畅文集》虽然是文集，但其中有并联的思想主题，不同文本之间有逻辑连贯性，构成一以贯之的体系。我比较关注伦理学体系，伦理学由价值论、情感论、德性论、规范论四个分支理论构成，不同的概念形成不同的理论，构成不同的体系，其中德性论和规范论的关系引起我的关注。大多数人强调两者的区别，认为德性研究关注人的品德，规范研究关注行为的规范，存在明显对立。一旦我们把品德的概念换成道德意义的概念，德性和规范的对立就消失了。作用于内是德性，作用于外则是规范，德性论和规范论本质上是统一的、相互贯通的。江畅教授把规范伦理思想放在德性伦理思想中，扩大和调整德性概念，把原来的德性伦理和规范伦理的区分变成了个人德性和社会德性的区分，我认为这是江畅教授自身思想的突破和创新。个人德性和社会德性是互为表里、内在意志相互贯通的。我想再谈谈德性伦理和规范伦理的统一对中国传统伦理现代化的意义。儒家伦理强调内在信心的道德自觉，法家强调外在伦理的强制作用，儒法的关系称为内圣外王，这种互补不是内在德性和外在规范的统一，而是内在德性和外在规范的分离，这带来很多问题。中国传统文化的关键是如何从内圣走向外王，因此对中国传统儒家德性伦理的现代化，同时也是西方现代规范伦理中国化的过程，只有把这两个过程结合在一起，才能构建出中国式现代德性伦理，在这方面，江畅教授花费大量篇幅研究中西价值观的比较和融通。

李义天：祝贺《江畅文集》顺利出版，在此我想说两个方面的看法。一方面，我想谈谈对江老师的印象。我是江老师学生辈的青年学人，当然我不是直接受教于江老师，但是跟江老师这么多年打交道下来，我觉得他既是一位勤奋的学者、一位宽厚的长者，也是一位卓越的师者。第一，他是一位勤奋的学者。江老师选取 36 年间所出版的 14 部重要著作和发表的 173 篇重要文章汇集成 1000 万字的《江畅文集》，更何况江老师后续还有几百万字篇幅的写作。第二，他是一位宽厚的长者。我觉得江老师的宽厚体现在他对于批评的宽容。我曾给江老师的四卷本《西方德性思想史》写过一篇书评，发表在《伦理学研究》上，在书评的第二部分，我对他进行了一些批评，但是后来江老师看到文章以后非常高兴，还专门说要让杂志社原封不动地发表出来。第三，他是一位卓越的师者。江老师是一个非常温和且具有人格魅力的人。我跟江老师的很多学生都是非常好的朋友，在我看来，江老师的很多弟子继承了江老师这样温和宽厚的品质。江老师作为一名教师，他的主业当然是教书育人，那么什么是教书育人呢？我们经常有一个比喻，叫作一棵树摇动另一棵树，一朵云触碰另一朵云，一个心灵感染另一个心灵。我相信他的弟子们的品质也能够在一定程度上反映出江老师的品质。

另一方面，我想简单讲一讲他的德性思想史研究。我对此表示赞叹，他的研究横跨古今 2500 年，不仅兼容个人之德性，而且拓展到社会之德性，几乎是把道德哲学和政治哲学从德性的角度进行了恰到好处的重新整合。我认为所谓的社会德性，其实更多的有一种笔赋的意味在里面，如果一定要说社会有德性，我相信江老师很可能是受到了罗尔斯"公正是社会制度的首要德性，正像真理是思想体系的首要德性一样"这句话的影响。我认为江老师其实做的是德性论，而不是德性伦理学或者美德伦理学，因为美德伦理学有严格的学术边界。迄今为止，我们对于美德伦理学的研究依然聚焦于 20 世纪中叶以来的西方伦理学的一场特殊的运动。这场特殊的运动之所以如此重要，是因为它一方面搅动了西方伦理学界本身的一个古今之争，因此我们会把休谟、康德、亚里士多德称为美德伦理学者；另一方面也搅动了中国哲学界对德性的重新思考，所以很多海内外的中国哲学研究者开始反思中国哲学到底有没有德性论，中国哲学到底在什么意义上可以或者不可以被称为德性伦理学。作为青年学人，我们应该在前辈的基础上再开拓、再进取、再更新。我去年在美国哈佛大学访学，其间专门飞了一趟迈阿密去见斯洛特教授。我跟斯洛特教授说，我想写一部美德伦理学史，他马上就跟我说："江畅教授不是写过了吗？"我说江老师写的是西方德性思想史，他有他专门的一套东西，我想更加聚焦于当代的伦理学运动，体现出当代美德伦理学在应用伦理学方面的一些新的拓展。我相信这既是江老师的研究给我的一些引导，同时也是我自己在自觉建构中国伦理学知识体系的道路上做的一些拓展性的工作。只有这样，才能够把中国特色的哲学体系建构起来。

Axiology and Ethics

Vol. 23
August 2024

Abstracts

Expert's Special Papers

The Value World and the Natural World, the Real World and the Ideal World

Jiang Chang, Song Jindou / 1

Abstract: The universe is a world of facts and a world of values, and the human world of values is an artificial world of values in which the natural world, the real world, and the ideal world are constantly transformed in value. The world of value refers both to the world constituted by the value that everything in the universe has and to the world constituted by the value that everything in the universe has for human beings. The value world of human beings is both the world of the existence of the value things that human beings need and the world of the production of the value that human beings need, which is of decisive significance to the human world and to the enjoyment of human beings' survival, development and enjoyment. The world of value of human beings is based on the natural world, but it is not premised on it, and the play of the role of the human subject can strengthen the natural world foundation of the world of value of human beings, or it can destroy this foundation. The real world is the bearer of the human value world, and the value needed for human survival and development needs to be provided by the real world. The human value world is both isomorphic with the real world and changes and transcends the real world; it is the positive value side of the real world, and the two are in a kind of interactive and mutual construction relationship. The ideal world is a perfect world based on the conception of the real world but better than the real world, and it can be transformed into the real world, thus forming a new world of values.

Keywords: Factual World; Value World; Natural World; Real World; Ideal World

Three Moral Challenges in Special Periods

Ge Siyou / 18

Abstract: Presumption of innocence, no sacrifice of innocents and respect for rights are three deep-rooted moral conceptions in our daily life. However, these three conceptions have been greatly challenged in the situation of Covid-19. They are almost silent with our behaviors in that situation, at least without much influence. Based on the clarification of three reasons that the moral conceptions could supply, which are prima facie reasons, pro tanto reasons and conclusive reasons, we could give a unified explanation for our moral reactions to these three moral conceptions in ordinary situation and in the situation of covid-19 from the consequentialistic perspective.

Keywords: Presumption of Innocence; Respect for Rights; Prima Facie Reasons; Pro Tanto Reasons

Dynamics of Oyersea

Abstract: This paper seeks to show how classical Chinese Daoist philosophy (道家) contributes to contemporary metaethics. Daoism offers an early form of moral error theory and provides unique suggestions for what one can do with a false discourse like morality. Recent error theorists have disagreed about whether they should conserve moral discourse (moral conservationism), retain it only as a useful fiction (revolutionary moral fictionalism), substitute it with a discourse concerned with subjective normative attitudes (moral substitutionism), or abolish it altogether (assertive moral abolitionism). In Daoist texts, I argue, we find unique versions of abolitionism and fictionalism that go a long way to resolving debates between error theorists. They can do so because the motivation Daoists have for holding their metaethical views is primarily therapeutic. I argue Daoism offers a nonassertive kind of moral abolitionism and a reactionary form of moral fictionalism as means toward the achievement of tranquility and joy.

Keywords: Daoist Philosophy; *Laozi*; *Zhuangzi*; Metaethics; Error Theory; Abolitionism; Fictionalism

Abstract: This paper has illustrated why it is an urgent necessity to practice virtues in a world that ignores them, that is, what we do would produce a huge cosmological and existential repercussion. What we ignore today is the rich inheritance in the discovery of the nature of virtues and the exemplary lives the great wise men in history have led. It has been pointed out that only by continuous practice of excellent behaviors until they have become good habits could we transform us into better persons. At last, six suggestions have been put forward concerning how to cultivate virtues: going back to perennial wisdom, providing integral education, designing decent public policies, practicing core virtues, and etc.

Keywords: Virtues; Cosmology; Existence; Wisdom; Exemplary Lives

Focused Conversation by Writing: Seminar on the Rule by Virtue

Host's Viewpoint

Dai Maotang / 96

The Concept of "Rule of Morality": Misconseptions, Corrections and Implications

Dai Maotang, Song Zihao / 97

Abstract: "Rule of morality" is not only an important paradigm of governing the country in Chinese history, but also a academic word that is unable to go around modernization in academia today. Regrettably, academic circles lack a careful analysis of the concept of "rule of morality" itself today, and make the understanding of the concept of "rule of morality" more casual. This kind of random appears in the morality of the concept of "rule of morality" randomly understood as "moral norms", then directly interpret "rule of morality" as "man with moral norms to govern". The English expression is "rule by virtue". Here, "rule of morality" has become a tool or means for people to govern with moral norms, but the subject of it is "people", the substance of it is actually "human rule".If we have to retain the concept of "rule of morality", the best way is to understand "rule of morality" as "moral self -discipline". The English expression is "rule of virtue". Then, "rule of morality" is attributed to "moral self -management and self -restraint". Making such a correction helps to get rid of the risk of "rule of morality" in "human rule", so as to better play the role of "rule of morality" in governance modernization.

Keywords: Rrule of Morality; Rule by Virtue; Moral Self -discipline; Rule by Law

The Rule by Virtue, the Rule by Law and the New Chinese Civilization

—A New Interpretation of the Concept of Chinese Culture's Mandate for Renewal

Wei Dunyou / 113

Abstract: Chinese culture has a tenacious vitality, and in the course of history it has always been revitalized in the process of encountering crises, so that the concepts of its destiny that are deeply embedded in ancient Chinese culture have acquired a new content in keeping with the times, which has been proved once again by the new round of crises in Chinese culture since 1840. In the comprehensive encounter between China and the West, Chinese culture has further developed its own inherent tradition of virtue and rule of law, and on the basis of the tradition of virtue and rule of law, it has fully absorbed the spirit of the modern Western rule of law, so that the Chinese culture has been constructed as a new form of civilization with the rule of law on the basis of the deep tradition of virtue and rule of law.

Keywords: Chinese Culture; Mandate for Renewal; The Rule by Virtue; The Rule by Law

Deconstruction and Reconstruction of Conception of Min-Ben in *Yuan Jun* from the Perspective of Origin of State

Ruan Hang / 134

Abstract: In his Yuan Jun, Huang Zongxi deduced the ideal states as rule by virtue from the perspective of state's origin. This kind of rule by virtue is Min-ben state, seeing the world as belong to the public and for the people of the world. In terms of its organization and its way of operation, it is an elite state which is dominated by a spiritual leader and effectively operated by a few moral pioneers, and it is also noble in spirite. This ideal of rule by virtue is attractive, fully expressing the Confucian spirit of Min-ben and implying a positive view of freedom and lofty moral ideal. Also, its theoretical thread is full of originality, suggesting a use of non-metaphysical way to explain the way of rule by virtue. But it still has quite utopian colors, and there are some problems to be explained and reconstructed in theory, the key of which lie in two points: firstly, how the emperor as a moral leader have ever appeared and how to justify his appearence; secondly, how to solve the problem of stability, that is, the social system acording to this ideal can provide solid foundation for good order society.

Keywords: Origin of State ; Min-Ben; Rule by Virtue; *Yuan Jun*; Huang Zongxi

Theoretical Frontier

"Inequality" and the Order of Mind in Adam Smith's Moral Philosophy

Zhang Jiangwei / 139

Abstract: Adam Smith realized that despite the existence of general abundance and equality in law and rights, inequality in the socio-economic sense remained an inherent feature of commercial society. This inherent structure of inequality, combined with human nature that seeks superiority, exerts a great influence on the heart of the individual, brewing a great psychological and moral crisis. Faced with this situation, Smith responded not in terms of institutions but in terms of constructing a mental order. His efforts were threefold. First, developing and adapting his theory to ground the divine status of others as equals in the human heart. Second, to weaken the negative impact of the unequal social structure on the corresponding individuals in the moral psyche through the subject's self-adjustment and the active response of the inner order. And on the basis of communicating with different groups, the self-adjusted subject can well undertake different levels of social tasks. Finally, Smith proposed the typical personality type of the prudent man, which gives a way of seeking superiority that can be universally promised by the business society. Overall, Smith's problematic sense of equality and inequality shaped his vision of the order of the human mind.

Keywords: Superiority; Inequality;Adam Smith ;Moral Philosophy;Order of Mind

Research on Jiao Xun's Thought of "Human Nature is Good Because People Have Cognitive Ability"

Zhang Yekang / 159

Abstract: Jiao Xun's theory of human nature transforms the "substantial" Tian Li into "constructive" Fen Li. The "Zhi" in "Neng Zhi Gu Shan" (Human Nature is Good Because People Have Cognitive Ability) is a kind of natural endowment and the perceptual ability with "constructiveness". Therefore, the ethical order is constructed in the classification and integration of "Zhi", in which ethics Order is based on the empirical world, rather than on the Tian Li as a transcendental entity.

Key words: Jiao Xun; Neng Zhi Gu Shan; Substantiality; Constructivity;Neo-Confucianism

The "Value" of Critical and Refactoring: Between Lu Xun and Nietzsche
—The Foundation and Turn of Modern Aesthetics in China and the West

Xu Liang / 169

Abstract: The value and the theory of value, are Lu Xun and the Nietzsche thought center of gravity.They revolve the principle and the standpoint which the traditional value persisted, the choice motion and the method, has the astonishing similarity.In this foundation, they interrogating and torturing which to China and the West history culture, the traditional morals, the social human nature carries on with the dialogue time, promulgated the human culture big change in situation to approach profoundly the new old historical transition, the modern value reconstruction intrinsic root, thus in-depth pulsation which transformed for the people accurate assurance China and the West modern age, welcome new times dawn, opened the human culture new chapter, stepped the modern journey to lay the solid foundation.

Keywords: Lu Xun; Nietzsche; Value; Aesthetic

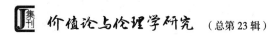

Kant on Science and Ethics

Li Wenqian / 184

Abstract: In the book Critique of Pure Reason, Kant has made a distinction between physics and ethics, or between natural laws and moral laws, and believes that natural laws are based on experience, while moral laws are based on reason. In his book Groundwork for the Metaphysics of Morals, Kant further pointed out that physics is the science of studying natural laws, while ethics is the science of studying moral laws. Kant fundamentally disagrees with Hume's naturalistic approach, providing a defense for the scientific nature of ethics through his transcendental philosophical approach. On the one hand, Kant acknowledges Hume's distinction between facts and values, while on the other hand, he partially inherits Leibniz's viewpoint that the foundation of value lies in reason. Kant believed that the true moral philosophy is moral metaphysics. In the book Principia Ethica, G.E.Moore proposed two possible criticisms of Kant.

Keywords: Kant; Science; Ethics; Metaphysics; G.E.Moore

Applied Ethics

Where do the Ethical Risks of AI Social Governance Exist

Zhao Hongmei, Cai Yameng / 195

Abstract: There are many explanations for the ethical risks of artificial intelligence social governance. This paper provides a new orientation to the ethical risks of AI social governance, and a more rational sorting out of the ethical risks of AI social governance that exist in risk response. It is proposed that the ethical risk of AI social governance exists in the value disorder of the risk society and its emergency management, in the technological defects of AI itself, and in the technological supremacy preference of AI social governance.

Keywords: Ethical Risks; Risk Society; Social Governance; Artificial Intelligence

Exploring the Path of Building a Beautiful China Based on the Ecological Thought of Marx and Engels

Yang Haijun, Zhou Ling / 205

Abstract: The ecological thought of Marx and Engels contains the dialectical relationship between man and nature, the criticism of the capitalist mode of production and the goal of realizing the double reconciliation between man and nature, man and man. Beautiful China includes the beauty of nature, the beauty of people's livelihood and the beauty of society. At present, China's ecological civilization construction has made historic achievements, but it still faces huge ecological problems. We must continue to follow the guidance of Marx and Engels' ecological thought to build a beautiful China and contribute to the construction of Chinese-style modernization. The ecological thought of Marx and Engels has important enlightenment significance for the construction of beautiful China. First, the ideological basis should be strengthened to cultivate the consciousness of ecological civilization, establish the correct idea of ecological civilization, and strengthen the publicity and education of ecological civilization. The second is to promote the green transformation of economic development mode in terms of material conditions, promote the adjustment and optimization of industrial structure, and innovate technology to achieve circular development; The third is to improve the institutional system of ecological civilization construction, build a diversified ecological environment governance system, and improve laws and regulations on environmental protection.

Keywords: Marx and Engels' Ecological Thought;Beautiful China;Chinese-style Modernization

Overview and Book Reviews

The Key to Unlocking the Temple of Ethics
—Reading Prof. Jiang Chang's New Book *The Principles of Ethics*

Zhou Yingcui / 215

Abstract: Based on the clarification of conceptual connotation and discipline nature of ethics, Prof. Jiang Chang's Principles of Ethics has constructed a textbook system that includes axiology, theory of moral emotion, theory of virtue, theory of right, and theory of wisdom, which upholds fundamental principles and breaks new ground. The book not only paves the way for readers to further their study of ethics with an intellectual background, but also provides a model that can be used for the construction of ethics teaching materials in the new era. It has the following distinctive features. Firstly, it makes a clear subject orientation for ethics at the macro level. Secondly, it constructs a morality principles system from the new perspective. Thirdly, it highlights the nature of survival wisdom of morality. To sum up, this book emphasizes both intellectual teaching and theoretical expansion, plays the communication function of academic knowledge and carries theoretical innovation. Therefore, it is a key to open the halls of ethics.

Keywords: Ethics; *The Principles of Ethics*; Morality; Axiology

A New Paradigm for the Annotation of *Lun Yu*
—Review of Prof. Zhou Haichun's *Philosophical Annotation of Lun Yu*

Yu Shui, Gong Kaiyu / 224

Abstract: The book of "Traditional Cultural Foundation and Implications of Core Values" has the following characteristics and achievements: precise argumentation, novel viewpoints; macroscopic grasp, microscopic approach; objective and fair, rational dialectics. This book is not only an academic work with rich content and a focus on theoretical analysis, but also has a more contemporary significance. It will have a positive impact on the current national propaganda and education activities carried out in our country to promote core values and inherit traditional culture.

Keywords: Socialist Core Values;Excellent Traditional Culture;Method of Abstract Inheritance

稿　约

《价值论与伦理学研究》2002 年创刊，每年出版一卷，已经连续出版至今。本刊系湖北大学哲学学院、中华文化发展湖北省协同创新中心、国际价值研究学会（ISVI）联合主办，依托湖北省高校人文社科重点研究基地——湖北省道德与文明研究中心的哲学学术集刊，主要刊登价值论、伦理学及相关领域论文，主要栏目包括"专家特稿""海外动态""焦点笔谈""理论前沿""应用伦理""书评综述"等。

现向广大专家学者征稿：

学科领域：价值论、伦理学及相关领域研究（不限哲学类）。

论文要求：选题新颖，结构清晰，论证严谨，语言流畅。

格式编排：

文章应包含中英文标题、摘要（300 字以内）、关键词，以及正文（字数以 10000~20000 字为宜）。行距 1.25 倍。作者简介与基金项目采用脚注标注（与一般论文发表格式同），注释亦采用脚注（每页重新编号，编号数字采用①、②、③……），引用著作、期刊等文献出处须加以详细注释。脚注格式示例如下。

1.〔美〕保罗·盖耶尔:《康德》，宫睿译，人民出版社，2015，第 72 页。

2. 江畅:《自由的哲学论证：康德批判哲学解读》，科学出版社，2017，第 85 页。

3.〔美〕列奥·斯特劳斯:《自由教育与责任》，肖涧译，载刘小枫、陈少明主编《古典传统与自由教育》，华夏出版社，2005，第 19 页。

4. 张宁:《法国知识界解读布迪厄》，《读书》2000 年第 4 期。

5.《习近平考察澳门大学横琴新校区》，2024 年 12 月 21 日，人民网，http://jhsjk.people.cn/article/26246393。

6.John Robertson, *The Enlightenment: A Very Short Introduction*, Oxford

University Press, 2015.

7. David A. Baldwin(ed.), *Neorealism and Neoliberalism: The Contemporary Debate*, Columbia University Press, 1993, pp.106-107.

8. Samuel Fleischacker, "Adam Smith on Equality", in Christopher J. Berry, Maria Pia Paganelli and Craig Smith(eds.), *The Oxford Handbook of Adam Smith*, Oxford University Press, 2013.

文末请附详细通讯地址、联系方式、个人简介，以便于联系。

论文重复率不能超过15%，严禁一稿多投。本刊不收取版面费（一经采用即奉稿酬），入选论文将在社会科学文献出版社结集出版。

本刊接受 word 文件投稿。

投稿信箱：hangruan2005@aliyun.com；gongkaiyu@hubu.edu.cn

联系人：阮航 龚开喻

办公地址：湖北省武汉市武昌区友谊大道 368 号湖北大学哲学学院

邮编：430062

办公电话：027-88663046 88661421

《价值论与伦理学研究》编辑部

图书在版编目（CIP）数据

价值论与伦理学研究 . 总第 23 辑 / 江畅 ,（美）约翰·
阿巴诺 (G.John M. Abbarno),（美）托马斯·麦格勒尔
(Thomas Magnell) 主编 . -- 北京 : 社会科学文献出版
社 , 2024.8. -- ISBN 978-7-5228-3920-2

Ⅰ . B-53

中国国家版本馆 CIP 数据核字第 20244P0T62 号

价值论与伦理学研究 （总第23辑）

主　　编 / 江　畅
　　　　　 ［美］约翰·阿巴诺（G. John M. Abbarno）
　　　　　 ［美］托马斯·麦格勒尔（Thomas Magnell）
执行主编 / 阮　航

出 版 人 / 冀祥德
责任编辑 / 周　琼
文稿编辑 / 周浩杰
责任印制 / 王京美

出　　版 / 社会科学文献出版社·马克思主义分社（010）59367126
　　　　　 地址：北京市北三环中路甲29号院华龙大厦　邮编：100029
　　　　　 网址：www. ssap. com. cn
发　　行 / 社会科学文献出版社（010）59367028
印　　装 / 三河市东方印刷有限公司

规　　格 / 开　本：787mm×1092mm　1/16
　　　　　 印　张：17　字　数：277千字
版　　次 / 2024年8月第1版　2024年8月第1次印刷
书　　号 / ISBN 978-7-5228-3920-2
定　　价 / 89.00元

读者服务电话：4008918866